为了人与书的相遇

葛兆光 著

餘音

学术史随笔选

1992

2015

广西师范大学出版社
·桂林·

图书在版编目（CIP）数据

余音 / 葛兆光著 . —桂林 : 广西师范大学出版社，2016.12

ISBN 978-7-5495-9071-1

Ⅰ . ①余… Ⅱ . ①葛… Ⅲ . ①读书笔记 – 中国 – 现代
Ⅳ . ① G792

中国版本图书馆 CIP 数据核字 (2016) 第 272992 号

广西师范大学出版社出版发行

桂林市中华路 22 号　邮政编码：541001
网址：www.bbtpress.com

出 版 人：张艺兵

责任编辑：莫嘉靖　马小溪

装帧设计：陆智昌

内文制作：陈基胜

全国新华书店经销

发行热线：010-64284815

山东临沂新华印刷物流集团有限责任公司　印刷

临沂高新技术产业开发区新华路　邮政编码：276017

开本：1270mm × 960mm　1/16

印张：17.75　字数：230 千字　图片：45 幅

2017 年 1 月第 1 版　2017 年 1 月第 1 次印刷

定价：62.00 元

序

犹豫再三，终于在朋友和编辑的鼓励下，把二十年来纪念已经逝去的学者的二三十篇随笔，重新编辑了这个选集。照例，交出文稿，就该写序和定名，可是，用什么为题，写什么作序，我却很彷徨。原来这些文章，大概有近十篇不曾编入各种集子，但也有一几篇，曾经分别收入前些年出版的《考槃在涧》（1996）、《并不遥远的历史》（2000）、《本无畛域》（2010）几本随笔集里。现在回想，编那几本集子的时候，我对学术界还算有信心，总觉得前辈学者余荫犹在，如果“发潜德之幽光”，沿着余波或许仍可以溯流向上。但编这本集子时，我的心境却很苍凉，觉得前辈的身影，连同一个时代的学风与人格，仿佛在暗黑之雾中渐渐消失，不由得想到的却是“余音”这个多少有些无奈的词语。尽管说，“余音绕梁”也可以“三日不绝”，但是“三日”之后呢？因此现在我想到的，却是“余音”或成“绝响”，总会袅袅远去。

趁着重新编辑出版之际，不妨说几个萦绕心中已久的话题，也算是一个“坦白交代”。这几个话题，第一个是晚清民国学术究竟如何评价？第二个是有关传统中国的文史研究，为什么一定要把它叫“国学”？第三个是时代，以及独立与自由的环境，对人文学者究竟意味着什么？这些话题原本太沉重，并不适合在这种文字中表达，而且，下面说出来的话也太学究气，不过骨鲠在喉，只好请读者耐心地听我絮叨。

一

从20世纪90年代起，很多有关晚清民国学者的评论文章出来，我也从那时起，陆陆续续写了一些有关学者的随笔，到现在数下来，还不止这二三十篇。在我看来，这些有关学者的随笔，并不算是学术史，最多只能算“学术史别页”。尽管我写了不少有关沈曾植、王国维、陈寅恪等人的文章，但我总觉得，把这些别有怀抱的随笔看成学术史，其实多少有些误会，真正的学术史，应当讨论的是“学”。比如，谈王国维，应当讨论的是他的古史之学、甲骨文字之学、蒙元辽金史地之学，而不是他在颐和园的自沉；谈陈寅恪，应该讨论的是他的那些预流之学问，比如中古历史与宗教研究，而不是他在《王观堂先生纪念碑铭》上说的“自由之精神，独立之思想”；至于周一良，学术史最好讨论他的中古史、佛教史和日本史研究，而不是那本《毕竟是书生》。

不过话说回来，学者也和普通人一样，身处社会，必然受到社会变动的影响。特别是晚清民初以来，中国经历“数千年未有之变局”，原本“天不变道亦不变”，现在却“瞠目不知时已变”。国家与民族的动荡不安，把所有学者抛进巨浪颠簸之中，且不说帝制王朝与共和政体的交替，民族危亡与思想启蒙的冲突，民族本位与世界主义的抉择，就是业已习惯的旧传统与汹涌而来的新潮流，赖以自负的旧学问与需要追逐的新知识，习惯面对的旧朋友和不得不面对的新贵胄，也已经把那个时代知识人的心灵撕得四分五裂。

因此，在这些学者身上，你也看到了时代的吊诡、潮流的变迁和思想的动荡，这些有关知识、思想和信仰世界“变”与“不变”的经历，成了我写这些学者随笔的主要内容，用有关沈曾植的那一篇文章中的话来说，就是学术史与思想史有些分不开。那个时代，学术和思想在互相刺激，知识与政治在彼此纠缠，理智与情感在相对角力。20世纪非常特别，充满政治化的环境，使得知识分子的命运与处境也非常特别，这个时代，没有退隐山林，没有袖手旁观，没有骑墙中立，就好像那句著名口号“华北之大，放不下一张平静的书桌”一样，时代逼着你不归杨则归墨，置身事外是不可能的。

“灵台无计逃神矢，我以我血荐轩辕。”在这两句诗里，最让我看重的就是“无计”二字，仿佛写尽满怀的无可奈何。在《阴晴不定的日子》这篇随笔中，我曾记述了1927年6月2日那天，王国维从容写下“经此世变，义无再辱”，然后自沉昆明湖的经过，在这里不妨再接着看受命整理王国维后事的陈寅恪和吴宓。十几天之后的6月14日，仍是在清华园，深夜，陈寅恪与吴宓长谈，吴宓觉得，自己面对旧理想和新世界，就像左右双手分牵二马之缰，双足分踏两马之背，“二马分道而驰，则宓将受车裂之刑”。陈寅恪则安慰他说，这个时代的读书人，必然面临痛苦，“凡一国文化衰亡之时，高明之士自视为此文化之所寄托者，辄痛苦非常，每先以此身殉文化”。几个月后，陈寅恪把这层意思写在了纪念王国维的《挽词》里，在小序中他说：“今日之赤县神州值数千年未有之钜劫奇变，劫尽变穷，则此文化精神所凝聚之人，安得不与之共命而同尽？”

这实际上是那个时代的精神史，却不能说是那个时代的学术史。

二

所以，我在这里还是把话题转回学术史来。

这本集子里面写到的人物，除了少数之外，大多人的学术生涯，都经历过20世纪上半叶，换句话说，好些人都可以称为“民国人物”。除了杨文会在民国前夕逝世之外，沈曾植以下，王国维、吴宓、陈寅恪、顾颉刚、潘光旦、罗常培，好些都是在民国学界最活跃的学者，就连周一良这个活到了21世纪的学者，他的学术黄金时代，也有一大半应当算在1949年以前。这让我不得不面对近来一个颇有争议的热门话题，就是如何评价民国学术（这里，我把晚清也算进来，统称“晚清民国”）。

评价实在很困难。序文不是论文，还是说一些随意的感想罢。以前，杨联陞先生写过一篇文章，题目叫作《朝代间的比赛》，现在争论晚清民国学术好还是不好，多半也是“朝代间的比赛”，无非是拿了本朝比前朝，或者是拿了前朝比本朝。较长论短之际，不免有立场的差异，也有观念的分歧，还有感情的偏好。大凡相信“长江后浪推前浪”这种进步学术史观，如果再加上捍卫本朝荣光的立场，自然可以罗列不少“前修未密，后出转精”的例子来傲视前朝；大凡有些怀旧情感，如果再加上对现实学术情状持悲观态度，也往往会隔代遥祭，为学术另寻道统，拿了业已大浪淘沙后前贤留下的精品，为现在的学术截长续短。

学术史不能这样“比赛”。大凡比赛，以上驷对中驷、以中驷比下驷这样的孙膑兵法常常出现，更何况人文领域也没有办法按“比赛成绩”来排名次，颇有一些人喜欢弄“点将录”或者“龙虎榜”，这只是把学界当作军棋作沙盘推演，想象这是真枪实弹的厮杀，但这毕竟是“纸上谈兵”，也绝不是真正的学术史。我在一次研究生的学术史专题课上曾经说，真正意义上的学术史要讨论的有几方面：第一，学术史要说明今天我们从事的“现代学术”，是怎样从“传统学术”中转型而来的？也就是说，学术转型是一个重点。第二，学术史要指出这一学术转型的背景和动力是什么？是域外刺激，是学术制度变化，是新资料新方法的推动，还是政治情势、国家危机和国际环境的作用？第三，学术史还要说清楚一个时代学术研究的趋向、理论和方法，什么是重要的，什么是改变的，什么是显著的主流，什么是被压抑的潜流？只有这样，学术史才能够给今天的学者指明，过去如何变成现在，现在又应当如何变成未来。

要是我说的没错，那么，不妨平心静气谛观这一段学术史。因此，对于晚清民国学术的评价，可能就要看这样几个大关节。

第一个大关节是“学术转型”和“典范转移”。公平地说，这个时代不仅在政治上遭遇“数千年未有之变局”，在学术上也堪称从传统到现代的“轴心时期”。梁启超《新史学》之后，原来的四部之学变成文史哲三分天下，西洋的各种理论和方法纷纷涌入，加上科举废除，新学堂、新知识、新式教科书，连同报纸杂志，逐渐把传统学问做了一个大改造，所以，中国哲学史截断众流，中国文学史改旧换新，中国古代史重新书写，整个儿学术变了一个模样。现在你再回看我们自己现在从事的所谓“学术”，可不仍然在这一巨变的延长线上？

第二个大关节是“新发现”和“新解释”。20世纪20年代，王国维在《库书楼记》、《最近二十年间中国旧学之进步》（署名“抗父”，但多数学者相信出自王国维本人手笔）和《最近二三十年中中国发见之新学问》（清华学校的演讲）里面，曾三次提醒说，“古来新学问起，大都由于新发现”。为什么？因为晚清民国恰恰是大发现的时代。甲骨卜辞、敦煌文献、居延汉简、大内档案（以及胡适指出的日本、韩国有关中国文献）等，恰恰在这个时代被发现，说是偶然却也是必然。就像王国维说的，何以西晋汲郡竹书不能激荡起学术波澜，而晚清民国的大发现却把学术界搞得天翻地覆？就是因为这个时候新资料的重见天日，正巧遇见新学理的所向披靡，于是像化学反应一样，激荡出无数新问题。你可以历数殷商史的重新解释、中西交通的走向前沿、明清社会史的巨大发展，以及宗教研究的视野扩大，等等，都和这些新发现的“发酵”有关。至今学界颇有影响的考古学（对于早期中国城市、国家形成的历史）、古典学（如走出疑古和简帛之学）、敦煌学（包括抄本时代、图像证史、中外关系、外来宗教、俗文学等等）、艺术史（对于古代建筑、石窟、雕塑、图像的研究）、社会史（从明清档案中重写明清社会）、“新清史”（通过满文资料重新讨论清史），甚至最近我提倡的“从周边看中国”，等等，也都是在追踪晚清民国前贤的足迹而已。

第三个大关节要提到的是“自由环境”与“时局刺激”。晚清民国的政治强人未尝没有王安石那种禁绝“异论相搅”的念头，但晚清正处乱世，民国政府不强，加上从帝国而共和，总需要顺应民主自由大势，因此，对学术的控制相对松一些，这给晚清民国的学术带来自由空间。比如所谓“黄金十年”（1927—1937），章太炎、梁启超影响犹在，胡适、顾颉刚正是当红，陈寅恪、傅斯年成为主流，柳诒徵、缪凤林也依然不弱，就连被胡适后来斥为“反动”的钱穆等人，也照样进了大学当教授。特别是，这半个世纪里面，风云诡谲、政局多变，加上从帝制到共和，既统一又分裂，刚启蒙又救亡，时势对于学术提出太多的问题，也刺激了太多的思想，因此，这个时代的学术，就有着传统时代所没有的内在紧张、丰富内涵和多元取向。

所以，不必搬前朝万神殿，也不必拿本朝功劳簿，我们只要看看1946年顾颉刚写的《当代中国史学》就可以明白。千万不能有后来居上的盲目自大，那个时代机缘凑合，时势催人，确实促成了人文学术的现代转型，也拓展了人文领域的知识扩张，更成就了一批至今还值得纪念的大学者。

三

有意思的是，这些值得纪念的学者，有好些现在被戴上了“国学大师”的帽子。在现在“国学”不仅得到官方首肯，而且被列入体制作为学科，各地纷纷成立国学院，以“国学”颁头衔、发奖状的潮流中，把这些学者放在“国学”祠堂里面配享陪祭，这让我不得不讨论长久以来一直避免直接批评的所谓“国学”一词。

记得李零兄曾经讽刺“国学”乃是“国将不国之学”，这也许稍嫌苛刻，但是他确实说到了一个关键，就是在过去中国自诩天朝，自信国力与文化还无远弗届的时候，传统文史无所谓“国学”。重提“国学”，大概要到中国不得不从“天下”（帝国）转型至“万国”（现代国家），而且还面临新的民族国家深刻危机的时候，那种严分“我者”与“他者”的界定，促使20世纪初的中国学者借了日本国学（其实还应该注意明治二十年之后日本兴起的“国粹主义”）之名，催生了现在的“国学”这个概念。1905年，邓实接连写了《国学原论》、《国学微论》、《国学通论》、《国学今论》四篇文章，大力提倡“国学”这个称呼，但就是邓实自己，也说这只是仿照欧洲的古学复兴，毕竟复古还是为了开新。在《古学复兴论》中，他把自己的意图和盘托出，表示这是借助“国学”追溯根本，以古学换取“复兴”（所以，有章太炎以及1912年马裕藻、朱希祖发起“国学讲习会”、“国学会”，罗振玉和王国维1911年曾办“国学丛刊”）。

可是，毕竟“古”不是“今”，现代学术已经与传统文史很不一样。仅仅就史学而言，晚清民国以来，有关中国历史观点的最大变化，是“空间放大”（从中央正统王朝到涵盖四裔之历史）、“时间缩短”（把三皇五帝的传说神话驱逐出去，让考古发现来重建历史）、“史料增多”（不仅诸多发现至今仍在继续，历史观念变化也使得更多边缘资料进入历史书写）和“问题复杂”（各种价值观念、分析立场和评价角度，取代了传统或正统的历史观念）。这四大变化已经从根本上改变了人文学术世界，仅仅用“国学”来表达有关中国的学问，即使不是圆枘方凿，至少也是“穿一件不合尺寸的衣衫”（这里借用我过去一篇文章的题目）。

怎么不合尺寸？从“国”这个字来说，现在所谓“国学”门径很窄，似乎并不包括汉族之外即以前陈寅恪所说的“异族之史，殊方之文”，如果说“国”就是汉族中国，是二十四史一以贯之下来的中原王朝，这当然还勉强好说（恐怕也难以涵括元朝与清朝），但是，如果你还想维护满蒙回藏汉苗的“五族（或六族）共和”的“中国”，这个习惯于追溯三皇五帝、捍卫周孔程朱之学、动辄要制礼作乐的“国学”，似乎就犯了“政治不正确”的错误。从“学”这个字来看，现在国学提倡者的所谓学问，恰恰和前面我提到的现代学术四个变化冲突：按照传统文化认知，中国文化总是在儒家文化范围或正统王朝范围，这就与“空间放大”不合；按照传统历史观念，中国历史得上溯三皇五帝，至少也得说到尧舜禹汤文武周公，可是这就和“时间缩短”不合；按照传统文献范围，那些敦煌文书、甲骨卜辞、大内档案和居延汉简之类，大概并不是习惯使用的资料，更不消说域外文献、考古发掘、田野调查，显然和“史料增多”也不吻合；至于捍卫儒家、理学主流文化，最多勉强纳入佛教道教资源，在预设“弘扬优秀传统文化”的前提下进行学术研究，也完全不符合“问题复杂”的取向。

我出身古典文献专业，原本以为，我在大学里学的目录、版本、校勘、文字音韵、训诂六门，加上经、史、子、集四部，就应当基本是所谓“传统学问”，该算为“国学”。可没想到，现在所谓“国学”，仿佛比这个“传统学问”还要狭窄。看某些人的国学观念，似乎要回到汉代经学、宋代理学和清代考据学的时代，仿佛只有这样才出身清白。可是，这个时代其实已不是那个时代。1930 年，陈寅恪给陈垣《敦煌劫余录》写序的时候，接着王国维“新学问由于新发现”那句话再次说到，“一时代之学术，必有其新材料与新问题”。他说，用新材料来研究新问题，这就是这个时代学术的新潮流。做学术的人，如果能进入这个潮流，叫做预流，如果不会用新材料，不会研究新问题，你叫不入流。

其实，回头看看那个时代的学术史就明白了。这个时代出现的新学术潮流有三：第一是充分重视新发现、新资料的运用，我们看到当时的新材料，都刺激出了新问题；第二是突破传统中国历史的空间，寻找中国周边各种殊族和异文，这就是前引陈寅恪所说的“异族之史，殊方之文”，寻找这样的东西，从周边来重新研究传统中国；第三是中学与西学的汇通，就是把中国传统学问和西方理论方法自觉地结合起来，形成新的研究途径。陈寅恪曾总结过三句话，这三句话虽然是说王国维，但也归纳了当时学术的新方向：第一句话是“取地下之实物与纸上之遗文互相释证”，也就是用地下考古发现的各种实物和现在传世文献上的文字材料来相互证明；第二个是“取异族之故书与吾国之旧籍互相补正”，就是外族的文献和中国的史书互补，像研究辽金元、西北史地就要通过这个方法；第三个是“取外来之观念与固有之材料互相参证”，就是用外来的新观念、新理论跟我们中国本身所有的材料来互相证明，这样可以在旧话题中开出新思路。

这是“国学”？记得季羡林先生为了弥补“国学”这个概念的问题，很勉强地提出了“大国学”，虽然用心良苦，其实徒费苦心。

四

在纪念各位前辈学者的这个选集中，我特意收入两篇“附录”。

“附录一”是《运化细推知有味》，讲现代的佛教史研究。其实，我的话中话就是“时势比人强”。学术史的进与退，学者的幸与不幸，一个领域的平庸和不平庸，不完全在那几个天才。近来，人们特别喜欢“天才总是成群地来”这句话，但是天才成群出现，其实主要还是因为时代。我最近去一趟法国，看了好些个博物馆，深感十四至十六世纪的意大利和法国，出现那么多艺术天才，留下这么多艺术珍品，真的不全是他们的天资、聪明和努力，可能翡冷翠、威尼斯的环境，十字军东征之后的世界变大，和弗朗索瓦一世等爱好文艺君主的眷顾，也许倒是成就他们一代才华的关键。所以，在这篇随笔中我谈佛教史研究，就说“那个时代佛教研究中能出这么一些著作与学者，文献的大发现、新旧学的交融和学院式研究的独立恐怕就是极重要的三个因缘”。同样，如果现在让我回顾学术史，我仍然要再度强调，没有这些因素，学术无法辉煌，如果这个时代依然像王安石设想的要用权力“一道德，同风俗”，如果这个时代仍然像雍乾之时“避席畏闻文字狱，著书都为稻粱谋”，那么，哪怕天才成群地来，也一定会成群地死。章太炎曾说清代“理学之言，竭而无余华”，为什么？因为“多忌，故歌诗文史楛，愚民，故经世先王之志衰”。毕竟时势造英雄，就像欧洲文艺复兴一样，只有重新发现并借助古代希腊罗马经典超越中世纪神学，让各种新时代与新观念进入学术，推动宗教改革与各种独立大学的兴起，才能够让欧洲进入“近代”。

那么“人”呢？难道在学术史上，只能人坐等“时势”吗？当然也不全是。只是这种需要积累涵永才能做出成就的人文学术，既需要“荒江野老”的沉潜，也需要“代代相传”的滋养。毫无疑问，时代已经变化，知识人已经从帝制时期的文人士大夫，变成了现代社会的知识分子，学问也从传统的经典文史知识，转型为现代学院的文史哲研究，但那种读书思考的传统，应当始终像基因一样传续，总不能每代都白手起家，重起炉灶。坦率地说，中国学界现在缺的是从容，不缺的是生猛，太少些“新诗改罢自长吟”的沉潜，太多了“倚马立就”的急就章。其实，学术往往是马拉松或接力赛，不是百米短跑。所以，我选了另外一篇《世家考》作为“附录二”，其实，我的意思也只是说，只有政治与制度创造了一个“放得下平静的书桌”的环境，这个环境，一方面让社会稍稍减少一些庸俗实用、唯利是图的风气，让人们延续那种重视教育、重视人文的传统，一方面允许学者拥有‘一种拥有自己的真理，不与流俗和光同尘，不事王侯、高尚其事的精神”，并且把这种精神看得无比重要，也许，这个学界才能变好，现代的学术超越晚清民国时代才有可能。

2011年夏天。一次访谈中，面对记者提问，我突然想到梁漱溟的一句话“这个世界会好吗”。这句话曾被访问他的美国学者艾恺用作书的标题，至今这个标题仍像“警世钟”一样震撼人心。因此，我也随口说了一句，“这个学界会好吗？”这句话被记者用在了访谈的结尾，成了我自己反思学术史之后的痛苦追问。说真的，好多年了，这个问题仍然在我心里反复出现，只要你关注学术史，就不得不关注这个问题，重新追问这个问题。

但悲哀的是，到现在我也不知道答案是什么。

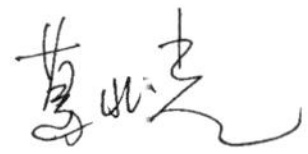

2015年9月10日写于上海

目 录

本集中所纪念的前贤

（依照生年为序）

杨文会（1837—1911）
沈曾植（1850—1922）
王国维（1877—1927）
陈寅恪（1890—1969）
顾颉刚（1893—1980）
吴　宓（1894—1978）
袁同礼（1895—1965）
潘光旦（1899—1967）
罗常培（1899—1958）
周一良（1913—2001）
杨联陞（1914—1990）
黄仁宇（1918—2000）
庞　朴（1928—2015）
金开诚（1932—2008）
章培恒（1934—2011）
朱维铮（1936—2012）

一个佛教居士的忧思*

——读杨文会《佛教初学课本》

倒退回去一百多年，是清代的同治、光绪年间。那时，大概正是中国最衰败的时候。且不说政治、军事、经济样样不如西洋，就连历史上一直仰仗中国文化滋润的东洋，好像也比它不过，常常要受西洋人和东洋人的气。在政治、军事、经济上不如人家还罢了，可是文化上也得在人家面前俯首称臣，就更英雄气短。所以，有人总在思考一个问题，为什么中国会一病如斯？怎样才能诊断中国的疾病？什么是治疗中国疾病的药方？

有人从东洋和西洋历史与现实的参照中，在自己身上找到了一个病因，发现了一个药方，那就是中国的衰落，在于宗教精神的萎缩，中国的振兴，则在于宗教精神的发扬。不过，依靠什么宗教来自我拯救呢？西洋的基督教精神是不行的，因为信仰西洋的宗教不仅伤害中国人的自尊，而且那种以“原罪”为中心的宗教信仰也不太适合中国人的习惯，所以，还是得在中国原有的宗教里寻找精神的内在源头。

---

* 本文是重印杨文会《佛教初学课本》的前言，写于 1995 年。

于是，很多人不免一眼看中了佛教。尽管佛教说起来原本也是外来宗教，不过时间太长，长得连自己也忘了它的出处。当时著名的人物，如康有为、梁启超、谭嗣同、章太炎、宋恕、夏曾佑、沈曾植，都明里暗里地挪用或提倡佛教，这就使得明清以来已经日渐衰微的佛教，在世纪之交突然又兴盛起来。

追根溯源，这些人大多数都受过一个人的影响，这个人就是被称为“当代昌明佛法第一导师”的杨文会。[1]

一

“昌明佛法”的杨文会，不是出家的佛教僧人，而是一个在家的佛教居士。道光十七年（1837），他生于安徽石埭（今安徽石台）的一个士绅家庭，父亲杨林庵中过进士，但杨文会自己虽然也读了不少书，却并没有走上他父亲那种一般文化人的科举之路，倒是在那个动荡不安的时代，即后人说的那个地方士绅崛起、经世思潮重兴的同治年间，靠了“办团练”、“理军事”，逐渐进了政界，被当时著名的官员曾国藩、李鸿章“以国士目之”。后来，他还随着曾纪泽等人，两度出使欧洲，成了当时少有的兼通中外的人物。

据说，杨文会二十六岁就开始读佛经，不过，最初他好像并不是太认真，直到第二年他生了一场大病，加上父亲去世，他才在一种哀伤的心情中，逐渐沉湎于佛教经典，“一心学佛，悉废其向所学”。[2]特别是读《大乘起信论》，使他一下子被佛学所吸引。从此以后，他的大部分精力都用在了佛学的研读和弘传上。简略地说，几十年里他

[1] 杨仁山《等不等观杂录》卷六《与李澹缘书》附来书。

[2] 欧阳渐《杨仁山居士事略》。

做的几件事是：第一，广搜佛经，刻印典籍；第二，弘扬佛法，宣传佛教；第三，培养人才，开办学校。正如梅光羲所说，“今日婆娑世界现身人世，破邪说立正义普救众生者，惟我师一人而已”。[1]

在那个时代，经过他的努力，西洋的宗教学方法、东洋的唯识学佚著，都陆续传入了中国，中国的一批思想家在他的影响下，也开始对佛教产生了一种异乎寻常的兴趣和热情。后来，梁启超在《中国佛法兴衰沿革说略》的末尾曾说，清代佛教中没有什么可以特别提起的人，只有居士中的杨文会，“得力于《华严》，而教人以《净土》，流通经典，孜孜不倦。今代治佛学者，什九皆闻文会之风而兴也”。[2]

二

杨文会之所以在后半生全力投身于佛学，也许，是因为他比他的后人更早察觉到宗教对于危机中的中国之意义。一方面，他感到，佛教伦理对精神已经萎靡、价值发生混乱的中国，也许有提升精神的作用，在《观未来》一文里他说，“支那之衰坏极矣！有志之士，热肠百转，痛其江河日下，不能振兴”，中国人现在就好像在梦中，“欲醒此梦，非学佛不为功”，[3] 因为以他的阅历和经验，他发现“地球各国，皆以宗教维持世道人心，使人人深信善恶果报，毫发不爽，则改恶迁善之心，自然从本性发现，人人感化，便成太平之世矣”。[4] 另一方面，是东方的佛教思想对当时汹涌而来的西洋强势文化有一种对抗作用，他曾写信给正在英国的日本学者南条文雄，托他在欧洲寻找《大乘起信

[1] 杨仁山《等不等观杂录》卷六《与梅撷芸书》附来书。

[2] 梁启超《佛学研究十八篇》，中华书局，1989，14 页。

[3] 杨仁山《等不等观杂录》卷一《观未来》。

[4] 杨仁山《等不等观杂录》卷一《南洋劝业会演说》。

1879年杨文会摄于英国。当年杨文会随曾纪泽出使英伦，认识了当时在牛津大学学习梵语的南条文雄，此后南条多番相助，大大推进了杨的佛教刻经事业。

论》的梵文本，又曾与李提摩太用英文合译《大乘起信论》，因为他“愿持迦文遗教，阐扬于泰西诸国”。[1] 据说，如果能找到梵文原本，证明它来历久远，又能把它译成英文，就能使佛理彰明，而“此理一明，导欧美而归净土，易于反掌”[2]，因为佛教的“出世妙道，与世俗知见，大相悬殊，西洋哲学家数千年来精思妙想，不能入其堂奥”[3]。

说起来，前一方面是为自救，能不能管用且不说，至少是表现了当时忧国忧民的那一批文化人的心情，现在看起来，或许有点儿“病急乱投医”，但那时显然是针对了很多人的心病。后一方面是为了救人，别人要不要你救是另一回事，也许只是中国佛教信仰者的一厢情愿，但至少表明了中国人并不是什么也拿不出来的，在精神上，中国人还有佛教，有这种比西方高明一筹的宗教，这无论如何也会使中国人在世界上有几分自信。

治病救人要靠佛教，佛教发生影响，则要靠在大众中传播普及。所以，杨文会特别注意宗教教育。他说，振兴佛教要“自开学堂始”[4]，因为在当时的上层文化人看来，中国的困难就在于平民的思想太愚昧，精神太萎缩，文化人的使命，就是开启民智、发起信心。他从西洋东洋的经验里看到了办学的意义，于是他想，既然佛教可以完成这一使命，那么，就应该做佛教的普及教育。在佛学的研习和教育上，杨文会绝不是一个固步自封的宗教信徒，他主张学习各国的长处，说“地球各国，于世间法日求进益，出世间法门，亦当讲求进步”[5]，用“进步”这两个字，说明他真是与时俱进。他希望，佛学教育也能符合时

[1] 杨仁山《等不等观杂录》卷七《与笠原研寿、南条文雄书》。

[2] 杨仁山《等不等观杂录》卷七《与南条文雄书》二。

[3] 杨仁山《等不等观杂录》卷一《佛法大旨》。

[4] 杨仁山《等不等观杂录》卷一《释氏学堂内班课程刍议》。

[5] 杨仁山《等不等观杂录》卷一《般若波罗蜜多会演说》四。

代，在《支那佛教振兴策一》中他说，要复兴佛教，就要“因彼教之资，以兴彼教之学，而兼习新法，如耶稣天主教之设学课徒”，开设小学、中学、大学，不仅要学习佛学，而且要学习其他的知识，尤其是承担佛教振兴的人更要学习英文、梵文，“以英文而贯通华梵”[1]。

当然，最重要的还是启蒙，正像他的晚辈朋友夏曾佑给他的信里所说，“近来国家之祸，实由全国民人太不明宗教之理之故所致，非宗教之理大明，必不足以图治也”[2]，所以，五十九岁的他要在1895年，也就是震撼大清帝国的《马关条约》签字那一年，写下这部俗称为“佛教三字经”的《佛教初学课本》和注释。

三

用三字经的形式撰写《佛教初学课本》本来也不是杨文会的发明，他是受了明季吹万老人的《释教三字经》启发而写的。同时我也猜想，他可能还受了日本和中国两方面风气的影响。当时，日本佛教界兴办了不少学校，其教育方法也渐渐与新式学校接轨，著名佛教学者井上圆了、大内青峦、村上专精等都曾有过佛教普及教育的作品，后来很有名的铃木大拙的父亲在明治时代就写过《西洋三字经》。特别是与杨文会关系密切的南条文雄，也手录过一份作者不详的日本《佛法三字经》[3]。杨氏曾多次写信给南条文雄，请他寄一些日本佛教学校的章程来以供参考，在与日本人的交往中，他得到启发是很可能的。

也许不应该忘记，那个时代，也就是20世纪初期，中国文化人对下层社会的启蒙运动，常常是以通俗教育为先导的。据一些学者如李

---

[1] 杨仁山《等不等观杂录》卷一《祇洹精舍开学记》。

[2] 杨仁山《等不等观杂录》卷六《与夏穗卿书》附来书。

[3] 南条文雄《南条先生遗芳》，京都大谷大学，1942，420页。

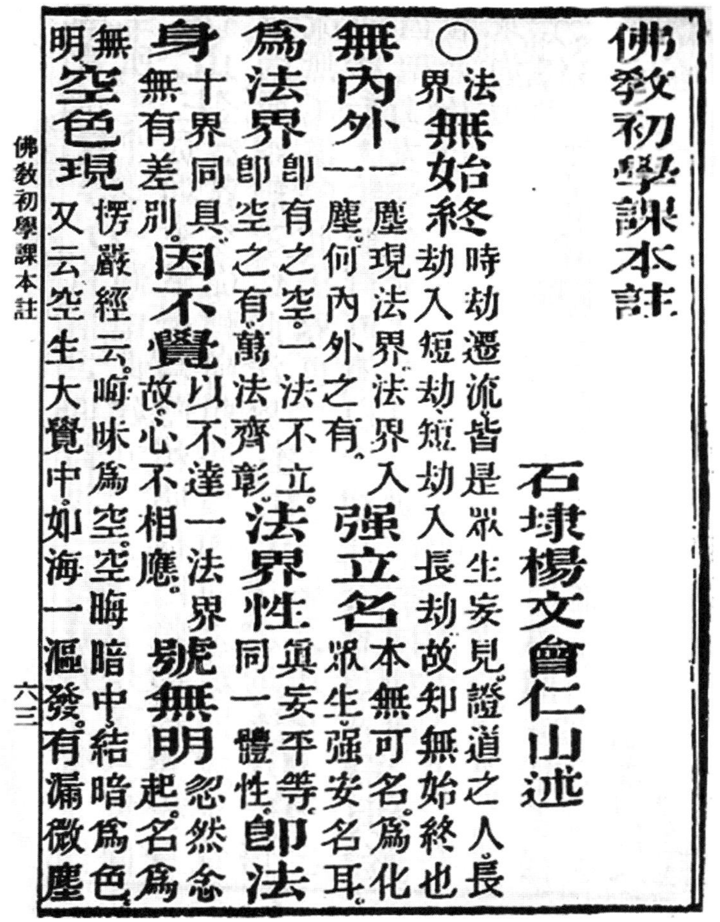
佛教初學課本註

石埭楊文會仁山述

○法界無始終時劫遷流，皆是衆生妄見。證道之人，長劫入短劫，短劫入長劫，故知無始終也。無內外一塵現法界，法界入一塵，何內外之有。強立名本無可名，爲化衆生強安名耳。爲法界卽有之空，一法不立。卽空之有，萬法齊彰。法界性眞妄平等，同一體性。卽法身十界同具，無有差別。因不覺以不達一法界，故心不相應。號無明忽然念起，名爲無明。空色現楞嚴經云，晦昧爲空，空晦暗中，結暗爲色。又云，空生大覺中，如海一漚發。有漏微塵

佛教初學課本註　六三

《佛教初学课本注》(《杨仁山居士遗著》第4册，光绪三十二年金陵刻经处《佛教初学课本》影印本)

孝悌等人的研究，当时蔚为大观的白话报、通俗剧、街头演说、市井演唱，都是为了教育平民、开发民智，各地还曾出现了很多通俗易懂的普及教材。显然，佛教要在这个时代有一席之地立住脚跟，势必也得在通俗、普及的教育上下一番工夫。把佛学看作拯救中国精神的唯一思想源的杨文会，撰写这部《佛教初学课本》，也可以说是那个时代潮流中的自然结果，尽管他对于中国前途的佛学式设计与那个时代主流并不一致。

四

杨文会倡导佛学的做法，仿佛和那个痛言“革命”、呼喊“科学”的时代主流不一致。1911 年辛亥革命前夜，杨文会以七十五岁高龄与世长辞，他的逝世正好与清王朝的终结同时，也标志了晚清佛学复兴时代的结束，不过，杨文会的半生努力，毕竟给中国思想界开创了中国佛学研究的新时代，也给中国佛教复兴提供了某种契机。在他的学生里，以欧阳竟无为代表的居士佛学和以太虚为代表的僧侣佛教，使得中国佛学研究和佛教活动，都出现了前所未有的昌盛气象和现代转型，也使得中国思想世界里一直保留了以东方的信仰与精神拯救民族灵魂并进一步自强自立的声音。当然，现在看来，这种声音很微弱，中国思想主流也不是杨文会所希望的那种以心灵自觉为先导的佛教文化精神。在“中华民族到了最危急的时候”，制度、法律、军事、科学、技术等有形层面的进步当然成了当务之急，佛教振兴以充当中国自强的精神源泉的想法不免有些不切实用，于是，《佛教初学课本》也自然不能如杨文会所想象的那样，真正成为大众的童蒙读物，却渐渐地被人淡忘。但是，面对百年社会变化的事实，他的一些想法却常常使后来人不断思考：在物质生活需求越来越大的现代，是不是需要一种清净思想来消解个人的欲望？在社会现代化过程中，是不是需要有信仰力量来规范人群的行为？在科学战胜了迷信之后的今天，是不是需要一种类似宗教信仰的绝对律令来整理社会的秩序？当时，杨文会希望通过佛教思想的普及，使心灵有归宿，个人有信仰，社会有秩序，“人人感化，便成太平之世”，所以他编撰了这部《佛教初学课本》。课本虽然是一部通俗的普及读物，其中，却包含了杨文会在20世纪之初关于这一问题的忧思。现在，一百年快要过去，20世纪只剩下几年，杨文会的忧思是不是已经成了历史呢？

这次重印《佛教初学课本》，大概并不是仅仅为了纪念这位佛学文化先贤，似乎也是把近百年前的问题，再次摆在我们每个人的面前，让人们再次认真地体会一下他在百年前的忧思。

世间原未有斯人*

——沈曾植与学术史的遗忘

记不得是哪一年，耐着性子读王国维，竟也渐渐读出些意思，但读到《沈乙庵先生七十寿序》，却有些不明白。王国维说，沈曾植兼有清初诸老社会关怀，乾嘉学人经史考据，道咸以来之民族、地理之学，而且“综览百家，旁及二氏，一以治经史之法治之，则又为自来学者所未及”，隐隐有以沈氏为清末民初学界第一人之意。于是，急忙取来学术史著作翻检，却渺无形迹，心里就有了一个疑问，为何被王国维奉若天人的沈氏，竟在后世并不曾享其应享之名？是沈氏浪得虚名，还是王国维曲学阿世、奉承先辈？近来，又读日本吉川幸次郎所编《东洋学的创始者们》，其中记载20世纪70年代追忆先哲的一次座谈会上，不少亲受内藤湖南教诲的学者都提到，被奉为日本近代中国学开创者的内藤对沈曾植极为敬重，神田喜一郎就回忆，内藤湖南曾对他说，到中国务必要见沈曾植，因为沈氏是“通达中国所有学问的有见识的伟大人物”。看来，当时的沈曾植学问和文章的确使中外钦重，只是

---

* 本文原发表在《读书》1995年第9期。

后人写学术史有意在他身边兜了圈拐了弯，把他撇在了外面。

生前盛誉，身后寂寞。“蓦地黑风吹海去，世间原未有斯人”，1918 年，心情十分忧郁的沈曾植写下的《自寿诗》之三中，半是旷达半是伤感的这两句，仿佛就是谶语，预言了他的学术史命运。看上去，学术史似乎很无情，也似乎不那么公正，不过，读沈曾植《海日楼诗集》，又隐隐体会出学术史也有几分“难与君说”的委曲，说起来，也许这不干学术史的事，倒是思想史阑入学术史的结果。

一

晚清时事既变，学术不能不变，传统的经史子集四部之学渐渐变成了文、史、哲三分天下，过去反身内省的道德功夫、记忆背诵的人文知识，和体验揣摩的经验系统，渐渐被称作“科学”的东西所取代。在这新旧学术的转型期内，有两种很能反映新变的学问，一个是边地民族历史与地理为特色的史学，一个是以早期佛教历史考据和唯识法相思想研究为中心的佛学。前者打破了中国典籍中心的旧史学体系，引入了国外的记述资料，不仅有了比较，而且需要实测。梁启超《中国近三百年学术史》说到晚清“地理学之趋向一变，其重心盖由古而趋今，由内而趋外”时，已经说到了“域外地理学之兴，自晚明西士东来，始知‘九州之外复有九州’”这种历史意识开放的现象，但还没有说到这种历史与地理的研究与“实测”的科学彼此接轨的意义；他虽然一一列举了祁韵士、徐松、龚自珍、魏源乃至同光时代的丁谦，但没有来得及说到沈曾植就匆匆结束。后者既改变了传统佛教史的宗派主义与信仰主义做法，也扭转了以“修心”体验为特色的文人佛学传统和以“礼忏”为特色的民众佛教传统，将佛学与科学、哲学联系起来，在佛教历史研究和佛学义理阐释上都出现了现代意味的转化，梁启超《清代学术概论》从杨文会说到了谭嗣同、章太炎，也说到了“哲学的研究”与“宗教的信仰”这两派，“哲学的研究”这一派中他也看到了佛学与西洋哲学理解之间的关系，但是，他似乎没有注意到晚清人在佛学中建立科学理解系统，以及从佛教中寻找社会改革药方的思想意图，也没有注意到佛学研究中的文献学、历史学、语言学转向，所以，也没有来得及看清沈曾植在这一晚清学术“伏流”中作为现代转型期代表的意义。

其实，沈氏在当时学术界的声望是第一流的。他通语学，精律学，治西北舆地，著有《元秘史笺注》十五卷、《蒙古源流笺注》八卷，在当时都是领先的。后来大名鼎鼎的王国维、伯希和都曾登门求教。有一个很像传说中李白草诏吓蛮的故事，很能说明他的学问精湛：在他还在京师当总理各国事务衙门章京时，俄罗斯使臣喀西尼将俄人拉特禄夫《蒙古图志》里所载的《唐阙特勤碑》、《突厥苾伽可汗碑》、《九姓回鹘爱登里罗汨没密施合毗伽可汗圣文神武碑》送到总理衙门，这似乎有些故意考校中国人的学问的意思。于是，沈曾植就写了三篇精彩的考证性跋语，使得俄国人大为佩服，“译以行世，西人书中屡引其说，所谓‘总理衙门书’者也”。俄国人前倨后恭的态度变化，证明沈氏当时的确为中国学人争了一口气。对当时人来说，他更著名的是精通佛学，王遽常《沈寐叟先生年谱》说“公梵学最深，始业当在四十前后”，并举他光绪二十四年（1898）在鄂州所作的《跋坛经》为证，但从他《月爱老人客话》卷首的一首诗（“少为科举学”）看来，似乎他研究佛学或爱好佛教要更早一些。当然，时间的早晚并不重要，应当注意的是他对佛学研究的兴趣与方法都很现代，在他的《海日楼札丛》中可以看出，他很关心早期佛教史，这是中国佛学研究从传统向现代转型过程中逐渐成为热点的领域，他与过去把佛经所说一股脑儿全盘照收下来的传统佛教研究者不同，关于《吠陀》与佛陀思想的关

中年沈曾植。自光绪六年（1880）中进士起（时年三十一岁），至宣统二年（1910）因病乞休止（六十一岁），沈曾植历任刑部主事、总理各国事务衙门章京、上海南洋公学监督等职。

系已经参照了欧洲印度学的成果，讨论佛陀时代的朋党则依据《根本萨婆多部律摄》指出“大众、上座之分”的起源，考辨十八部分离始末则比较了《舍利弗问经》与《宗轮论》的不同，论证上座、大众两部的分裂则从经论中梳理出三种不同说法，对大众部所依经典、大众部的大乘思想，对马鸣与婆须蜜、迦旃延子的关系也有全然不同于传统佛教的论述；还可以举出的是，在中国佛教史研究中最具有典型性的禅宗史研究上，他应该是现代研究思路的前驱，胡适当年给早期禅门的命名“楞伽宗”，沈曾植早已提到，后代所谓北宗禅史料的“发现”即《法如碑》，沈曾植也早已发现，胡适自信为禅宗史上最重要人物的神会的意义，沈曾植也早已指出，保唐宣什在禅宗史上的存在、曹洞宗与唯识学的思想关系，也是沈曾植的最先发明；至于今人研究中颇有创获的中唐韩愈、李贺诗与密宗壁画之影响，晚唐诗论以“势”字论诗语盖出自佛教，等等，沈曾植也在《海日楼札丛》的卷七、卷五中已经早早点出，仅仅读他的这些札记，就让人不得不佩服他的识见。

1912年，蛰居不出的沈曾植隐于海日楼中读书，身边只有几个学生环侍。这时，一个俄国哲学家卡伊萨林经辜鸿铭介绍来见沈曾植，见面后他大为感叹，写下一篇《中国大儒沈子培》，称他是“中国文化之典型”、“中国之完人”。可是，这时的中国学术界给沈曾植留下的空间已经很狭窄了，除了1915年王国维来请教音韵，1916年伯希和来讨论契丹、蒙古、畏兀儿文和摩尼、婆罗门教源流，他的学问似乎没有多少用武之地，只是他那些艰奥深沉的诗歌，使他在当时的中国留下诗人的盛誉。他尽管满腹经纶，却因为他一肚皮的不合时宜，被学术史渐渐遗忘，除了王国维、陈寅恪等与他多少有些相仿的人时不时提起他之外，这遗忘，半是无意，半是有意。

二

沈曾植的确是不合时宜的人，不过他并不是不知世事的人。举例来说，公羊学成了当时变革依据，于是有人就对公羊学讳莫如深，而他称这种态度是“因噎而废食”；戊戌变法失败后，有人对新政的后果忧心忡忡，而他在1901年与张之洞书中所提四条建议中，仍有“奉行新政”；新思想与旧思想在当时争论激烈，夷夏之争更使这一争论带有民族主义色彩，而他在1906年访日时，仍能对穗积博士的学说和伊藤博文的宪法理论表示理解，并称赞这是“冶新旧思想于一炉”。无论如何，说他是一个抱残守缺的人似乎并不合适，“道情拯溺平生意，岂问迂儒抱一经”，戊戌变法失败和强学会遭禁后，他真的是很伤心的，“世界归依报，衣冠及祸门”，从他的那几首诗作里，可以看出他的沮丧、愤懑、悲伤和叹息。

不过，他又确实与时宜不合。本来，辛亥革命时他并不是很震惊，也许他根本没有意识到一个时代从此结束，也许他对于清代中兴本来就没有寄予太大的希望。不过，当新的时代并不那么使人愉快的时候，那个刚刚逝去的王朝就在他心里成了一种批评现实的依据，成了时时追忆的象征。追忆本是一种悼念，它总是把过去幻化为追忆者的主观投影，寄寓着五彩流溢的理想，特别是过去的零星片断一再地出现在眼前，提醒自己去追忆的时候，它就不断地强化这种对过去的恋眷和对现实的不满。辛亥革命的第二年，一个朋友从光绪陵墓归来，携来一片石头，就让他们这批人唏嘘不已，“孤臣下拜鹃啼苦，率土精诚马角催”；再一年后，光绪的皇后去世，消息传来，又引起这批人的感慨万端，“空传朝夕奠，穷海蛰孤臣”。当他们集会吟诗，分咏当年京师胜迹的时候，他们的追忆就挟裹了怨气和悲愤，沈曾植的诗里说“身在南藩且无预，心悬魏阙怀千忧”，他的好朋友陈三立的诗里说“尔来铜驼窜荆棘，承平故事过者迷”。1919年，已是前朝灭亡的八年之后，当那个前清情结最强烈的郑孝胥写了一首怨气冲天的《六十感愤诗》，发泄着“所耻伍群盗”的委屈和“妖孽犹可扫”的期望时，沈曾植也跟着感慨“意尽虚空都粉碎，道亡歌哭倍绸缪”。“九日登高有故常，不知何处是故乡”，不知故乡是一种无家的感觉，他在这种无家的感觉中，自己把自己当成清朝的遗老了。

其实，不必在乎沈曾植是否算是前清遗老，倒是有必要来检讨一下“遗老”这个词语里所蕴涵的一种叫做“正统论”的历史价值观念。一个王朝新建立的时候，有一批人不与它合作，站在这个王朝立场上说，这批人就是“遗老”或“遗少”，在“遗老”“遗少”这两个词语里就有一种站在本朝立场说话的意思，多少有些贬义；但是，如果不站在这个王朝而是站在前一个王朝的立场上来说，这些人就应该叫“遗民”，像宋遗民、明遗民等等，在“遗民”这个词语里就有一种站在前朝立场说话的意思，多少是个褒意（和这个词语相反的叫“贰臣”）。从没听到有人会讽刺顾炎武、王夫之、郑成功是“遗老遗少”，就是因为评价者不自觉地就把立场放在了汉族的明朝上，而不肯把自己的屁股挪到满族的清朝上。从刘知几写《史通》起，历史学家就为这件事伤透了脑筋，不知道该把伯夷、叔齐夸奖成“义不食周粟”的“遗民”，还是斥骂为“逆历史潮流而动”的“余孽”，也不知道“于旧朝存抱柱之信”是讲义气的忠臣，还是“良禽择木而栖”是识时务的俊杰。

也许应该有一种超越王朝立场的文化眼光。其实，从文化的角度看，沈曾植们的依恋旧朝，更多的是一种对传统生活、稳定秩序的企盼，在社会变动中，他们的旧经验无法适应新变化，于是他们觉得没有安全感，对于那些有高度文化修养、已经拥有了应付社会的知识并且自认为代表了一个时代的文化与价值的人来说，心理上的冲击尤为强烈。他们未必特别重视一家一姓的天下更替，倒是更关心他们获得价值与

1920年沈曾植（左三）与郑孝胥、王乃徵等人重阳登高，于汇元照相馆摄影留念。辛亥革命后，沈曾植隐居上海，与诸多前清遗民组成超社、逸社，常举办诗酒雅集。

尊严的文化传统的兴亡。在李翊灼《海日楼诗补编序》里，有一段沈氏的喟叹很能表现他的心底意思，他叹息“道”与“术”的分裂，觉得这样一来就没有了“定”，即不证自明的价值本原，而这种价值本原的社会体现是秩序，价值的阐明应该是知识人的承担，是文化人的责任。可是，在这种社会大变动时期，“学者”都背弃了自己的价值理想，转向一种实用主义的追求，所以秩序也就出现了混乱，“学士者，国之耳目也，今若此，则其谁不盲从而踬蹶也，且学者，礼之所出，礼也者，国人之准则也，若今学士，可谓无学，国无学矣，而欲质之以礼，其可得欤？”对上层文化的偏爱和对终极价值的看重，正是这批文人的所谓“旧朝情结”的来源。

我很同意列文森（J. R. Levenson）在《历史与价值：当代中国思想选择的张力》及《儒教中国及其现代命运》中对近代思想史上维新派文人的分析，他说这批人意识到对中国现存价值结构进行改革的必要，但在情感上仍然向传统倾斜，他们承受不了一种非中国化的价值体系在生活中成为普遍观念的中心，因此在精神上一直处于紧张与困境。这种对于传统的价值的依恋，有时会寄寓在一些具体的事物上面，通过它们来呈现。一张旧得发黄的照片，一本从箱子里突然找到的旧书，一件过去时代的衣服，一首依稀记得的老歌的旋律，其实人们未必一定就是依恋这些早已过时的东西，但没有这些东西似乎那种对于过去的情感就无处落脚安身。沈曾植《致汪康年》说："所谓补偏救弊者，非邓将军捐其故伎之谓也，就固有之物加以节制，如临淮王入汾阳军，一指麾而壁垒旌旗变色，斯乃为善救弊者。"他们并不真的反对变革，也不是真的拒绝未来，但是，把"过去"彻底地扫地出门，来个"旧貌换新颜"，连一点回忆都不给他们留下，对于他们来说太严酷，他们忍受不了完全的陌生。

清王朝对于相当多的文人来说就是这样，它不是令人眷念的生活世界，却是理想中传统的象征，就像清朝末年并不是太平盛世而是让人揪心的乱世，可在事后的追忆中却成了"太平年"一样，所以，沈曾植看到有道光二十七年人题字的郑所南画兰花图卷，就勾起往事如烟的旧京繁华梦，"题诗原是太平年，黄阁紫枢眉寿愿，十年我辈草间存，一老不遗箕尾远"；看到道光二十二年《椿香圃图》时，就引起他离黍之思，想象八十年前的"海宇承平之日"，还自比司空图写道"起我王官谷里思，图成意足不须诗"，表现着自己的遗民情结。其实，他何尝不知道道光一朝的内忧外患，正沉甸甸地压在人的心头，让人实在没法子自欺欺人地说"太平"二字。

三

当历史已经走到了20世纪20年代，作为沈曾植心目中传统象征的逊清皇帝已经只是蜷缩在紫禁城里的寓公，过不了多久，就连那紫禁城也住不成了。传统的象征的失落，象征着传统的失落，人们也在自己的记忆里，很快地淡化着对前朝的记忆，连同对于前朝“遗老”的记忆。居住在上海海日楼内的沈曾植虽然有一批声气相投的朋友赋诗唱和，有一些慕名来访者登门求教，但毕竟蓬筚不再生辉，往日只是梦境，旧日只是在梦中重现。

到了1922年，他其实已经明白这一命运。四月，他在五年前写给康有为一首诗后面，又写下了一段新的跋语，说“当时境厄而神王，颇自信，又信天道不我违也，于今五年，学说益昌而事实属左，余病益甚，岁不吾与矣”。不幸一语成谶，就在这一年的十月初二，他与世长辞。这一天，他起得很早，向人说到昨夜“梦境极佳”，还写了一首诗，自己说“每日至戌、亥、子时，神情特定”，但在别人即将入睡时他倒清醒起来。作为一个七十三岁的老人，这似乎有些反常，诗的开头就是一句“黄叶飘如蝶，青冥逝不遐”，连他的梦里都是凄凉秋风，把黄叶刮得纷纷扬扬地漫天飘落，这秋景似乎不是一个好的兆头，预示了他肃杀的结局。其实，在这以前，医生就说过他“心血太少，脑血太多，心房之力太弱，神经之用太强”，看来，处在紧张和忧郁中的沈曾植命中注定难以越过七三大限，而他的一肚皮不合时宜，也就随着他的躯体的消失而消失。时间却没有一点儿女情长的留恋，照旧把传统越来越远地忘在身后，真是“青山依旧在，几度夕阳红”。

不合时宜的人的命运，本来常常是被思想史遗忘，可是，我总觉得他们似乎不应当被学术史遗忘。沈曾植和他那一批朋友学术精湛、知识广博，视野也绝不狭窄，甚至可以说他们在近代学术转型期中，

晚年沈曾植

一手牵着传统，一手攥住现代。今天我们的学术研究会是这个模样，正是从他们那个时代一点一点地转化过来的，正像王国维说的，他本来是“继承前哲”、“开创来学”的，“使后之学术变而不失其正鹄者，其必由先生之道矣”。但他们终究被渐渐遗忘，虽然胡先骕说他是“清同光朝第一大师，章太炎、康长素、孙仲容、刘左庵、王静庵诸先生，或未之先也”，可后来记得起他的意义的人实在不多。只是像王国维、陈寅恪等人想起他来，才不由自主地表现出对长辈学者的一种尊崇，内藤湖南、伯希和等外国人提起他来，就情不自禁流露对中国学术的一份敬意，数来数去，也就是一个俄国人卡伊萨林、一个日本人西本白川和一个中国人王遽常还记得起来给他写了介绍、传记和年谱。但是，当王国维、陈寅恪等人也不再被学术史看重的时候，沈曾植的学术史意义就更加隐晦，因为，他们在思想史上属于“保守”，而“保守”在以进化为线索、以进步为主流的思想史上，是被贬斥到思想史之外的，思想史有时就像一本功劳簿，没有功劳的人没有资格在上面，他们只能发配于“另册”。

我在前几年写的一篇学术史笔谈里提到，学术史与思想史是可以分家也是应当适当地分家的。如何分，当然有一个技术上的问题，不过让人忧虑的是，在学术史和思想史上，价值上原本的双重性，常常被用一个尺码来衡量，被用单一方式来处理，以致思想与学术搅在一道。如果思想史在高屋建瓴式地褒贬人物，学术史只好投鼠忌器，跟着思想史的褒贬而褒贬，单一的尺码中，要么一白遮百丑，要么一粒鼠粪坏一锅汤。思想史常常用一种“当下”立场，去取之间不免有时代的价值局限，作为一个新时代的思想史家，自然对依恋旧时代的学者不必假以辞色，也有理由把“主流”之外的思想家暂时放置一边。思想有时代性，思想史也可以有时代性，可是，学术史则应该用另一种眼光与另一种价值来观看学术，学术史处理的是“学术”，人文学科的研究领域、研究方法、研究角度，以及学术价值的断定，它与思想史并不一样。如果思想史的判断过多地干涉学术史的描述，那么，学术史是很难公正地还原它的本来历程的，像胡适、像王国维、像陈寅恪、像郭沫若，思想史的干预已经使他们在相当长一段时间里不能得到实事求是的评价了，还好，他们名声太大，离我们太近，学术史既躲不了又绕不开。可是，像沈曾植这样离我们远一些的学者呢，难道学术史的遗忘，就可以是顺理成章的遗忘么？

其实，无论是思想史还是学术史，用法国年鉴学派史家布罗代尔的术语来说，如果不是站在当下的立场或王朝的角度进行选择，如果不是用简单的进化或狭隘的价值进行评价，而是在一个“长时段”中，估量他们的历史意义，从一种“文化”的观念，来分析他们的思想学术，也许，我们会有新的发现。

当然这对沈曾植来说已经不重要了。本来，他还很看重学术与思想的意义，1919 年，他给罗振玉的信里称赞罗氏“地学精确，石史甄核，因以轶驾前贤，而殷篆一编，绝学遂通……在环球学界伟人中高踞一席矣”，这是赞人，也是自期，表明他心底里还是很在乎自己是否能“在环球学界伟人中高踞一席”的。可是，越到晚景他越是明白，当他的心情从激愤转而悲凉，从悲凉转而旷达，他在佛教思想中已经找到了自我平衡的心理方式，思想史也罢、学术史也罢，身后名声谁管得，“世界是空还是色，先生非有且非无”。可是，又有谁看不出他的心境，实际上是旷达中潜藏了悲凉，悲凉中弥漫着一种无可奈何的迷茫呢。

欲以“旧道德新知识”六字包扫一切*

——读许全胜《沈曾植年谱长编》再说学术史的遗忘

一　论学绝不逊欧人

1916年，赫赫有名的法国东方学家伯希和（Paul Pelliot，1875—1945）在中国担任法国驻中国使馆陆军武官次官，7月中到上海，张元济在家中请他吃晚饭，座中有缪荃荪、叶昌炽、蒋汝藻等，也有寓居沪上海日楼的沈曾植，据叶昌炽记载，这场宴会成了四十岁的伯希和与六十七岁的沈曾植的学术对谈，“乙庵与客（伯希和）谈契丹、蒙古、畏兀尔国书及末尼、婆罗门诸教源流，滔滔不绝”，其他客人插不上嘴，只好洗耳恭听。

伯希和虽然年轻，但要与伯希和谈论契丹、蒙古、维吾尔等非汉族文字和摩尼教、婆罗门教等非汉族宗教，却不那么容易，伯希和精通亚洲各种文字，曾经主持《通报》（*T'oung Pao*）的编辑，因为批评凌厉苛刻而享有“学界警察”的名声，后来还被从来自负的傅斯年称

---

* 本文原发表于《书城》2008年5期。

为“全世界治汉学者奉为祭酒”[1]。何况，欧洲学界从十九世纪起就关注中国周边，所谓南海和西域史地之学向来是他们的强项，后来几乎所有关注“殊族之文，塞外之史”的中国学人，都要到那里去问学。而这个除了去过一回日本外基本未出过国门的沈曾植，居然能够在这些学术前沿话题上与伯希和分庭抗礼，真的让人吃惊。王国维在《沈乙庵先生七十寿序》中说的“道咸以降之学新”的“新”，其实说的是当时中国一流学者，已经在西洋东洋学者的擅长领域中入室操戈。

这当然要追溯到更早的学风变化。清代中叶以来，西北史地之学这一学术潮流在沈曾植的时代之前，就已经渐渐蔚为大国。如果说，乾（隆）嘉（庆）时代的学问视野，除了少数学人之外，仍基本不出传统中国的经史子集，那么，道（光）咸（丰）以后的学问却逐渐以超越汉族中国的历史、地理、文献甚至语言为时尚。光绪六年（1880）沈曾植在会试对策中，说“其一种族不易知，其一疆域不易考，载籍无征，抑又其次也”，已经表现出他早对西北民族史地之学的了解（许《谱》35—36 页，以下所引均只注页码），光绪十五年（1889）与缪祐孙在袁昶宅中“谈俄回部地里沿革”，据说“混混可听”，就表现他知识兴趣的扩张（113 页），第二年（1890）与欧洲回来的洪钧谈《元史》，向缪荃荪借《黑鞑事略》，则说明他在这一方面的知识准备（123 页），而光绪十九年（1893）作和林三碑考证让俄国人非常惊讶，更说明在这一方面他的造诣已经甚深（166、183 页）。他的《圣武亲征录校证》和《蒙古源流考》被金楷理（Carl Traugott Kreyer，1839—1914）及日本学界的内藤湖南、那珂通世等杰出人物关注，说明他在这一领域已经可以列入国际学界的顶尖人物，难怪他和罗振玉都敢于说“欧人

---

[1] 傅斯年《伯希和教授》，《傅斯年全集》第七册，联经出版事业有限公司，1980，2350 页。参看同氏在《北平晨报》1933 年 1 月 15 日写的《法国汉学家伯希和莅平》。据说伯希和精通十四种外文。

东方学业尚在幼稚时代”，而世人“闻之目为怪论”（395 页）。陈寅恪曾经说，“一时代之学术，必有其新材料与新问题。取用此材料，以研求问题，则为此时代学术之新潮流。治学之士，得预于此潮流者，谓之预流（借用佛教初果之名），其未得预者，谓之未入流”[1]。如果用这个标准论说“世界学术之新潮流”，我想，从清代中后期延续到晚清民初的西北历史地理、辽金蒙元史的研究热潮，是中国学术“预流”的第一波，在这一波里，在文献、考据、语言各方面，中国学者和外国学者在同一起点和同一标准下接受挑战和检验，中国学者似乎并不落后。

“鄙人昔所研习，自以地学为多，创之在欧士以前，出之乃远出欧士以后，在昔新发明，在今或已为通行说”（401 页），沈曾植有理由感到委屈和愤懑，这让我们看到“东西学战”里中国学者的不利处境，也让我们看到“同场献技”时中国学者的不低水准。不过，晚清民初的这一取向和潮流，以及这一学术群体及其领袖，似乎没有在过去的学术史叙述中被凸显，我过去曾写过一篇纪念沈曾植的文章，副标题叫做“沈曾植与学术史的遗忘”[2]，这些天，读许全胜新著《沈曾植年谱长编》（中华书局，2007），不由得想再来谈谈这个话题。

二　遗老心境凭谁问？

1911 年 12 月，宣统皇帝颁布退位诏书，大清王朝画上句号，这对忠于清朝的士人是一个沉重的打击。辜鸿铭去看望沈曾植，问“事已如此，我辈将如何？”据说，沈氏“泪流满面，执余（辜）手而言曰：

[1] 陈寅恪《陈垣〈敦煌劫余录〉序》，《金明馆丛稿二编》，三联书店，2001，266 页。

[2] 参看《世间原未有斯人——沈曾植及学术史的遗忘》，收入本书。

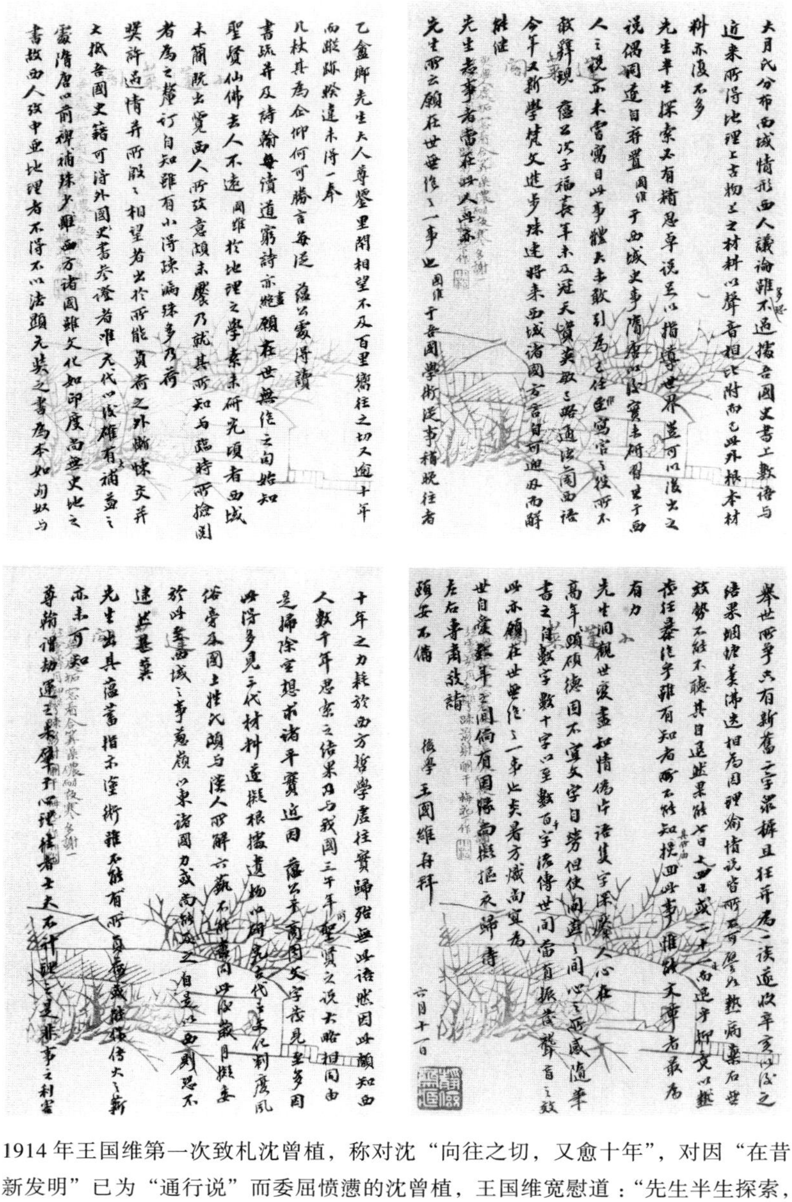

乙盦鄉先生大人尊鑒里閈相望不及百里嚮往之切又逾十年
而蹤跡睽違未得一奉
几杖其為企仰何可勝言每從 蘊公處得讀
書疏并及詩翰每讀道窮詩亦[illegible]願在世無作之句始知
聖賢仙佛去人不遠 國維於地理之學素未研究頃者西域
木簡既出覽西人所攷意頗未饜乃就其所知與臨時所撿閱
者為之釐訂自知雖有小得疎漏殊多乃荷
獎許過情并所啟又相望若出於所能負荷之外慚悚交并
大抵吾國史籍可資外國史書參證者唯元代以後雖有補益之
處隋唐以前裨補殊少雖西方諸國雖文化如印度尚無史地之
書故西人攷中亞地理者不得不以法顯元奘之書為本如匈奴與
大月氏分布西域情形西人議論雖不過據吾國史書上數語與
近來所得地理上古物上之材料以聲音相比附而已此外根本材
料亦復不多
先生半生探索必有精思卓說足以指導世界豈可以後出之
說偶同遂自棄置 國維于西域史事隋唐以後實未研習至于西
人之說亦未嘗寓目此事體大未敢引為己任至寫官之役所不
敢辭規 蘊公次子福袁年未及冠天資英敏已略通法蘭西語
今年又新學梵文進步殊速將來西域諸國古言自可迎刃而解
[illegible]
先生志事者當在此人無疑
先生所云願在世無作之一事也 國維于吾國學術從事稍晚往者
十年之力耗於西方哲學虛往實歸殆無此語然因此頗知西
人數千年思索之結果乃與我國三千年聖賢之說大略相同由
是掃除空想求諸平實近因 蘊公得讀商周文字苦見其多因
此得多見三代材料遂擬根據遺物以研究古代之文化制度風
俗覺吾國上古之理頗與漢人所解六藝不能盡同此後數月擬專
於此並西域之事蔥嶺以東諸國力或尚能及之自是以西則恐不
逮其甚矣
先生出其蘊蓄指示塗術雖不能有所負荷或能稍傳大之新
亦未可知
尊論謂劫運之來學術升降關係者甚大不計理之是非事之利害
舉世所爭只有新舊二字眾辯且狂并為一談遂收辛亥以後之
結果姻姬美沸迭相為因理論情說皆所不可釋之熱病藥石無
效勢不能不聽其自退然果能十日或二十日而退乎抑竟以無
[illegible]任其作乎雖有知者所不能知挽回此事惟賴文章者最為
有力
先生洞觀世變盡知情偽片語隻字深觸人心在
高年頤碩德固不屑文字自勞但使兩間心之所感隨筆
書之謝數字數十字以至數百千字流傳世間當有振聾發聵之效
此亦願在世無作之一事也炎暑方熾尚冀為
世自愛并年間倘有因緣當擬摳衣歸詩
左右專肅敬請
頤安不備
後學 王國維再拜
六月十一日

1914 年王国维第一次致札沈曾植，称对沈“向往之切，又愈十年”，对因“在昔新发明”已为“通行说”而委屈愤懑的沈曾植，王国维宽慰道：“先生半生探索，必有精思卓说，足以指导世界，岂可以后出之说偶同遂自弃置。”

‘世受国恩，死生以之，他非所知也’”（362页）。

看到这一段，我的感慨仍然是如何重新回到那个时代语境中，去体会沈氏的心情。在那个时代中生活的学者，有些复杂心情令人不易理解。像沈曾植这样学术上追求前卫和时尚的新潮学者，却在观念上表现得相当顽固和保守，原本是汉人的沈曾植，对满人的大清有如此的眷念，可能很多人都想不通。1917年，年近七十的他仍然怀念前朝，他给罗振玉写信时，还大叹此时他才领会魏晋人为何会“寄情庄老，及今乃知其身世之感”。据当时人记载，年事已高的他特别容易激动，“每事机不顺，无所借手，辄涕泗横颐”，弄得“满座栖惶，不能仰视”（448页），所以，他会积极参与张勋复辟的活动，这一年，他起草了《复位奏稿》和《行政大略》，在文中大谈五伦五常，强调欧亚政治和文化不同，痛诉共和政体不适合中国民众，等等，不仅出主意想办法，而且居然也当了几天学部尚书（449—450页）。

以今天的历史观倒推过去，参与复辟显然是“开历史倒车”，不过，如果我们不以王朝认同作为判断的尺度，而以文化认同作为理解的基础，那么，正如我在旧文中说的，他们的依恋旧朝，更多的是一种对传统生活和稳定秩序的企盼，因为在社会巨变中，他们的旧经验无法适应新现状，他们的旧文化无法应对新变化，这让他们觉得没有安全感，对于那些原本就有高度文化修养，而且已经拥有了应对社会的知识，并且自认为代表了一个时代的文化与价值的知识人来说，他们未必真的重视一家一姓的天下更替，倒是更关心他们获得价值与尊严的文化传统的兴亡，“前朝”只是他们用来标榜和祭奠的象征物罢了。

所以，在政治上，他对湖南时务学堂的风气相当不满，觉得他们患了“平等自由之病”（265页），也反对跟随西洋新潮搞立宪，觉得西方“立宪实以限制民权，谓限制君权者表面语耳”（315页），在知识上，他认为不要盲目杂糅新学，特别是人文领域，“科学宜用西国相沿教法，古学宜用我国相沿教法”（343 页），觉得在学问上一旦“阑入新学，则非驴非马矣”（357 页）。他似乎对于传统不能纯粹相当紧张，觉得当下的弊病就在东西混杂，曾经很不满地说到当时学界“以残缺不全东洋之议论自文，其不知西学，不通经史，于是乎杂乱无章之课本行，而自由革命之怪论沸矣”（266 页）。一直到 1922 年去世前不久，沈氏还有书信，与金蓉镜讨论这个问题，觉得“欧华糅合”会造成很多麻烦，他说中国人的天性中以“让”为主，而西方近代则以“争”为主，西方的路德、罗伯斯庇尔、托尔斯泰、马克思的学说，激起了对专制、官僚、军阀、资本的批判，又引起了对不问政治、不跟潮流、崇拜宗教、固守传统、不开民智等等的抨击，因此导致心理紧张，人人自危，于是秩序便会大乱（509 页）。

看上去可能会觉得，这人实在保守，在西洋新潮流已经铺天盖地滚滚而来的 20 世纪 20 年代，他仍然抱定这种“欧自欧、华自华”的想法，希望保存一个纯粹的“中华”，这未免太落伍，可是，只要我们想想他的处境，也许就能理解这个嘉兴老儒的心情。其实，当中西杂糅已经无可阻挡地成为趋势时，强调“纯粹”文化往往只是抵抗西潮的表演，象征意义大于实际作用，尤其是那个时代讲“国粹”的人，其实是把对世界主义的渴求掩藏在民族主义的口号下的，他们标榜一个正宗和纯粹的文明传统，其实只是要把它发扬光大“立于世界之林”。前面说到，沈曾植并不是一个拒绝拥抱世界的人，他从 19 世纪 80 年代起就关注外面的学术取向，对当时西洋和东洋新兴的西北史地之学、早期佛教研究、敦煌发现的文书、满蒙回藏的历史，都曾经相当熟稔，他只是对当时的死守旧学、盲从新学，“知识胸襟奴隶于外界粗浅之浮言、简单之俗论，甘放弃其神志之自由”很不赞同，他想象要捍卫的纯粹中国文化，只是“欲攘外先安内”的策略，他说得很清楚，“要当以世界眼光，扩张我至美、至深、至完善、至圆明之国粹，不独保

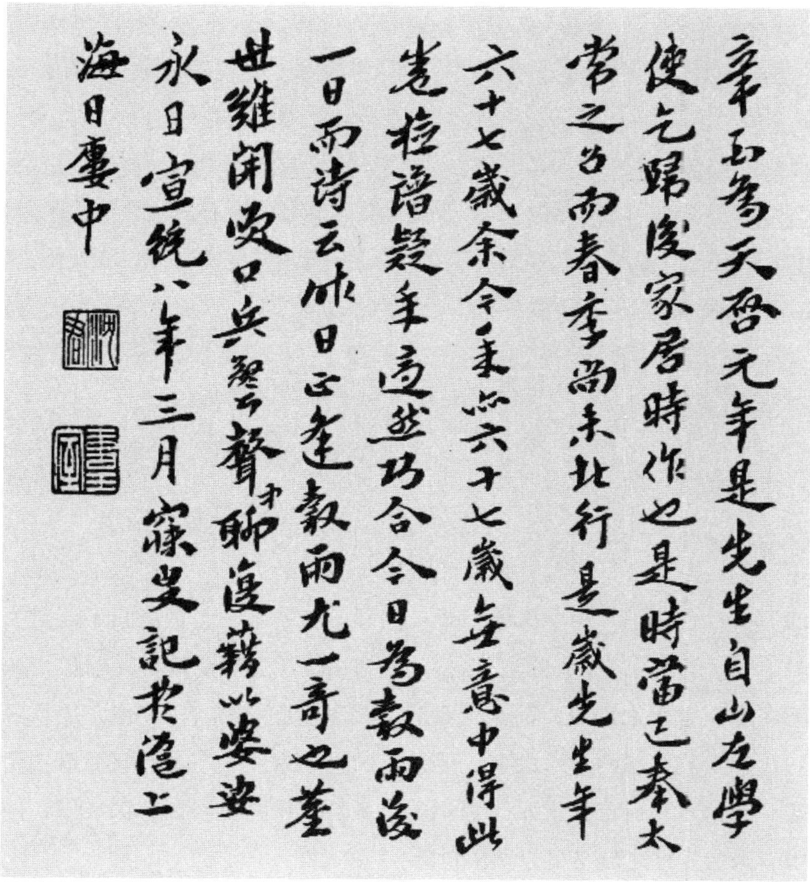

1916 年沈曾植题董文敏诗卷跋，尽管溥仪早于三年前已逊位，沈仍在题跋末署上宣统八年。

存而已，而亦不仅仅发抒古思旧之情抱”（353 页）。因此下面这一段话可以看成是他的夫子自道：

> 愚管欲以“旧道德，新知识”六字包扫一切，而以道德为学界天职，匡济为政界天职，幼童不必使崇拜欧风，中学以下不必令比较中外。（《与李翊灼书》，见 322 页）

三　预流与新知

可是，在学术上沈曾植可绝不保守，真是新潮。

在许全胜《年谱长编》中可以看到，沈氏早就看过日本冈千仞的西洋史著作，也关注当时东洋西洋的蒙元史研究，还了解日本的佛教史著作，甚至还关注朝鲜史料，连新出的敦煌文书也不陌生，而且，还可能是中国最早收藏并关注殷墟甲骨研究的人之一。在他给罗振玉的信中，表现了一种中国学术要在国际争胜的想法，也流露了他对当时中国学界的失望，他说，罗振玉《殷虚书契》如果能被学界理解，“决不在现在吾国之儒流，而在他日异邦之学者”（388 页），他希望年轻一代学者关注新的学术潮流，还说王国维如果关心“若郅支后裔之西迁，若帖木耳后王之世系”等学问，一旦“得欧籍参证吾国史书，固尚有未经发挥之佳义可以贡诸世界”（401 页）[1]。

沈氏提出的新课题的确重要。那个时代的西洋和东洋的中国学界，特别关注中国的周边，正如桑兵《国学与汉学》所说是有“四裔取

[1] 陈寅恪在 1942 年写的《朱延丰〈突厥通考〉序》中，其实已经感觉这一波学术与清代西北史地之学的关联，并预见这一学术趋势的发展，他说“惟默察当今大势，吾国将来必循汉唐之轨辙，倾其全力经营西北，则可以无疑。考自古世局之转移，往往起于前人一时学术趋向之细微，迨至后来，遂若惊雷破柱，怒涛振海之不可御遏”。《寒柳堂集》，三联书店，2001，163 页。

向”[1]，尤其是近在东邻的日本，从明治、大正到昭和年间的学界，相当多的学者都表现了这种学术兴趣。早期的那珂通世之外，著名的如白鸟库吉（1865—1942）、藤田丰八（1869—1928）、桑原骘藏（1871—1931）、箭内亘（1875—1926）、池内宏（1878—1953）、羽田亨（1882—1955）、和田清（1890—1963）等等，对于蒙古、朝鲜、安南、西域、西藏等史地领域，都有出色的研究。其中，奠定日本明治时代东洋学的重要人物白鸟库吉，他关于突厥、乌孙、匈奴、粟特、匽居以及朝鲜的研究，都赢得了欧洲学界相当高的评价，显示了当时参与国际学术对话中的日本中国学新潮流，对于这一新潮流，另一个参与者羽田亨曾经总结说，这一时期日本东洋学的进步，恰恰就表现在（一）东方新的考古资料与诸文献的研究（如阙特勤碑），（二）古代语文的发现（如回鹘文、吐火罗文、西夏文），（三）西域各国的人种的研究，（四）各种非汉族宗教文献的新发现（如摩尼教经典），（五）粟特文化对东方的影响，（六）回鹘文化的东渐。显然，这些研究领域远远超越了传统“中国”的空间、历史、文化、典籍和语言，正如他所说的，明治大正年间，日本东洋学的发展，“不仅在美术史、风俗史、历史地理上的研究数量不少，更由于中亚所发现的史料，使得中国历史事实被阐明得更多……从上述取向可见，如果从事中国史特别是塞外地方的历史研究，晚近学者可以向何方努力，学术的大趋势究竟会走向何方”[2]。

这是所谓国际东洋学的“大趋势”，但也是中国人关于中国研究的“新走向”。在晚清民初的学术史上，如果关注沈曾植这一学者群体，

[1] 这一点桑兵《国学与汉学——近代中外学界交往录》已经说到，参看其第一章《四裔偏向与本土回应》，浙江人民出版社，1999。

[2] 羽田亨《輓近における东洋史学の进步》，原载《史林》（1918 年）第三卷一、二号，后收入羽田亨《羽田博士史学论文集》，京都：同朋社，1957，1975，635—653 页。

就可以发现，学术史不仅仅有康（有为）、梁（启超），不仅仅有章（太炎）、黄（侃），不仅仅是李（大钊）、陈（独秀）或蔡（元培）、胡（适），也不仅仅有“心随旧而学则新”的罗（振玉）、王（国维），还有没有到东洋却和他们成同道的沈曾植。在他这里可以看到，在这些新领域，中国人不都是拾人牙慧、鹦鹉学舌，也不都是闭关自守、固步自封的。沈曾植的眼界和思路，显然与国外学界同步，考虑到他在当时学界的影响和位置，我们或许可以说，当时恰恰是他，象征着中国学界的趋势。许全胜《年谱长编》中相当有趣的一个资料发现，是找到了一份重要的《沈氏门簿》，在这个册子中记载了光绪二十九年（1903）北京沈氏寓所访客的名单，从中可以看见京师政治群体的动向，这是政治史研究者应当注意的。不过，我更奢望有一份沈氏在晚年寓居上海海日楼时的门簿被发现，如果这样，也许我们可以看到 20 世纪头十几二十年中，一个理应记住的重要学术群体。好在这部编得相当用心、资料相当丰富的《年谱长编》中，已经一一列出了当时往来沈门的朋友，其中包括了缪荃荪、辜鸿铭、罗振玉、傅增湘、郑孝胥、陈焕章、陈三立、麦孟华、梁鼎芬、杨钟羲、李详、张元济、易顺鼎、朱祖谋、李翊灼，也包括民国四年（1915）从日本回来后常常来的王国维。

他们讨论的学术话题中，就有这些学术界的前沿，包括古音学、宗教史、边疆四裔舆地、域外碑文与史著等等[1]，所以王国维说这个时代学术很新，因为“道咸以降，涂辙稍变，言经者及今文，考史者兼辽金元，治地理者逮四裔，务为前人所不为。虽承乾嘉专门之学，然亦逆睹世变，有国初诸老经世之志”[2]。

[1] 通过各种途径，沈曾植涉猎过《密宗发达史》、《多桑蒙古史》、《满蒙丛书》等不少日本方面的著作和史料。

[2]《沈乙庵先生七十寿序》，王国维《观堂集林》卷二十三，720 页。

四　晚清民初的学界班头、文人领袖

对沈曾植佩服得五体投地的王国维，也对沈氏不能在学术上一心专精，觉得很遗憾，他说沈曾植“天才学力，并绝等伦”，但是，却“博学无成”(424页),这是从一个现代学者角度看传统文人的感慨。其实，沈曾植大概从一开始就不是一个要当现代学者的人，他的本意不是要列于学林，却是要入儒林或文苑的，不过，当大清王朝渐渐恢复无望之后，他无意中成了当时的学界班头、文人领袖，恰恰由于他的博学，影响笼罩了很多领域，在他之后像张尔田（1874—1945）之关注道教、陈毅（1871—1929）之研究边疆史地、桂念祖（1869—1915）之研究密宗、李翊灼之研究佛学，当然，还有各方面都追踪沈氏的王国维（1877—1927）。缺了沈曾植（以及杨文会、罗振玉等），单一的学术史也许说明不了20世纪20年代以后中国学术的走向。

后来的陈寅恪曾经回忆说，因为家世因缘，当年他曾经听到过“京师胜流”中的议论，这时的“学术风气，治经颇尚公羊春秋，乙部之学则喜谈西北史地”[1]，前者当然是后来思想史、学术史必然提及的康梁之学，而后者便是沈曾植一流的学术兴趣。以蒙元史为例，有人曾经说，“斯学自康乾以来，如果树放花，初作蓓蕾。道咸之间，则嫩芽渐吐，新萼已成。至同光之间，千红万紫，烂漫盈目，及柯劭忞氏之著作成，尔后繁花刊落果实满枝矣”[2]。那么，在撰《新元史》的柯劭忞（1850—1933）、撰《元秘史笺注》的沈曾植（1850—1922）和撰《蒙兀儿史记》的屠寄（1856—1921）之后呢？这一学术潜流究竟走向如何，是“每转益进”而“渐次邃密”，还是“绝学无后”而“终

[1] 陈寅恪《朱延丰〈突厥通考〉序》,《寒柳堂集》，162页。

[2] 李思纯《元史学》，中华书局，1926，76页。

1910年12月沈曾植（前排右二）与李翊灼等人在杭州西湖高庄合照。此前，沈曾植从缪荃孙信中得悉敦煌六千卷已到京师，盼望编目甚切，于是邀约李翊灼游西湖，并与之商量北上整理敦煌遗书之事。

成绝响”？最近，看到刚出版的郭丽萍《绝域与绝学：清代中叶西北史地学研究》，这部很有意思的著作讨论到了嘉庆、道光之后，既有西北史地之学中的张穆《蒙古游牧记》、魏源《元史新编》、何秋涛《朔方备乘》这三部标志传统西北史地之学终结的著作，也讨论了“同(治)、光（绪）余声”，也就是洪钧、沈曾植、李文田、缪荃孙、屠寄等人有关西北史地和蒙古历史的学问。作者在提到这些同样治西北之学的学者的时候，用了“新萼”这个词来形容，指出他们已经“不再说经世，他们成为更加纯粹的学者”[1]，那么，这种越来越纯粹的学术取向，是

[1] 郭丽萍《绝域与绝学》，三联书店，2007，298页。

在哪里表现出王国维所说的“新”呢？这些纯粹学者的“新知”，何以被学术史长久地遗忘呢？

在这部著作的“尾声”中，她提到20世纪30年代之后倡导边疆史地研究的禹贡学会以及顾颉刚等人，那么，这些更晚一代学者的学术灵感和取向，是从沈曾植等人那里得到启发而来的吗？遗憾的是她没有说下去。

五　再说政治史与学术史：能否各行其道？

在前面提到的我那篇有关沈曾植的随笔中，曾谈到了思想与学术的纠缠。过去的学术史对于一个人，常常把他的思想和学术“打包”，以致政治立场总是“绑架”学术成就。如果思想史极力褒扬，学术史只好投鼠忌器，评价调门跟着水涨船高，如果思想史在极力贬斥，学术史也只好绕道而行，生怕染上了立场不稳的罪名。这种“一荣俱荣，一损俱损”的现象，究竟是在什么文化背景中产生，又是如何会产生的？传统观念世界中有很多成语表明，中国人对知识与思想、文风与人品、政治与学术，向来很难划开一道理性的界限，所谓“知人论世”、“文如其人”，把本来只是经验和感觉的判断，常常当成评价一切的铁律，中国人太看重思想和政治，这叫做“人品”，所谓“一为文人，便不足观”，就是说一个人如果不关心政治，只好舞文弄墨，就连他的文墨都应当受到蔑视，所谓“大忠必为高品，高品当有妙文”，就好像一旦人品有可表彰处，就连他的文章也一并要受到好评。因此“巨奸贼为忧国语，热中人作冰雪文”当然只是存心作伪，扬雄“剧秦美新”，便连他的文章也一道被人贬斥，严嵩成了奸臣，连他的书法也不好挂在墙上，阮大铖在明清之际的表现，害得他的《燕子笺》怎么也入不了文学史家的法眼，钱谦益的命运浮沉，更来自他自己是明朝之遗臣还是清代之贰臣，就算他真的在《投笔集》里写了好多倾诉恋明情怀的诗歌也无济于事，明遗民说他是叛徒汉奸，清政权却说他是投机分子，明明写得很好的诗文收在《初学集》和《有学集》里，也好久不能刻印。

人品坏了，学术也不足取，政治反动，知识自然也越多越反动。其实元好问早就说，“心画心声总失真，文章宁复见为人”，刘因也曾说“若将字字论心术，恐有无边受屈人”，当年钱锺书先生《谈艺录》中曾经用了好多例子，说明评论人当“就事论事，断其行之厉害善恶，不必关合言行，追索意响，于是非之外，别求真伪，反多诛心、原心等种种葛藤也”[1]。何况，政治毕竟只是短暂的立场选择，而学术却是长久的知识追求，沈曾植这一批被叫做“遗老”的士人，即使在国内政治上与同时代革命者有取向的差异，他们有留恋前清王朝的情结和维护传统价值的立场，但是在国际学术上，却和同时代的学术前沿的走向一致，他们也在关心颠覆传统历史认知的新看法，关注超越汉族中国的周边语言与文献，特别是在他们身后，带出一种新的学术风气，开出一批新的学术领域，学术史为何不可以脱开政治史或思想史，自己有一个脉络？

领域分化，各自评价，其实是理性的结果，政治意义不能取代学术意义，学术史对于这些政治上“保守”甚至“反动”的人，如何给予公正的评价？这并不是已经解决的事情。今天在评论学术史的时候，不妨把政治立场与学术成就分化开来，不要让政治评价总是凌驾在学术评价之上，这样，也许政治便不至于总是笼罩一切，让人时时感觉到政治挂帅的阴影，而学术能够有自己独立的空间，成为独立的领域，能够建立起独立的评价体制。我在这部《年谱长编》中看到的是，沈

---

[1] 钱锺书《谈艺录》，中华书局，1984，164页。

曾植常怀希望，能在道德上坚守旧的价值，而在学术上却追求新的知识。在作为立身之本和经国大计的传统经典解释上，他觉得“阑入新学，则非驴非马矣”，在作为了解世界的史地数理新领域中，他又觉得不妨引进西洋东洋的教材，“以东文课本教之，大致不殊”，在给汪康年的信中说了一句很简洁精练的话，“和调新旧，泯绝异同”，也就是说，在新旧东西之间不必有那么深的鸿沟，过去的他这么想，今天的我们能否这样做，把“恺撒的归恺撒，上帝的归上帝”，是否对他这种理想，也就可以有同情之了解的地方了呢？

阴晴不定的日子*

——1927 年 6 月 2 日纪事

我想写的是 1927 年 6 月 2 号所发生的事情。

我开始动笔的这天，已经是 1997 年 6 月 2 号，恰恰七十年，选择这一天来写这篇既算不上论文也算不上散文的东西，并没有特别的意思。其实，七十年前的事情了，那时的人与事，早已经成了“历史”，透过发黄的旧报纸、重新出版的日记和种种回忆录，纷纭的、没有头绪的事件，不时呈现在眼前，看上去杂乱无章，又朦朦胧胧。在这朦朦胧胧中，我回忆着那一天发生的事情，也体验着这一天存在着的各种人的心情。

---

* 本文最初发表于《天涯》1997 年 5 期。参考文献来自:《民国日报》、《晨报》、《中央日报》、《新生》、《良友画报》、《北洋画报》、《东方杂志》、《北京大学日刊》、《王国维年谱长编》、《胡适年谱》、《梁漱溟年谱》、《章太炎年谱长编》、《鲁迅日记》、《吴虞日记》、《陈垣来往书信》、《徐永昌日记》、《郁达夫日记》，等等。

一

1927年6月2日，农历五月初三，星期四。

早晨，在北京西郊的清华园里，王国维依然像往日一样，按时起床，在八点到了学校，只不过他的心情却很复杂，平静的面容稍稍显得有些疲乏，显然晚上并没有睡好。在上海，刚刚从日本回国不久的胡适，租到极司斐尔路49号甲的楼房，看看这座楼房，他心里并不很满意，不过，才收购来的甲戌本《石头记》倒让他心里很高兴，摩挲着这部旧书，他又想起在泛太平洋俱乐部所讲演的《中国文化之再生》，他觉得，可能真的中国有再生的希望，对于前不久发生的“清共”事件，他觉得蒋介石是对的，也许这样一来，中国真的就有了秩序，自由主义的信奉者胡适对没有秩序的中国也有些担心。和胡适一样，在浙江的方豪早晨起来就给远方的陈垣写信，他对这个自己很佩服的学者说，自己在编《浙江公教史》和《圣教词典》，并希望陈垣能写成中国人自己的《中国基督教史》，想到外面的情景，在信中又添了一句，“杭州自厉行清党后，景象尚不恶劣”。而在广州，这个曾经是革命基地的城市里，气氛已经很紧张了，在中山大学辞职后的鲁迅蛰居在白云楼，一夜不眠后，推开窗户，让稍稍凉爽的晨风透进小屋，听见报童已经在沿街叫卖当天的《民国日报》，这一天的报纸上，头版用了半版刊登一幅口号，“肃清一切改头换面的中国共产党”，当年的联盟已经反目成仇。很多年以后，有一位当年的老报人回忆当时的情景时说，自己的心情真是彷徨，不知道是怎么了，为什么打起来了？明明北伐要胜利了，为什么又变成这样了？

那些天的情势真的是复杂。就在前一两个月，国民党中的蒋介石在上海宣布“清共”，与共产党分道扬镳，而这时在武汉，国民党的态度却还很暧昧，也许是在窥测方向，也许是在犹豫徘徊。北京的人心浮动，有的对南方传来的消息鼓掌叫好，而有的对北京的未来忧心忡忡。有消息传来，奉军已经退出了郑州，而原来不表态的阎锡山决定悬挂国民党的旗帜，只是现在还与张作霖打着哈哈，阎老西真是脚踩两只船。街上传说，孙传芳等人准备拥护张作霖在北京当总统，和南方分庭抗礼，地坛边上，聚着一帮清晨喊嗓子唱京戏的老北京，一面听人唱着西皮流水二黄倒板，一面扎堆儿，忙里偷闲地谈论国事，有人猜测，说不定哪一天北京会成了战场，可一个据说在京城里住了几辈子的旗人不屑地从鼻子里哼了一声说，咱北京城是风水宝地，自打大清以来就从不兴刀兵。过了七十年后来看，好像他说的还真是个准。当然，也有人心里盼着发生些什么事，这一天，一个沙滩红楼的北大学生，买了一本 4 月底才出版的《革命哲学》，兴奋得一口气看完，作者朱谦之在里面用后来红卫兵才用的口吻写道："最彻底的革命，是把宇宙间的一切组织都推翻"，毁灭宇宙，才能重建本体。看得不明不白的年轻人热血沸腾，从字里行间只体会出来两个字"革命"、"革命"、"革命"。

当时，"革命"几乎是一个具有无上权威性的词眼，在人们心中它和"民主"、"科学"差不多，仿佛拿了它就拿了杏黄旗，说着它就等于说着真理。不过，究竟革谁的命，似乎已经有些弄不明白了，原来都说要革命的人打起来了，连革命者有时自己也遭到了革命，不止是共产党，国民党上海市党部已经决定，对那些不合作的名人采取惩戒性的策略。他们商量好，打蛇先打头，把威望最高的章太炎作为惩戒的首要对象，他们宣称章太炎破坏国民革命，与军阀勾勾搭搭，一个上海市党部的年轻人正在起草明天见报的文件，这份文件斥责章太炎"妄冀破坏国民革命"，宣布没收他的油车及碾米厂两处股本三千七百大洋和二十七亩地。不过，"革命"还是很有吸引力，《民国日报》的副刊《现代青年》上发表了陈安仁的文章《革命的理论》，第九节里讽刺那些意志薄弱的人害怕革命的大潮，"见得眼前受些痛苦，对革命就怀疑起来，甚或反对起来，这是极大的错误”，理由是不容置疑的，因为革命是为大多数人的，革命的幸福，“非一部分的幸福，是全部的幸福”。不管是革谁的命吧，反正，很多年轻人都以为这一下，革命就要成功，中国就会统一，天下就会变得生气勃勃。可是，那个总是爱与众不同的梁漱溟在广州，却对兴奋不已的李任潮当头泼了一瓢冷水，说“国家是不能统一的，党是没有前途的，凡你的希望都是做不到的”。

二

当早晨的太阳升到清华学校工字厅的屋檐上的时候，喜鹊已经叫了很久。学校里的树，颜色渐渐由浅转深，6月的树荫下，多少还有些凉。而城里好像比郊外热，各个公园里的牡丹已经“姹紫嫣红”，据说，士女如云，一个画报的记者发现，北京的公园里奇装日多，有二女郎“遍身绿衣，剪发，墨绿长巾束其头”，仿佛荀慧生《元宵谜醉卧书房》里的装束，而太太们则戴大花，似乎出自程砚秋的京戏打扮。他把这个现象写在给《北洋画报》的“小消息”稿件中，心里却暗暗忧虑，想到时下的情势，他想，这是不是乱世的“服妖”，古代以来的那种对奇装异服的象征性意味的警惕传统，总是在心里使他不安。

不过，并不是所有的人都有那么多心事，也不是那么多人都在革命大潮中的。当旧事成为历史的时候，历史学家总是要替读者省略许多似乎“无关紧要”的细节，这种省略有时是越俎代庖，使后人看历史时不免错以为没有细节，所以看看那些被历史学家和历史著作省略过去的小事，却也更能知道旧时生活的真实图景和历史人物的真实心情。几十年以后，我在大学学近现代史，在那些被装订得整整齐齐的教科书里看到的，就是一个清理得干干净净的革命史或政治史，可是稍后自己去读当时的日记、当时的报纸，却发现历史其实已经被用筛

清华园工字厅后的水木清华

子筛过，剩下的仿佛都是历史学家认可了的“大事”，而生活常常被无情的筛子拒绝在历史书之外。

其实在那一天，在中国普通人的生活里，在中国的东西南北，何尝有那么多惊天动地的大事。那时候，尽管外面大江东去，风起云涌间惊涛拍岸，卷起千堆雪，生活在潮起潮落中的人们心中不免惴惴不安，但是1927年6月2日，四万万五千万中国人中，大多数还在生活中挣扎，为谋生而劳作着。虽然一部分人在革命的热潮中激情洋溢，为中国的前途而奋斗着，但大多数人仍然按着旧日的生活轨道前行。一篇署名“慎予”的文章《自述三大问题的经过》在《民国日报》上连载，说的是当时青年关心的三大问题，没有革命，而是“求学”、“恋爱”和“职业”。同样，悠闲的北京尽管已经听到了南方传来的消息，但中和戏院那天还是准备上演尚小云的《林四娘》，中天电影院那天还是准备上演西洋片《风流皇子》，一个江湖骗子叫什么金文弼，在《晨报》上大做广告，说他留学印度三十年，正准备作环球演出，要“证明人类能以精神克制物质”，在北京的演出中，他要让人们看一看，他可以“打破医学原理”、“打破力学原理”、“打破热学原理”，而证明科学失效的方法一是停止呼吸，二是以石击身，三是吞吐红铁，和现在的气功或魔术差不多。而天津出版的《北洋画报》则在连篇累牍地讨论，是否应当取消伤风化的饭店舞会，不过讨论归讨论，画报还是在下面刊出巴黎蓝磨坊演出裸体舞的照片。据称，荷兰某伯爵夫人为考察东方美术来北京游历，这天到梅兰芳宅中参观各种京剧的行头，一面看一面从鼻子里发出洋人惯有的“嗯哼”表示惊异。梅兰芳真是大忙人，他忙里偷闲又在饭店宴请英国公使蓝浦生（Milles Lampson），席间有记者问及他的日程，他回答说赴美演出的事情正在安排中，不日可以成行。他在当时也真是红透了半边天，连南洋兄弟烟草公司都借了他的名，要生产“梅兰芳香烟”，《良友画报》刊登的广告中称，这种香烟的烟罐上有梅氏戏装像，买烟者可以一面吸烟一面晤对佳人，“梅郎倩影，置诸案头，不啻与梅郎晤言一室也”。

不止是演艺界，文学界也有平静的日子和平静的人们。在北京，有消息说，著名作家谢冰心已经与清华某君订婚，前些年他们曾坐了一条轮船到美国留学，成就了这一段姻缘。而刚刚从清华毕业的柳无忌则正准备步前辈的后尘，也在那里忙着订票放洋，清华毕业生出洋寻的是天经地义的前途。在杭州，那个写过《沉沦》的郁达夫则处在温柔乡里，这一天，他到聚丰园订餐，是为了几天以后大宴宾客，宣布他与王映霞的情事，订餐后他去买了一件夏装，准备在宴会上穿，回到住所翻开日记本，前一天的日记上写着：“梦里的光阴过去得真快，日日和映霞坐在洞房，晚上出去走走，每日服药一帖，天气也好，饮食也好，世事全丢在脑后，这几天的生活，总算是安乐极了”，至于外面的天翻地覆，好像没有发生似的。

其实，怎么会什么事也没发生？不必说国共两党的分裂，也不必说中原的战火，那个时代的中国，积贫积弱之外，实在是多灾多难。教会了中国人如何现代化的外国人，有时很是使中国人感到自惭形秽，像徐永昌就在这一天的日记里不无感慨地写道，西洋人的差役很勤劳，而中国人的佣人很懒惰，因为“人家有科学知识，会用，亦因新气提起，旧习不敢逞”。可是，有“新气”的老是欺负有“旧习”的，不免让中国人生出抵抗的心情，报纸上的烟草广告就利用了这种心情，南洋兄弟烟草公司的广告就呼吁“请吸国货三爵香烟”，中国烟草公司的广告则自称“金牌”是“真正国货香烟”，可是，就在前一天，日本陆军二千余人在少将乡田兼安的率领下，以保护济南的侨民为由，强行从青岛登陆，当局劝阻无效，这天，外长伍朝枢无可奈何之余，只能向日本外长田中发一份外交照会表示抗议了事，可是中国的知识界对这件事却很激动，觉得这真是“丧权辱国”。前几天的另一件事则

从昆明湖鱼藻轩西望（德国摄影师赫达·莫里逊摄于1933—1946年间，照片由哈佛燕京图书馆提供）

更让人生气，一个英国军人强奸民女，本应由中国法院审理，但在英国领事馆的干预下，竟然被宣判无罪，理由实在是荒唐得可笑："这不算强奸，只是睡觉。"

三

清华园的荷塘，还没有荷花，零零星星地，矗立在水面的荷叶在风中摇晃着，朱自清《荷塘月色》里写的景象还要一两个月才能出现，不过古月堂和藤影荷声之馆的杂花还是不少，心情复杂的王国维和研究院的人谈了谈事情后，借了两元大洋，回到了办公室，这时他已经没有心思看任何东西了，在办公室里，他吸了不少烟，烟雾缭绕中，他深深地吸一口气，慢慢地从桌旁站起身来，向外走去，招呼听差叫一辆洋车。

学术界和教育界好像跟社会政治有关，又无关，在那个时候的革命浪潮中，似乎学术与教育也还没有像后来“文化大革命”时那样，闹得都得停下来给革命让步，北京大学照样在这一天刊出“招考广告”，在《北京大学日刊》上登出考试规则，要广招天下英才。两个月前，中央研究院在南京成立，就在这个月，《燕京学报》在未名湖畔问世。但是实际上学术界和教育界的人们，心情实在是被政治风云搅得无法平静。三四个月前，康有为死了，这个月出版的《新生》十三期上，黄延毓写了一篇《康有为的生平与学术》，好像这个过时的学者倒不太被人注意，又能在学术界中混到冷猪头祭供了，相反，倒是像章太炎这样的当红学人，虽然曾经是革命中坚，却弄不好就要被权力严厉制裁，连家财都得被没收。这一天，胡适在上海，可是武汉的《中央日报》却在副刊上发表了一篇《何物胡适之》的文章，讽刺他依违于政治之中，自称不求“popular”，其实只是想当贵族，作超然状，其实说到底就是“吃不着葡萄说葡萄酸”。而王国维在北京，却想到不久前湖南发生的事情，那个有名的乡绅尽管有学问，却因为鱼肉乡里免不了被以革命的名义处死。也是在这个时候，当年《新青年》的盟友已经四分五裂，连表面上的友情都所剩无几，就连一道发表过关于建立“好政府”、主张“同心协力的拿这共同目标来向国中的恶势力作战”的朋友，其实也已经分化。虽然胡适还坚持着他的自由主义立场在文化界当领袖，但聪明的王宠惠当了官，而共产党人李大钊却已经在一个多月前为理想被杀害，五四时期短暂的精神一致似乎昙花一现地过去，相对较自由的思想出现在相对较混乱的时代，各种思想学说在混乱的时代中上演，各种政治权力则在上演各种思想时也不甘寂寞地要动刀兵趟浑水，这使得人心情更加混乱，于是一个词在当时很流行，叫做“彷徨”。

在武汉的《中央日报》不谈武汉，却连篇累牍地大谈北京，南方的力量显然对这个古都表现了太多的兴趣，这使得住在北京的人很有一些议论，身在北京的学人们也不免有些彷徨，王国维也彷徨，但是他太内向，心里的很多话不能向别人说，于是彷徨就成了苦闷，而苦闷郁积得太深，就只好自己找一个了断的方法。在离传说中屈原自沉的端午只有两天的时候，他坐着洋车，出了西门，直往不远的颐和园。这时不过十点左右，纤波不起的昆明湖水很柔和，闪着漾漾的光，他在鱼藻轩中又吸了一支香烟，这时，他的心情大概已经平静下来了。在那一刻，不知道王国维想了些什么，不过我想，他的心情一定很平静，因为很久以后，我的一个朋友吴方，曾经写过关于王国维的文章的学者，在他决心离开人世的时候，曾经也很平静地做着一件一件他觉得要做的事，然后才飘然而去。我想，王国维那个时候的心里可能也是很平静的，佛教说大彻大悟的时候，一切妄念顿消，心底里是一片澄澈。很巧，就在这一天，当年曾经大红大紫地当了一回“只手打倒孔家店”的英雄的吴虞替别人拟挽联，他琢磨了许久，写下了这样的句子：“柏林夜月，巴里春花，回首清游成昨梦。建业多才，全身无术，始识人生最可哀。”过了一会儿，他又觉得对这种丧气悲哀的话不满意，于是再写一首，想了半天，心里能想出来的竟然就是佛教的箴言：“百年本是浮生，地下埋忧，喂虎饲鹰同一视。三日不汗亦死，人间何世，老彭殇子总成空。”

这一天，北京晴转多云，杭州阴有小雨，成都的人觉得闷热，盼着下场大雨。

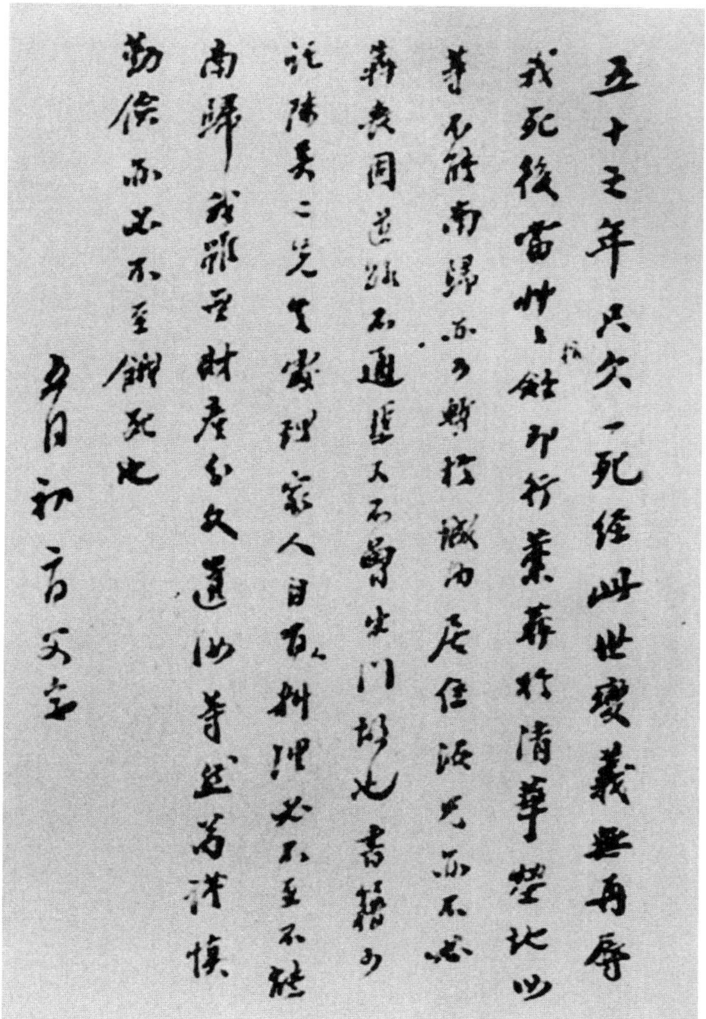
五十之年只欠一死經此世變義無再辱
我死後當草草棺斂即行藁葬於清華塋地
汝等不能南歸亦可暫於城內居住汝兄亦不必
奔喪因道路不通渠又不曾出門故也書籍可
託陳吳二先生處理家人自有人料理必不至不能
南歸我雖無財產分文遺汝等然苟謹慎
勤儉亦必不至餓死也
五月初二日父字

王国维遗书

四

两天以后也就是6月4日，《晨报》第六版登了一条消息："我国之世界的学者，王国维教授投昆明湖自杀。"记者说："吾人接受惨报之余，不禁感觉我国学术界前途之寂寞矣。"可是，中和戏院的京剧依然上演，那个江湖骗子即将表演他打破各种科学定理的绝技，士女们还是遍身绿衣婷婷袅袅地穿梭于花间，中山公园的几百口大缸里，各色金鱼仍然悠闲地摇头摆尾，这一天恰逢端午，陶然亭的茶座酒馆，都是宾客爆满，地坛那没有经过修缮的红墙里，那帮天天在那里听戏练嗓的老北京还是在那里聊大天，那个几辈子住在京城的旗人还是自信满满地在宣称咱北京风水宝地不动刀兵。

一个穿了夏布长衫的中年人独自登上景山。天色有些阴沉，站在山顶的亭中望去，近处的紫禁城上，炊烟笼罩而王气黯然，护城河边，杂草丛生。眺望南方，似乎浓密的云端隐隐地透出隆隆的炮声，随风飘来的云彩中，嗅一嗅，总觉得夹有一些硝烟。

1997年6月2日—6月10日断断续续写于清华园北

佚札留存在异乡*

——有关王国维致内藤湖南书信三通

一

听说日本收藏有一些王国维的未刊书信，是好几年以前了，王国维在日本久住，在异域留有遗物，这也是在意料之中的事情。1916年他在日记里曾说，“自辛亥十月寓京都，至是已五度岁”，自从1911年随罗振玉东渡日本，除了1915年3月曾经短暂回国外，王国维在日本客居了五年，一直到1916年的2月才回到上海。在日本那些年里，他自己感觉是他“一生中最为简单，惟学问则变化滋甚”的五年。京都是日本中国学的中心，在那里他结识了很多日本学者，当然也会有很多的书信留在那个他居住了五年的地方。其中，被认为是近代日本汉学开创者之一的内藤湖南是他最相契的学术朋友之一，可是，奇怪的是现在收集王氏书信最多的《王国维全集·书信》[1]中，却只有1924年1月30日的那一封，这当然让我觉得，应当到日本去寻访一下是

* 本文原载《万象》第一卷第7期（1999）。

[1] 吴泽主编，刘寅生、袁英光编《王国维全集·书信》，中华书局，1984。

否有失落的佚札。

其实，在1994年我第一次访问京都的时候，就已经知道内藤先生的藏书大多已经被关西大学收藏，而且已经建立了内藤文库，虽然关西大学的坂出祥伸教授由于主持翻译我的《道教与中国文化》而早就已经有了交往，但初次见面，不便贸然提出非分要求，何况当时内藤文库还在整理之中，在主人热情地引导我看了设备非常先进的图书馆，还送了我内藤文库的第一、二本书目之后，我只好把已经到了嘴边的请求又吞回去，虽然有“失之交臂”的遗憾，但也不想初次见面就给人有失礼的不快。其后也曾请朋友询问，但得来的消息却让我更加不敢开口，据说按一般的规矩，收藏者不会把自己还没有整理好或研究过的资料白送给他人，这一误传让我产生一个非常自然的联想，这就像中国考古发掘的规矩一样理有必然，于是，我愈发不再想这件事情了。直到今年，我应邀到京都大学任教，几次与坂出教授见面，聊天、喝酒、唱卡拉OK，都没有提起这件事情。可是，在4月里，我提出到关西大学图书馆去看书时，坂出教授却主动地邀请我去看内藤文库，这当然让我有些喜出望外。

于是，4月21日，在坂出教授陪同下，在关西大学的图书馆的布川香织女士引导下，看到了这一批很久以前就想看的王国维与内藤湖南的书信。

二

内藤文库的珍藏当然不止是王国维的书信，以内藤湖南在日本汉学界的地位，与他往来的中国学者也极多。在那里看到的各种藏品中，我们就看到了沈曾植的字、杨守敬的信，当然还有罗振玉的亲笔书信和几种条幅，从文物的角度看，也许那些字画的价值比起王国维的书信更高，不过，对于关心清华前辈学者和近代中国学术史的人来说，王国维的那些遗物就格外珍贵。

遗物中除了几封书信之外，还有王国维手书《壬子岁除即事》（“又向殊方阅岁阑”）诗稿、手书《湖南先生壮游赤县，自鲁南来访余海上，出赠唐写古文尚书残卷（景本），赋诗志谢并送其北行》（“安期先生来何许”），又有《殷虚卜辞中所见先公先王考》手写稿一册，这部稿子首页写有“此稿写定时，尚有可改正之处，然大致如此，先行呈览”一行，大概是专门抄写给内藤阅读的，里面有若干改动处，值得学术史研究者仔细考察；还有一份从巴黎所藏唐卷子本转抄的《北齐修文殿御览残卷》，用双照楼写本笺纸，共十二页，此外，还有一份油印的《蜀道难》（“对案辍食惨不欢”），共三纸，这些遗物当然弥足珍贵，不过，我还是最关心那几封书信。

三

承蒙关西大学图书馆布川小姐的厚意，居然同意把所有珍藏的书信和其他资料都给我复制一份，于是，今年 7 月回国之后，可以从容地把它们与各种已发表的书信一一对照。原来，现存的四封书信中，只有一封，即 1924 年 1 月 30 日的那一封，已发表于王德毅《年谱》281 页，也收录于《王国维全集·书信》385 页，不过，字句略有异同，而且他们都没有看到信封，现存的原件有完好的信封，上面是这样的：

> 日本京都市上京区田中野神町二十番　内藤虎次郎　样　台展
>
> 北京织染局十号王静安寄
>
> 附：王子婴次庐跋一、二

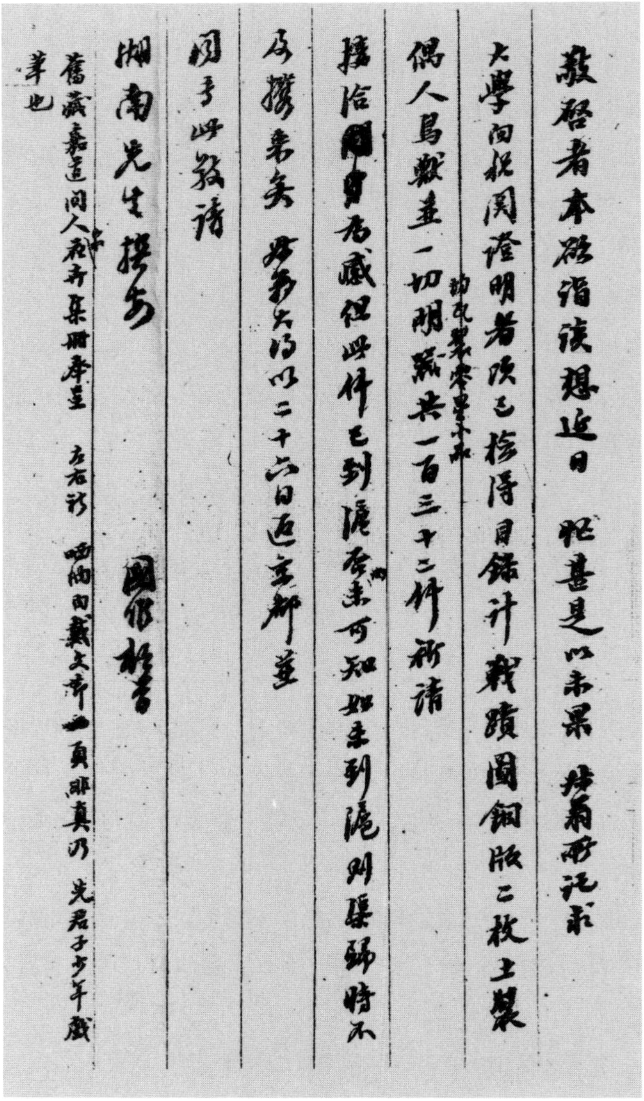
敬啟者本擬趨談想近日 起居甚是以未果 拜啟所託求
大學向撥閱證明書頃已檢得目錄計戰蹟圖銅版二枚土製
偶人鳥獸壺一切明器共一百三十二件[illegible]祈請
接洽圖書古藏經四件已到滬否未可知如未到滬則渠歸時不
及攜來矣 弟于六月以二十六日返京都並
賜手諭敬請
湖南先生撰安 國維頓首
舊藏嘉道間人所書某冊奉呈 左右祈 [illegible]一頁[illegible]乃 先君子少年藏
筆也

王国维致内藤湖南信复印件（文后附录第一封）

而其他三封，则没有发表过，据关西大学图书馆的布川小姐说，我大概是第一批见到这些书信的外国人。现在，我已经征得关西大学图书馆的同意，把它们发表在这里，因为我并不研究王国维，只是给王国维研究增添一些新的资料，至于这些书信具体内容与价值的考证与发掘，则有待于王国维研究的专家。

四

在这批书信之外，想顺便说一段往事。1918 年，内藤湖南曾经想请王国维到日本大学任教[1]，但王国维没有接受。其实，从王国维与内藤湖南、狩野直喜、铃木虎雄等人的通信中可以感受到，三国维其实对京都的生活和学问是很留恋的，不仅是“每想东山山色，如在目前，况重以友朋之乐，讲论之益乎”，而且在滞留日本时，还会从自己的体会中，替日本的社会政治前途担忧（致铃木虎雄，1912 年 11 月 15 日），离开日本后，还会与他们互相激励，讨论“西方数百年功利之弊非是不足一扫荡，东方道德政治或将大行于天下”（致狩野直喜，1920 年）。不过，尽管有对日本的眷恋，但他终于没有留在那里，而是回到了他曾经为之痛心疾首，而且最终令他不能不投湖自沉的故国。

在他回国后，那几个与他关系很深的日本学者一直没有忘记他，书信往来是当然的，内藤和神田也曾经到中国看望过他，直到他临终前的 1927 年 5 月底，即自沉于昆明湖的四天前，日本学者桥川时雄和三宅俊成还去清华学校的宿舍拜访过王国维。据三宅的回忆，在访问的三小时中，王国维与他们谈到了“学问与时局”，而且他还察觉到王国维对叶德辉之死的愤怒和忧虑。日本人对于王国维的死，也是

---

[1] 袁英光、刘寅生编《王国维年谱长编》，天津人民出版社，1996，264 页。

反应最快的，在关西大学收藏的内藤遗物中，我们还看到了王国维去世的当天，驻北京的日本人所办《顺天时报》社的松浦嘉三郎给内藤寄的明信片，“刻闻王静安老今晨在清华园自戕而死，原因未详，嘉拟明早星驰吊候，可哀可悼”。第二天，松浦又给内藤与狩野寄了一封相当仔细的信，叙述王国维的死与当时政治变化的关系，也描述了王氏自沉的鱼藻轩，“此地莲花渐长，鲤鱼云集，野鸭弄水”。过了十二天，他又给内藤写了一封信，报告了王氏身后的遗物处理，如“草稿类由目下清华学校之陈寅恪、吴宓整理中，《古史新证》、《耶律楚材年谱》定可出版，现正制作目录”等等。同时，他也报告说，宣统帝已经赏赐王氏二千元，特谥“忠悫公”。在内藤的遗物中，我们看到了日本学者特地为王国维之死而印制的明信片，七十年过去，明信片显得有些旧，有些黄，但当年却是相当精美，我知道，它是卖不出去多少的，但是它却寄托着日本学者对王氏的怀念。

附录

王国维未刊书信（三通）

（一）

敬启者，本欲诣谈，想近日 忙甚，是以未果。叔翁所托，求
大学向税关证明者，顷已检得目录，计战迹图铜版二枚，土制
偶人鸟兽，并一切明器共一百三十二件（旁注：均瓦制零星小品），祈请
接洽为感，但此件已到沪否，尚未可知，如未到沪，则渠归时不
及携来矣。叔翁大约以二十六日返京都，并
同，专此，敬请
湖南先生撰安　国维顿首
（旧藏嘉道间人家花卉集册，奉呈 左右，祈 哂纳。内戴文节一页非真，
乃 先君子少年时戏笔也）

【按】《日本关西大学内藤文库所藏王国维资料》原编1号，无信封。原信写于何时不明，当在王国维寓居京都时。

（二）

湖南先生执事：阔别三年，时深驰想，敬维
起居多胜定符遥颂。秋冬间，金君颂清返沪，承
赐京都大学新印《三国遗事》（并《艺文杂志》）一部，前见东大校本，颇有阙佚，今
得足本，快慰奚似？敬谢敬谢。法国巴黎国民图书馆藏唐写本陆
法言《切韵》三种，今夏伯希和以景片寄罗君许，以一时未能景印，
手间曾手抄一部，即以付印，今已印成，寄上三部，一请
察收，其二本请 转交 狩野、长尾两先生，又，吴门曹君直侍读
藏敦煌曹元忠所刊《毗沙门天王像》，因印《切韵》之便，亦假得付
印，今寄奉十纸，亦请 詧收。今冬严寒，近日至零下二十度，笔砚
皆冰，不能多书，近年为友人编纂书目，虽见闻较广，而研钻鲜
暇，今年编纂文集，删繁存二十卷，已付排印，已成数卷，大约明岁之
末，方可告成。届时再寄呈
教。专肃敬候
起居不宣 王国维再拜
狩野、长尾诸先生均此不另

【按】《日本关西大学内藤文库所藏王国维资料》原编 2 号。有信封："日本京都 京都帝国大学文科大学历史科教授室 内藤虎次郎 样 台展，上海大通路三百九十二号 王国维寄"。信封上的邮戳表明：上海，1 月 27 日寄出，大约应当在 1923 年。这一年，王国维开始编辑他的《观堂集林》，这一年的夏天，由于伯希和寄给王国维三种敦煌发现的《切韵》影印本，王国维一直在对它进行研究，并在马衡的帮助下，把它印行数百册行世。而敦煌出土的晋开运年间的曹元忠刻《毗沙门天王像》拓片也同时影印出来。

他曾经在1924年初将这两种东西分赠好友。参见袁英光、刘寅生《王国维年谱长编》（天津人民出版社，1996）337页。

（三）

湖南先生执事：樕行时两诣
尊居，均值
公出，甚怅怅。比维
起居□福
撰述多娱为颂。维自上月到沪，卒卒鲜
暇，未能致书，每想东山山色，如在目前，
况重以友
朋之乐，讲论之益乎？此次反沪，因英人
哈同君拟出一学问杂志，招维主其事，
逮到沪后，知事尚可为，因就其聘。现定
于来月出版，杂志体例与《国学丛刊》
略同，届时当寄呈请
益。兹因罗先生归东之便，附函敬候
起居不一　王国维顿首

【按】《日本关西大学内藤文库所藏王国维资料》原编5号。有信封：“敬祈　携交　湖南先生　惠启维缄托”。

王国维手稿本《殷虚卜辞中所见先公先王考》跋*

对于王国维现存于世的佚文遗篇，我一直都很注意，不仅因为这位学者在20世纪中国学术史上的地位崇高，他的所有文字可能都与现代学术史的动向相关，也因为他自沉昆明湖之前是在清华大学教授任上，七十年后，同样作为清华大学的教师，我虽然不敢妄自攀附前贤，但自然而然地对这位了不起的先辈学者格外多了一份留心。所以，1994年在我第一次访问日本京都时，就对这个罗振玉、王国维旧日留寓之地存了一份寻访遗文佚札的心思，当时曾听说日本汉学界的先驱、也是王国维的朋友内藤湖南（虎次郎）先生的藏书大多已经被关西大学收藏，而且已经建立了内藤文库，就有心去看看那里是否有王国维的遗墨，但是，由于种种原因只是匆匆浏览了一下，没有来得及细看，直到1998年我到京都大学任客座教授，有了很多闲暇，才专门找了一个机会，请当时日本的道教学会会长、关西大学教授坂出祥伸先生带我去参观内藤文库。承蒙关西大学图书馆的关照，在寻访中发现不

* 本文原载《九州学林》新一期（香港城市大学出版社，2003）。

少有价值的文字，这使我很意外也很高兴。其中，王国维致内藤湖南未刊佚札三通，我已经在 1999 年前发表了[1]，这里要介绍的，是比这三封佚札更重要的《殷虚卜辞中所见先公先王考》手稿，特别要讨论的是，在这份手稿中还保存着现在通行的《观堂集林》本《殷卜辞中所见先公先王考》中被删去、一直被学者忽略的《余考》[2]。

一

大凡对古代历史和文献有兴趣的人，大概都知道这篇《殷卜辞中所见先公先王考》以及稍后的《殷卜辞中所见先公先王续考》。这是王国维最负盛名的学术论文，它在学术史上的意义，常常被后来各种各样的论著提起，学术界把它视为王国维提倡的历史研究“两重证据法”的最典型体现，因为它证明了《史记 · 殷本纪》的记载并非凭空臆测而是确有依据，在对于传世文献记载普遍怀疑的历史学语境中，开始重建和确认历史文献的可靠性。所以，他的学生认为，“卜辞之学，至此文出，几如漆室忽见明灯，始有脉络或途径可寻，四海景从，无有违言，三千年来迄今未见之奇迹，一旦于卜辞得之，不仅为先生一生学问最大之成功，亦近世学术史上东西学者公认之一盛事也”[3]。就

[1] 见《万象》杂志第一卷第七期，辽宁教育出版社，1999；已收入本书。

[2] 应当说明的是，据说在最初刊行的《广仓学窘丛刊》本中此《余考》尚存，但我至今没有看到。据赵万里在《静安先生遗著选跋》中给《广仓学窘丛刊》本《殷卜辞中所见先公先王考》一卷写的跋语记载，王国维撰《先公先王考》“章末《余考》，举五事以见殷之遗制，渊博翔实，运新旧史料于一轨，其论殷礼与周礼之异体，尤具悬解，惜后此刊入《观堂集林》时，删落不遗一字”等等，可见此本后面是有“余考”的。除此以外，似乎再没有人提起过它，赵跋载《王国维学术研究论集》，华东师范大学出版社，1983，311 页。在我有限的视野中，虽然《先公先王考》是极有影响的学术史名篇，但研究者极少提到这篇名文后面还有这样长的一篇《余考》。

[3] 赵万里语，载袁英光等《王国维年谱长编》，天津人民出版社，1996，201 页。

连以“疑古”著称的顾颉刚在1947年所著《当代中国史学》中，也在关于甲骨文与历史学研究的一节中专门列举了王国维与郭沫若，称王国维的《先公先王考》“对殷代世系的考证多数精确……均发千古之秘”[1]。而被顾颉刚同时列举的郭沫若，也在《古代研究的自我批判》中，承认“卜辞的研究要感谢王国维，是他首先由卜辞中把殷代的先公先王剔发了出来……均抉发了三千年来所久被埋没的秘密。我们要说殷墟的发现是新史学的开端，王国维的业绩是新史学的开山，那是丝毫也不算过分的”[2]。

我所看到的这份《殷虚卜辞中所见先公先王考》手稿，写在二十张稿纸上，每张稿纸双面各十行，行二十五字左右，每页版心均有手书“殷考”二字。经过与王国维其他手稿比照，可以断定是王国维自己抄写的，特别可贵的是上面有他自己多处修改痕迹，文字与现在通行的《观堂集林》本（下称今本，页码为中华书局1959年影印本）有相当多的不同，除了若干处文字的差异外，还有一些较重要的异文，下面举几个例子：

一、今本“王亥”节之首段中（416页），在“王亥之名，竟于卜辞见之”下，有“其事虽未必尽然，而其人则确非虚构”，而手稿中却没有这样预设退路的铺垫之语。

二、今本“王亥”节之次段中（417页），有“《管子轻重戊》云：殷人之王，立帛牢服牛马，以为民利，而天下化之”，手稿本无，而下面的“盖古之有天下者，其先皆有大功德于天下，禹抑鸿水，稷降嘉种，爰启夏周”，手稿本则作“古之有天下者，皆以其先有功德于天下为言，禹抑鸿水，稷降嘉种，其功自足以使子孙长有天下”，手

[1] 《当代中国史学》，胜利出版公司，1947，106页。

[2] 郭沫若《十批判书》，科学出版社，1956，4页。

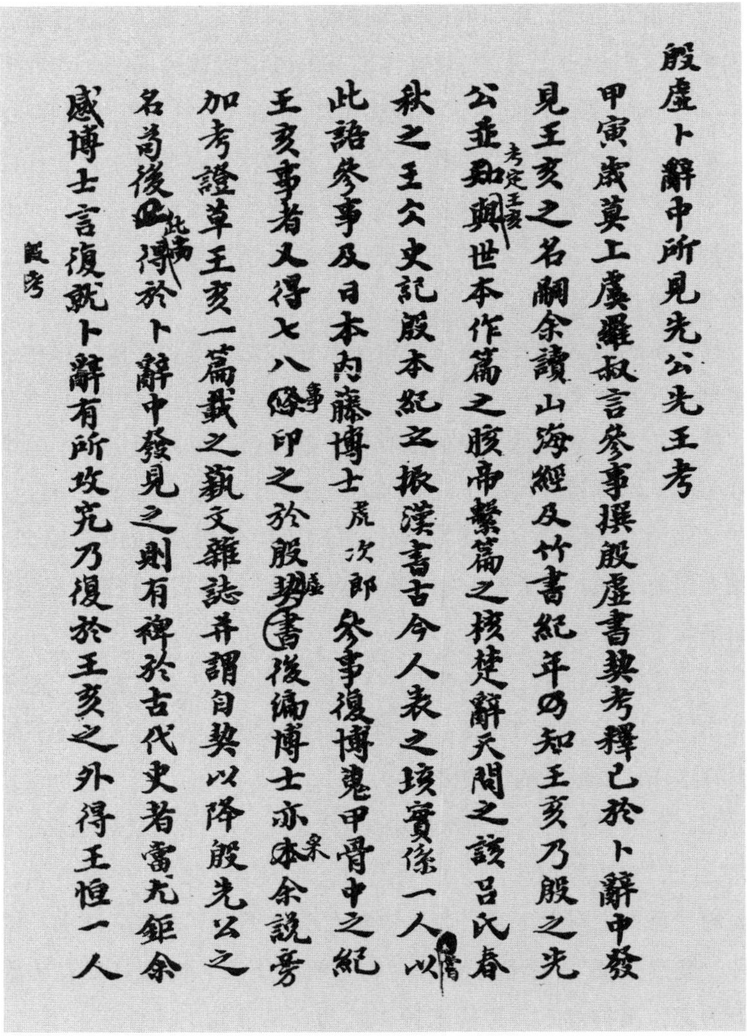
殷虛卜辭中所見先公先王考

甲寅歲莫上虞羅叔言參事撰殷虛書契考釋已於卜辭中發見王亥之名嗣余讀山海經及竹書紀年乃知王亥乃殷之先公並知與世本作篇之胲帝繫篇之核楚辭天問之該呂氏春秋之王氷史記殷本紀之振漢書古今人表之垓實係一人以此語參事及日本內藤博士虎次郎參事復博蒐甲骨中之紀王亥事者又得七八條印之於殷虛書契後編博士亦本余說旁加考證草王亥一篇載之藝文雜誌并謂自契以降殷先公之名苟後此得於卜辭中發見之則有裨於古代史者當尤鉅余感博士言復就卜辭有所攻究乃復於王亥之外得王恒一人

殷考

王国维《殷虚卜辞中所见先公先王考》手稿复印件

稿本中的“为言”二字，隐含古人有意建构历史的意味，与今本肯定的说法不同，而末句中关于先祖功德对王朝绵延的肯定，就与简单的“爰启夏周”大有差异。

三、在“王恒”一节中关于有易的论述中，今本有“狄易二字，不知孰正孰借，其国当在大河之北，或在易水左右（夹注：孙氏之騄说）”（420—421 页），但是手稿中却很简单地作“有易之国殆在易水左右（夹注：内藤博士说）”，显然前后的依据与看法都有了变化。

四、在“王恒”一节中解释“昏微遵迹，有狄不宁”句时（421 页），今本是“谓上甲微能率循其先人之迹，有易与之有杀父之雠，故为之不宁也”，下面紧接着是解释“繁鸟萃棘”，说“当亦记上甲事，书缺有间，不敢妄为之说”，而手稿则本来是将“昏微遵迹，有狄不宁”直接下接“繁鸟萃棘，负子肆情”二句一起解释，为“谓上甲微因父见杀而遁，有易之人索之，匿于棘中，因繁鸟萃棘而免，与后稷鸟覆翼之事略同”，下面有双行夹注“《水经注·齐水篇》引《风俗通》曰：‘俗说高祖与项羽战于京索，遁于薄中，羽追求之，时鸠止薄鸣其上，追之者以为必无人，遂得脱’，今《风俗通》佚此文，事正类此”，也许是后来修订时觉得不妥，便将两句分开，在“昏微遵迹，有狄不宁”下补入“谓有易既杀王亥，而其子微能师祖父之迹，故有易为之不宁，‘繁鸟萃棘’以下□事，不见于载籍，今已无从索解，然非如王逸《章句》所引解居父事，则可决也”，而将上面所引大段删除，这种思路的变化，只能从手稿和今本的对比中可以了解了。

这样的文字差异有数十处之多。如果我的判断不错的话，这份手稿应当是 2 月 28 日王国维致罗振玉信中提到的“第二稿”，大约写成于 1917 年的 2 至 3 月，也就是印在《广仓学窘丛刊》中的那一份，当时曾经寄给罗振玉。因为首先，这一年 4 月王国维收到罗振玉几封有关来信后，便将罗氏两信写附文章之后，而此稿并无罗氏的信，大致上应当是在此前[1]，其次，内藤湖南是在3月到上海的，此稿很可能就是王国维在见到内藤时送给他的，因此，它可以让我们推测王国维写作这篇学术论文的早期想法，也可以让我们了解在未刊稿到写定稿的不同文字之间，王国维论述思路的变化，不过，应当说这种文字上的差异，还不是这份现存手稿最重要的价值所在，更重要的是从十七页到二十页，还有现在通行的《观堂集林》本中被删去的那一大段《余考》。

二

如果仅从现在通行的《观堂集林》所载《先公先王考》的文字来看，应该说，它主要是一篇考据性的文字，它根据殷虚卜辞，考证出了从夋、相土、季、王亥、王恒、上甲、报丁、报丙、报乙、主壬、主癸以及大乙、唐（二者即汤）、羊甲（阳甲）等先公先王。正如文中所说的，殷商一代二十九帝，没有在卜辞中出现的，只有八帝，因为卜辞出于殷墟，只是盘庚到帝乙时的刻辞，当然没有帝乙、帝辛，所以，实际上在二十七帝中没有发现的只有六帝。因而这篇论文解决了一个很大的历史问题，即《世本》和《史记》对于有商一代的世系记载，虽然也有可以补充的地方，但是大体可信，这样一来，由于传世文献得到出土资料证实，而甲骨卜辞又得到现存文献印证，两方面的资料意义就被确定，关于殷商的古史重建也有了坚实的基础[2]。

但是，从手稿本看，这种实证结果却并不是王国维的终极目标，

---

[1] 王国维《致罗振玉》（1917年4月18日）中有“先生二书已写附拙考后”，《王国维全集·书信》，中华书局，1984，189页。

[2] 关于《先公先王考》的这一意义，有相当多的论著已经提到，近年的阐发如周勋初《新材料的利用和旧学风的扬弃——读王国维〈殷卜辞中所见先公先王考〉》，载其《当代学术研究思辨》，南京大学出版社，1993，202—236页。

通过对卜辞和文献中殷商帝系的研究，他所希望讨论的，不仅仅是重新确认殷代传承的谱系，也不仅仅是对于传世文献的史料价值的确认，而是希望通过这种考证对如今知之甚少的殷商制度与文化进行理论性的总结和探讨。因此，当我们读到今本《先公先王考》的末尾进一步讨论两事，王国维希望论述“商之继统法，以弟及为主，而以子继辅之”，“卜辞于诸先王本名之外，或称帝某、或称祖某、或称父某”，总觉得他还有归纳通例、探求义理的意思，而手稿和初印本中有后来在《观堂集林》中被删去的《余考》，恰恰就是对“通例”和“义理”的总结。这篇文字讨论了“殷于虞夏时已称王”、“殷时兄弟无贵贱之别”、“殷时无分封之子弟之制”、“殷时无女姓之制”、“殷人祭祀之礼与周大异”等问题，实际上已经是把殷商的制度与文化，放在了与周代相比较的背景中来讨论，比较制度与文化的变迁。

当然，王国维以周公定制作为古代中国礼乐制度的奠基，以西周为轴心讨论传统的基础和起源，这种思路在约半年后所撰的《殷周制度论》中有充分表述，后来的学者讨论和比较殷周文化与制度的变迁和差异，大多会引用《殷周制度论》中关于第一“立子立嫡”、“宗法及丧服”、“封建子弟”、“君天子臣诸侯”，第二“庙数之制”、第三“同姓不婚”等论述（453—454 页），王国维在给罗振玉的信中也说这篇文章“于考据之中寓经世之意，可几亭林先生”[1]，不过，这一方法的基础和思路的缘起，从手稿看，可能就是从这篇论文的写作开始的，因为正是在考证了殷墟所见祭祀先公先王的卜辞后，王国维才在《余考》中归纳出殷商时代作为祭祀对象的先公先王，虽然在后世看来有嫡庶的分别，但在当时兄弟却无贵贱之别，也无分封之子弟，甚至没有女称姓而不名的制度，他指出，“殷一代二十九帝中，以弟继兄者

[1] 《王国维全集 · 书信》，221 页。

居半，其未及嗣位而殂者，亦以先王之礼祀之”，“殷人兄弟皆得在位，故殷初即无分封子弟之事”，“商人于先妣皆称妣甲、妣乙，未尝称姓，然则姓氏之制，亦起于周初”，也就是说，殷商时代关于祭祀的等秩和王位的继承上，还没有父子为中心的继承观念，也没有区分等级高下的嫡庶制度，也没有为了避免争斗而采取的封建制度，而恰恰是这些制度在周代的改变，奠定了后代中国政治与文明的特性，出现了他在《殷周制度论》中指出的“纳上下于道德，而合天子诸侯卿大夫庶民以成一道德之团体”（454页）的结局，如果我们把一部古代中国文明史看作是中国社会种种伦理规则和道德观念的建构和确立，那么所谓“文明”的一系列规则与观念就是从这里推衍出来的。

当然，王国维关于殷周之间文明转向的这种预设，现在看来，也有一些可以质疑的地方，比如他把周公制礼作乐的枢轴意义看得太重，把传说中的周公制礼作乐当成了确实的制度建设来进行他的历史演绎，但是，在当时他的很多说法却是对各种固定思路的瓦解和质疑。比如，在关于三代的传统说法中，夏与殷的关系，曾经被想象成天下共主与诸侯的关系，“王”的称号似乎从一开始就有某种严格的限定，但是，王国维以新发现的卜辞证明，这种关于古代大一统王朝的说法可能只是周代以后人的后设想象和观念皴染，其实，“夏、殷诸侯之强大者，皆有王号，本与君、公之称无甚悬隔，而其时天子与诸侯，君臣之分亦未全定，天泽之分，盖严于周公制礼之后。即宗周之世，边裔大国尚多称王者，盖仍夏、殷遗俗，孟子‘民无二王’之说，固不能以论夏、殷事矣”。

可是，后来大多学者依据的《观堂集林》本《殷卜辞中所见先公先王考》，却偏偏没有《余考》的这一段总结性文字，使得很多人以为这是一篇纯粹的考据文章。可是，当我们重新读这份王国维给内藤湖南的手写稿时，我们却看到了王国维在考据背后，还有关于义理的思索。只是如今我还不是很清楚，为什么后来王国维要删去它？一个可能的解释是，也许这些思路和义理，在几个月以后撰写的《殷周制度论》中有了更完整更充分的表述，使王国维觉得不必在这篇论文中画蛇添足。

三

这份手稿是王国维寄给内藤湖南的。本来，我们很希望搞清本文赠与内藤时的状况、在此文写作前后他们的讨论等等。但是，根据目前的资料，我们只知道以下一些情况，本文第二稿在 1917 年 2 月 28 日之前写成，当时王国维曾经寄给在日本的罗振玉一份，而十几天以后即 3 月中旬，内藤湖南就与同事富冈、高桥、稻叶等人来到上海，当时王国维曾经接待过他，并给他们介绍中国的学者和朋友，我猜想，论文大概就是这个时候送给内藤的，因此，这份手稿应当是较早的写本，所以还保留了一些未经删定的痕迹。不过，因为现存两人的若干通书信中，都没有提到这篇文章，所以，关于这份手稿的具体语境目前已经不得而知了[1]，这是很让人觉得遗憾的。

不过，就在一些很小的文字异同中，我似乎还可以体会王国维的一些心情。其中特别值得注意的就是这篇文章小序后的署名与日期，在现在通行的《观堂集林》卷九中，署的是“丁巳二月”，这是用中国天干地支法简单标志 1917 年，但是在手稿中却是“春王二月海宁王国维”。他用了一个古代中国标志正统的象征，来表白对于旧时王

[1] 此文前面小引中，王国维曾经提到关于“王亥”的文献考证，曾经告诉过罗振玉和内藤湖南，说明事先他们之间有过交流，手稿八页 A“王恒”中关于“有易之国殆在易水左右”一条下，有不见于今本的夹注“内藤博士说”，说明王国维曾受到内藤论述的启发（今本这几个字改成了“孙氏之騄说”）。

朝的认同。联系到文章中间不时流露出来的对于西周礼乐制度的高度评价，对于周公制礼作乐之后中国文化精神与规范的认同，我很怀疑这种历史考证的背后，是否也有一些对现实政治的感慨呢？毕竟，研究古史的人是生活在当下的，特别是王国维这样有强烈使命意识和遗民情怀的学者，当下的处境时时会渗透到他的历史写作中，使他在写作极其严肃和客观的学术论文时，也不自觉地在笔下表露出他心中的无奈、悲凉和怅惘。

2000 年 1 月初稿

2003 年 2 月修改

附录

王国维《殷虚卜辞中所见先公先王考》手稿后半部之《余考》

由上文之研究而殷以前之制度典礼有可得徵实及推论者如次。

一，殷于虞夏时已称王也。《诗·商颂》“玄王桓拨”，《传》曰：“玄王，契也”。《国语》曰：“玄王勤商，十有四世而兴。”《荀子·成相篇》曰：“契，玄王，生昭明。”是契之称玄王旧矣。《世本》之“核”，《山海经》作“王亥”，《古本竹书纪年》作“殷王子亥”。卜辞于王亥外又有王恒、王矢，是称王不止一人。若云追王，则上甲中兴之主，主壬、主癸，亲汤之祖父，何以不称王，而独王七世祖之王亥、王恒乎？则王亥、王恒等自系其本号。盖夏商皆唐虞以来古国，其大小强弱本不甚悬殊，所谓王天下者，亦第以其名居诸侯之上，数世之后即与春秋战国之成周无异，而殷之先自相土时，已大启土宇，相土本居商丘，而东都乃在东岳之下（夹注：《春秋左氏》哀九年传“取于相土之东都，以会王之东蒐”，是其地当近东岳，与郑人有泰山之祊同）。《商颂》所云“相土烈烈，海外有截”者，自系实录。及王亥迁殷，其地又跨河之南北，而与夏人错处（夹注：夏人都河济间，余别有考）。至汤伐韦顾，灭昆吾，放桀南巢，不过完祖宗之业，王迹之兴，固不自汤始矣。又，《书·汤誓》于汤伐桀誓师时称王，文王亦受命称王，盖夏殷诸侯之强大者，皆有王号，本与君公之称无甚悬隔，而其时天子之与诸侯，君臣之分亦未全定，天泽之分，盖严于周公制礼之后，即宗周之世，边裔大国尚多称王者（夹注：见余撰《三代地理小记》），盖仍夏殷遗俗，《孟子》“民无二王”之说，固不能以论夏殷事矣。

一，殷时兄弟无贵贱之别也。殷一代二十九帝中，以弟继兄者居半，其未及嗣位而殂者，亦以先王之礼祀之。盖殷人兄弟不以嫡庶长幼为贵贱，惟以长幼之次为嗣位先后之次耳。周之不立伯邑考而立武王，与武王崩而周公摄天子位，亦承殷制。立子之制，盖亦自周公反政成王始，遂为百世定制矣。

一，殷时无分封子弟之制也。殷人兄弟皆得在位，故殷初即无分封子弟之事，比其亡也，惟有一微子以奉商祀，除宋以外中原别无一子姓之国（夹注：箕子封朝鲜乃在荒裔），而夏后氏之后尚有杞、鄫，亦殷人不封子弟之证也。

一，殷时无女姓之制也。周时女皆称姓，自太姜、太任、太姒已然，而商人于先妣皆称妣甲、妣乙，未尝称姓，然则姓氏之制，亦起于周初。《礼记大传》曰：“系之以姓而弗别，缀之以食而弗殊，虽百世而昏姻不通者，周道然也。”此其证也。

一，殷人祭祀之礼与周大异也。（甲）殷之祭先王先公，有特祭，有合祭。其特祭也，则先公先王与先妣皆以其名之日祭之。其合祭也，则或合先公先王而祭之，所谓“自上甲至于武乙衣”是也；或但合先公而祭之，所谓之“自上甲元示三牛二示二牛”及“其求自上甲十有三示牛小示羊”是也，又所谓“自上甲至于多毓衣”者，“多毓”盖亦先公兄弟未立者之名，疑主癸之弟或天乙之兄，居十有三示之末者也；或合稍远诸先王而祭之，如云“己卯卜翌庚辰之于大庚至于中丁一牢”是也；或合最近诸先王而祭之，所谓“求祖乙祖丁祖甲康祖丁武乙衣”及“自武丁至于武乙衣”是也。合先公之祭略如周之坛墠，合先王之祭及合先公先王之祭，略如周之禘祫，而殷人皆谓之衣，衣者殷也。《书·康诰》“殪戎殷”，《中庸》作“壹戎衣”，郑注“齐人言殷声如衣”，《吕氏春秋·慎大览》“亲郼如夏”，高诱注“郼读如衣，今兖州人谓殷氏皆曰衣”，汉之兖州正殷人故地，则殷人读殷亦当如衣（夹注：殷墟之殷，至周为卫，亦其一证），《公羊》文二年传“五年而再殷祭”，以禘祫为殷祭，盖犹商人遗语。大丰敦（夹注：潍县陈氏藏）“王衣祀于丕显考文王”，则周初亦有衣祭，惟商为合祭，周则特祭耳。（乙）殷之祭先，虽先王先公兄弟之未立者，无不特祭，然其合祭之一种，又限于其所自出之五世，如所谓“求祖乙祖丁祖甲康祖丁武乙衣”者，此文丁时事，所祭惟小乙、武丁、祖甲、庚丁、武乙五世，而祖甲之兄祖庚、庚丁之兄廪辛，虽在帝位而非文丁所自出，故不与焉。《吕氏春秋·谕大览》引《商书》曰：“五世之庙，可以观怪。”于是可证是五庙七庙周制之所自出也。（丙）殷人先公先王及先妣祭日，皆如其名之日，如祭王亥以亥日，上甲以甲日，示壬示癸以壬癸日，自天乙以下诸帝无不然，其不以其名之日祭者，十无一二焉，然则商人以日为名，殆专为祭而设矣。又祭先公先王先妣，皆以其名之日卜，如卜祭大乙用乙日，卜祭大甲用甲日，其不以其名之日卜者，亦十无一二焉。凡祭必先卜，决不能于祭之日始卜，然则卜之日必为祭之前十日。以周制言之，少牢馈食礼，少牢馈食之礼，日用丁巳，筮旬有一日，注：旬十日，以先月下旬之巳筮来月上旬之巳。《谷梁》哀元年传：“我以十二月下辛卜正月上辛，如不从，则以正月下辛卜二月上辛，如不从，则以二月下辛卜三月上辛，如不从，则不郊矣。”然则殷人卜祭其先，亦当以祭之前十日卜。周人吉礼大改殷制，然卜日之期，尚仍其故，所谓“损益可知”者，得于此足徵，以数事皆关于先王先公者，故略著于此，以俟他日详究焉。

最是文人不自由*

——读《陈寅恪诗集》

书桌上摆着《陈寅恪诗集》(清华大学出版社，1993)的校样，看了两天，续续断断，全没有先睹为快、一气读完的兴奋。并不是陈寅恪的诗不好读，陈流求、陈美延两位女公子费尽心力广为搜罗编年辑成的诗集，比当年出版的《寅恪先生诗存》多出百余首，并附有唐筼存诗，既有史料价值，又有不少可琢磨玩味的意思，可偏偏读不下去。诗集里抑郁的情绪太压迫人，"衰泪已因家国尽，人亡学废更如何"(97页)，我全然没有想到，这个久负盛名的学者心灵深处，竟缠绕纠结着这么复杂难解的情结，它不仅笼罩了陈寅恪的心，也浸透了陈寅恪的诗。有人曾说，鲁迅是中国最痛苦的文人，那么我想，陈寅恪也许可以称作中国最痛苦的学人。学人比文人更不幸的是，学人的理性使那些痛苦压抑积存在心底而不得宣泄，"玉溪满贮伤春泪，未肯明流且暗吞"(107页)，于是盘旋纠缠，欲哭无泪，欲语又止，化作了晦涩深奥的诗句，在譬喻、典故、成语包裹了一重又一重的诗句中一

* 本文原发表于《读书》1993年5期。

滴一滴地向外渗露。不知为什么，读《陈寅恪诗集》时我想到的都是一个意象：啼血。

一

自由往往是一种感觉，没有自由意识的人，虽然没有自由却拥有自由感，自由意识太强的人，即使有少许自由也没有自由感。这不知道是什么时候和朋友聊天时说起的一段近乎绕口令的话，此时想来仍觉不无道理，也适用于陈寅恪的心态。我觉得越是对自由空间需要强烈的人，越会感到自由空间太小，“天地一牢笼”就是这个意思。在《吾侪所学关天意》那篇文章里我曾提到，在吴宓心目中，陈寅恪不只是一个学富五车的学者，还是一个“深悉中西政治社会之内幕”的卧龙式人物。吴宓的观察没错，读《陈寅恪诗集》时，你会顿时发现一个与撰述学术论著的陈寅恪全然不同的陈寅恪，他所想所思，大大超越了学术的畛域。从他今存第一首诗即青年时代所作《庚戌柏林重九作》“兴亡今古郁孤怀，一放悲歌仰天吼”的句子里，从他晚年盲目后所作《答王啸苏君》之三“死生家国休回首，泪与湘江一样流”的句子里，我们都能感受到他心中时时萦绕的有另一种情结。袁世凯当大总统，他写诗讥讽如巴黎选花魁，“花王那用家天下，占尽残春也自雄”（6页）；张群组阁，他讥讽他装模作样，“催妆青女羞还却，隔雨红楼冷不禁”（53页）；共产党打过长江，他又写诗嘲讽国民党，“楼台七宝倏成灰，天堑长江安在哉”，“自我失之终可惜，使公至此早皆知”（57页）。他总觉得，他对于政局有着他人不及的睿智见解，诗集中两用“读史早知今日事”（21页），三用“食蛤那知天下事”（27页、51页、91页），都隐隐地流露出卧龙式的自负——“大梦谁先觉，平生我自知”！

这也难怪，中国士大夫大多有这种自觉或不自觉的从政心理，杜甫“致君尧舜上，再使风俗淳”，其实和李白“仰天大笑出门去，我辈岂是蓬蒿人”一样，尽管一个含蓄一个狂放，一个正儿八经一个志得意满，想干预政治这一点上，却是半斤八两。“学成文武艺，货与帝王家”，本来只是一种旧时代实现人生价值的实用手段，可长期积淀，却铸成了一个现代学人逃也逃不脱的政治情结，这种情结在国势阽危的时代，与爱国热情混融而越发强烈。《诗集》里陈寅恪用陆机作《辩亡论》的典故一而再再而三地表示“欲著《辩亡》还搁笔，众生颠倒向谁陈”（19 页）、“《辩亡》欲论何人会，此恨绵绵死未休”（22 页），其实已说尽了他心里的意思。“栏杆拍遍，何人会，登临意”，他觉得自己有一肚皮经纶，只是无人领会，仿佛他一辈子并没有把世人敬仰的学术文字著述当成他的终极理想，而只是当了一种无可奈何的余事。“泪眼已枯心已碎，莫将文字负他生”，当他以十年精力写完那本后人再四击节的《钱柳因缘诗笺证》时，他竟想到了项莲生“不为无益之事，何以遣有涯之年”的话，全然没有文稿杀青的欢欣和轻松，却长叹“伤哉此语，实为寅恪言之也”（121 页）。

可能是真的，陈寅恪自己并不觉得他是一个寻章摘句的学人，而应当是一个经邦纬国至少是一个“坐而论道”的奇才，只不过时代并没给他施展的机缘。所以，他只能喟叹“埋名自古是奇才”去做他的书斋学问而无法重圆他祖辈的旧梦，于是他心底平添了三分压抑、两分悲凉。其实仔细想来，这种抱负并没有什么实在的依据，世事险恶，时局多难，知识阶层中人有什么本事去抚平这跌宕翻滚的恶浪？我不相信陈寅恪这种受过现代训练的学者不明白政治与学术早已判然两途的事实，我也不相信陈寅恪这种理智的知识分子不明白“坑灰未冷山东乱，刘项原来不读书”的故典，可他为什么还要有这种不切实际的抱负和自寻烦恼的忧郁？是一个历史学家“资治”的职业习惯使他难以忘怀现实，还是先祖未竟的政治思想使他时时想赢回家族的荣光？

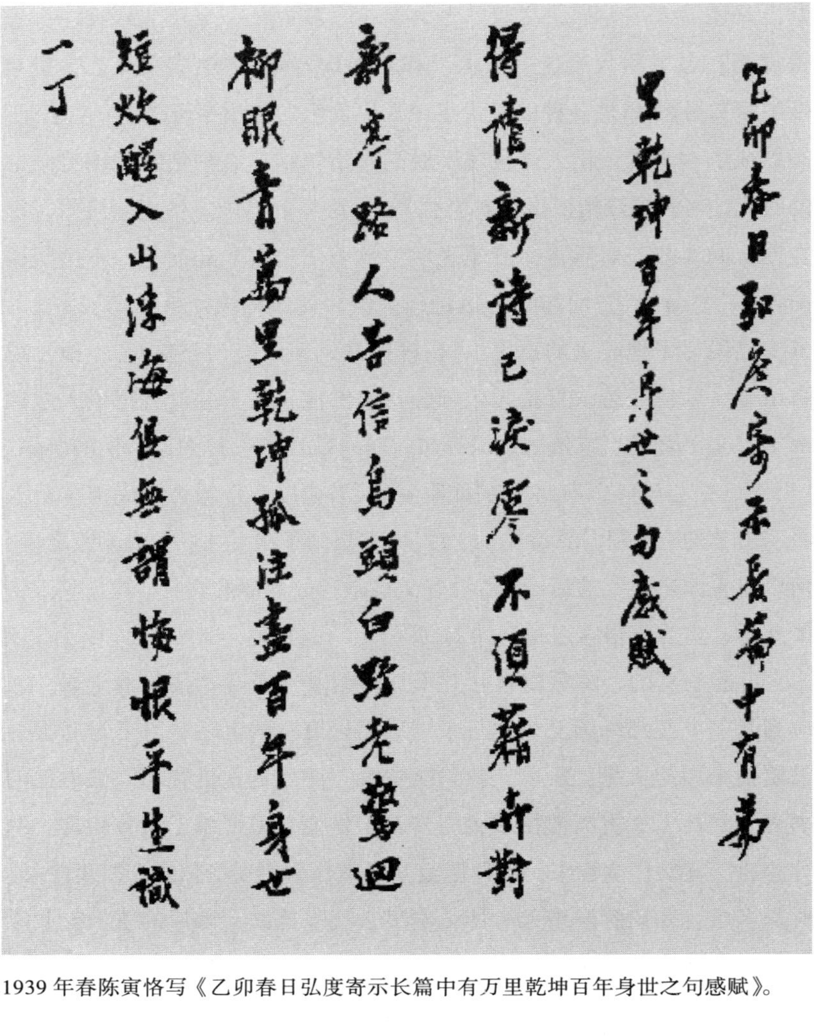

1939 年春陈寅恪写《乙卯春日弘度寄示长篇中有万里乾坤百年身世之句感赋》。

我实在不知道。

不过，这可能不止是陈寅恪一个人。中国士大夫“修齐治平”的思想理路、欲合“道统”与“政统”为一的伟大理想，以及近代中国多灾多难的情状，使得每一个文人学人都似乎难逃这种从政情结的缠绕。不信请看现代中国历史，谁又能例外？抗战之初那一句名言“华北之大，已安不下一张平静的书桌”，其实可以扩大言之：中国之大，近百年几无一张纯粹的书桌。

但这实在只是加在陈寅恪身上的第一重悲剧。他是一个真诚的爱国者，又是一个自视极高的学人，他不能不时时从书斋中伸出头来，探望一下他身边的祖国，不能不时时为这万方多难的祖国发出一声叹息，于是，他需要太多的自由空间来伸展他的思想和智慧。一间书斋对别人也许绰绰有余，但对他就十分局促，可是，时代给他的只是这一间书斋四壁书。如果他是个鲁迅式的文人倒也罢了，他可以冲出书斋，可以歌，可以哭，可以用文章为匕首、为投枪，纵然没有荆轲的壮举，但也可以用易水萧萧的悲歌宣泄出胸中的郁闷，但他偏偏是一个学者。多年理性的训练使他习惯了理智的生活，于是，他只有深深地埋下头去伏案于书斋之中，只是当他写诗的时候，才允许心底的忧郁稍稍渗透出来，而这忧郁和愤懑还被种种典故包裹着、掩饰着，因此他的诗中那份悲凉又多了几分哽咽、几分苦涩。“自由共道文人笔，最是文人不自由。”（18 页）我想，这不自由是不是由于他需要的自由空间太大而惹出来的一种“局促感”呢？

二

不幸他只能是一个书斋学者，所幸他还是一个书斋学者。“自分琴书终寂寞，岂期舟楫伴生涯”，学剑不成，尚能学书，这不是逃避，而是一种人生意义的挪移。尽管陈寅恪并不满足于皓首穷经的学术生涯，时时自嘲为无益之事，但他又知道“文章存佚关兴废”（80页），在学术论著中也自有精神血脉在。《王观堂先生挽诗序》中，他反复申论的“文化”与“精神”，正是他极自负处，他称王国维为“此文化精神所凝聚之人”，他自己内心深处肯定也自认为是那“文化精神凝聚之人”，而这“文化精神”所依凭以表现的，就是他毕生经营的那些看似深奥专门实则别具怀抱的学术论著。

在他的诗里，我们能看到他对学术生涯的自讽自嘲，但也能看到他对学术论著的自珍自爱。尽管他“无才可去补苍天”，但他觉得，毕竟可以用他的论著存文化精神血脉一线于不坠，所以他对自己的著作始终倾注了极多的心血，尤其是他晚年对自己的命运越发清醒的时候。1956年除夕，他写下一首诗，感慨地说道（98页）：

> 身世盲翁鼓，文章浪子书。
> 无能搜鼠雀，有命注虫鱼。
> 遮眼人空老，蒙头岁又除。
> 那知明日事，蛤蜊笑盘虚。

在“有命注虫鱼”的无可奈何中，他把自己的怀抱化成学术论著，1957年，他又作诗，写下这样两句：“渡江好影花争艳，填海雄心酒祓愁。”愁什么？愁的正是“不知何日可以刊布也”，因为这论著是他的精神血脉，他处在寂寞之中，除了论著刊布，又能有什么别的形式来显示他的存在？“珍重承天井中水，人间唯此是安流。”（105页）于是1962年陶铸和胡乔木到中山大学去看他时，他说的就是这八个字：“盖棺有期，出版无日。”当他不得不用这种暗示性的说法请求要人援手时，我们知道，这论著已是他最后牵肠挂肚的心事了，正是“孙盛阳秋海外传，所南心史井中全。文章存佚关兴废，怀古伤今涕泗涟”（80 页）。

我读过《论再生缘》和《柳如是别传》，也许，有人不理解他为什么要在生命的最后十余年里倾全力作如此论著，但我明白这里别有他一番情怀。应该说，这两部书尤其是后者，立论上是明显有感情偏颇的，他在柳如是身上倾注了过多的情感以致未免拔高古人，但他的真实意图是“窥见其孤怀遗恨”、“表彰我民族独立之精神、自由之思想”，在笺释梳理中“温旧梦，寄遐思”，所以又不能仅以一部学术论著视之。问题是，他的旧梦太迂曲，他的遐思太幽远，于是不能不采用萦绕曲折的笔法，把它掩藏在深奥繁复的学术形式之中。很少人能耐心卒读这些论著，耐心卒读者又很少有人能领会他的深意，领会他的深意者又很少有人能挺身而出，和他一道承传其中的“独立之精神、自由之思想”，因而他心底升起一阵阵悲凉，悲凉中又不禁愤慨，“白头宫女哈哈笑，眉样如今又入时”（67 页，“白头宫女”又作“白头学究”）；对那些趋时者，他实在难以按捺心头的怒气，“吃菜共归新教主，种花真负旧时人”（63 页），对那些附势者他实在不能掩饰心中的轻蔑。但他依然知音难觅，孤独中只好自嘲自责，“旧学渐荒新不进，自编平话戏儿童”（44 页），“平生所学供埋骨，晚岁为诗欠砍头”（99 页）。可是，透过这些自嘲自责的诗句，我们又可以明白，其实他是多么渴望被理解，哪怕是身后的理解！正因为如此，他才一面怨艾“名山金匮非吾事，留得诗篇自纪年”（116 页），一面哀叹“纵有名山藏史稿，传人难遇又如何”（140 页），一面自嘲“千秋有命存残稿，六载无端咏旧题”（116 页），一面满怀期望地感慨“明清痛史新兼旧，好事何人共讨论”（121 页）。可惜的是，他只能寂寞，学界中人理解的只能暗暗领会而不能讨论，不能理解而稍具同情心的只能赞誉他“学识渊博”，那些既不理解也不同情的人则认定他是“乾嘉余孽”，一个强烈

1947年陈寅恪在清华大学家中书房。1946年5月陈寅恪在美国医治眼疾无果后回国，随后放弃了留在南京中研院史语所的选择，决定北上清华任教。

渴望共鸣的人得到的偏偏是四壁无声，一个极端自信自负的人偏偏得不到一星半点的承认，放眼望去，四野寂静榛莽荒芜，他的平生志向，满腹经纶，竟和声寥寥，这怎能不让他伤心。

一管书生无用笔，旧曾投去又收回。（78页）

这是加在陈寅恪身上的第二重悲剧，他高估了同时代人的理解能力，也高估了学术论著的感染力量。要知道人文学科的历史命运就是这样乖蹇，在漫天流行的实用思潮下它很难有多少立足之地，对于急切期望效益的人们来说，人生终极意义的价值是多少？人格修养的用处是什么？文化精神早已抵挡不住实利的进攻，除了那些总以为自己掌握了文化命脉、自由精神的人还总在呼喊灵魂高于一切之外，人们早已用“知识”取代了“智慧”，早已拿精神和灵魂在上帝的当铺里作抵押换回了现世的利益。陈寅恪的学术论著既无巫术的威慑力，又无宗教的感召力，它能“维系文化精神于不坠”么？当他满怀希望地等待着人们魂兮归来时，他根本没想到他祭起用于招魂的学术论著早已被举世炫目的实用主义杏黄旗掩没，泥牛入海无消息了。他倾听四周，用他的盲睛细细搜寻，才发现真的只剩下孤独与寂寞。时下流行歌曲唱得好，“留一半清醒留一半醉”，他为什么要那么清醒？既然他明白“闭门寻诗亦多事，不如闭眼送生涯”（62页），他为什么要期望那么殷切？

多病与盲目也许是加在陈寅恪身上的第三重悲剧。陈寅恪绝不是一个通脱豁达的人，干政无门倒也无所谓，但闭门著书却是他对人生的最后一点希望。可是，1945年他却因视网膜脱落而失明，秋天他到英国求医时尚存一线希望，“眼暗犹思得复明，强扶衰病试飞行”（47页），可次年治疗无效归国时，他已几近绝望，“远游空负求医意，归死人嗟行路难”（51 页），他其实十分珍惜自己的躯体，因为这躯体不仅是他精神的寓所，也是他撰述寄托文化精神的论著的基础，可是上苍给他的却是多病与盲目。我总觉得他的心灵和他的躯体似乎总是在互相对抗，即所谓“身与心仇”，在他的诗里，“大患分明有此身”这样的诗句曾反复出现，一次是 1943 年写的《癸未春日感赋》，这时也许还只是一种感伤之辞，一次是 1966 年写的《丙午元旦作》，二十三年沧桑变迁，感时伤怀的典故早已成为一种深深的无奈之情，《老子》十三章云“吾所以有大患者，为吾有身，及吾无身，吾有何患”，表面看来是哀叹身为心累，若没有这个臭皮囊，我还有什么生老病死的忧患，其实不然，有人一眼就窥见老子心底，欧阳修说这是“道家贪生之论”，朱熹说老子实际上“爱身之至”。陈寅恪也是如此，似乎他是在埋怨这个躯壳给他惹出这么多麻烦，实际上他是在痛惜自己的身体不能和心灵一样自由强健。他对白居易有极深的研究，也最爱读白居易诗，这一点他也很像白居易，白居易虽信佛教道教，觉得“松树千年朽，槿花一日歇，毕竟共虚空，何须夸岁月”，觉得“彭觞徒自异，生死终无别，不如学无生，无生即无灭”（《赠王山人》），但总是十分爱惜生命，长了一根白发就再四感叹，惊慌失措地说“勿言一茎少，满头从此始”（《初见白发》），洗澡时看见自己羸弱又再四感叹，唉声叹气地说“四十已如此，七十复如何”（《沐浴》），掉了一个牙齿时又再四感叹，愁眉苦脸地说“四十未为老，忧伤早衰恶”（《自觉二首》之一），所以大凡表示对自己躯体满不在乎甚至觉得躯体为累赘的人，其实心底是最爱惜自己躯体的，尤其是陈寅恪这样胸怀大志、自期颇高的学人，身体是他实现抱负的基础，眼睛更是他明察秋毫的窗户，当他百病缠身、双目失明的时候，他怎能不对这不争气的躯体进行抱怨，怎能不感到一种深深的绝望？于是，在《五十六岁生日三绝》中他写了这样凄楚的句子“去年病目实已死，虽号为人与鬼同”后，这盲目和待死的两个意象就反复出现在他的诗中，“道穷文武欲何求，残废流离更自羞”（61页），“残废何堪比古贤，昭琴虽鼓等无弦”（72页），“衰残敢议千秋事，剩咏崔徽画里真”（102页），“疏属汾南何等事，衰残无命敢追攀”（118页），他自称“盲翁”、自题“不见为净之室”时也许还带有自我排遣的意味，但用上“残废”、“衰残”字样时，心底已是一片悲凉，以衰残之身面对人生，他想到了“死”，“将死烦忧更沓来”（57页），“故老空余后死悲”（58页），“老去应逃后死羞”（108页），“自信此生无几日”（120页），盲目和多病摧毁了他赖以维持生存的希望，他觉得他的生命早已完结了，只剩下一具空空的千孔百疮的躯壳在等候着那一天的到来，所以在他预先给夫人唐筼写好的挽词中就出现了如此令人心碎的句子：

涕泣对牛衣，卌载都成肠断史，
废残难豹隐，九泉稍待眼枯人。

其实，上苍对于陈寅恪虽然未必公平，但也未必绝情，他没有把全部不幸都加在陈寅恪一人身上，让他彻底沦为悲剧人物。我这里说的不是他曾得到一个学者可以享有的盛名，学术界众口皆碑、交口称誉对于陈寅恪来说并不重要，因为他的抱负远不止此；我这里说的也不是他曾得到国共两党政府要人的殷勤探望和多方关顾，这点恩德对于陈寅恪这样自负的人来说虽然能使他一时感激，却不能抚平他心底深深的遗憾。我要说的，一是陈寅恪在那个时代选择了他唯一可以自我实现的职业即学术生涯，他的知识在学术生涯中得到了尽管不是淋漓尽致但至少是比较充分的显示，那一部部学术论著尽管未必被人理解但至少可以在他身后让人记住他的存在，“其有文章供笑骂”也罢，“文章存佚关兴废”也罢，文章使他的生命和精神在身后延续，虽然

1960年陈寅恪与夫人唐筼合照，摄于中大东南区一号楼寓所起居室。晚年的陈寅恪目盲、体弱，内心苦闷抑郁，难以排遣，唐筼不仅尽心照顾，而且时时劝慰、化解。

哲人已逝，毕竟哲思犹存；二是陈寅恪的生活中有一个善解人意的妻子，他的夫人唐筼不仅是他的生活伴侣，更是他的精神依托。很多人觉得私生活对一个陈寅恪式的学者来说无足轻重，似乎了不起的学者可以舍弃一切琐事而专注于学问，其实，对于一个学者尤其是对于一个像陈寅恪这样一生负气半世凄凉又衰残眼枯的人来说，这也许是他平安地活下来的重要条件，一个思想上极端理性化而心灵中极端感情化的人常常不能自我调节情绪，因而心底郁积的情怀往往成为一个解不开的死疙瘩，这时身边的妻子就成了平衡他心理的重要因素。1951年陈寅恪因高血压服安眠药而卧床时写下这样一首诗："刀风解体旧参禅，一榻昏昏任化迁。病起更惊春意尽，绿荫成幕听鸣蝉。"内中尽是伤春兼自伤之意，而唐筼和诗则为他排解道："排愁却病且参禅，景物将随四序迁。寂寞三春惟苦雨，一朝炎夏又闻蝉。”（67页）比起陈寅恪诗来多了一分随遇而安。这是唐筼的过人之处，早年陈寅恪发牢骚云：“人间从古伤离别，真信人间不自由。”她便化解道：“秋星若解兴亡意，应解人间不自由。”（24页）似乎平和得多；晚年陈寅恪怀念燕都旧居不免伤感：“数椽卅载空回首，忍话燕云劫后尘。”她又劝慰道：“仙家韵事宁能及，何处青山不染尘。”（93页）大有退一步天地宽的意味，这种顺其自然的人生态度也许并不是唐湜的本心，但它或许能时时平息陈寅恪心头始终纠缠的紧张。

但是，在陈寅恪身上还是演出了一场令人唏嘘的悲剧，究其原委，一半儿在外一半儿在内，他精研韩愈，却没有注意韩愈《感春四首》之四中“今者无端读书史，智慧只足劳精神。画蛇著足无处用，两鬓霜白趋埃尘。乾愁漫解坐自累，与众异趣谁相亲”这样的箴言，总是希望自己能有一个足够广阔的自由空间伸展自己的怀抱，而当时代和社会根本没有给他半点羊角旋风供他鲲鹏展翅九万里的时候，他感到了深深的悲哀，“青山埋名愿已如，青山埋骨愿犹虚”（82页），他自知不容于世，不容于人，所以他写道：“废残天所命，迂阔世同嗔。”（131页）这种悲哀横亘在心头，又纠结成绝望盘旋在诗中，于是他的诗集里有那么多痛苦，那么多生涩。当年吴宓曾说他“心事早从诗句解，德名不与世尘灰”（《答寅恪》），又说他“诸诗藉闲情以寓意，虽系娱乐事，而寅恪之精神怀抱，悉全部明白写出”[1]，的确，我们从陈寅恪的论著中可以看到的，是一个陈寅恪，而从陈寅恪的诗集中可以看到的，是另一个陈寅恪，而后一个心灵中充满自负又充满悲哀的陈寅恪，也许更为真实，自从文人的真实情感从“文”中逐渐退却到“诗”，“诗言志”的说法又把心底情怀大半逐出诗歌领域以来，“诗”已经不

---

[1] 蒋天枢《陈寅恪先生编年事辑》，上海古籍出版社，1981，157页。

那么让人感动了。可是,《陈寅恪诗集》却写下了这个一代学人的心路历程，让我们看到了那个时代知识分子心灵深处，那深处有一种无计排遣的悲哀。这也许是作茧自缚，也许是自寻烦恼，可是，“入山浮海均非计，悔恨平生识一丁”(25页)，但凡人一识字，又有谁能逃脱这命运之网的纠缠和悲剧心灵的笼罩呢?

1993年2月28日于京西寓所

平生为不古不今之学*

——读《陈寅恪集·书信集》的随感

大概是在1996年初的时候，台北的王汎森兄寄来一封厚厚的信，打开一看，原来是陆续发表在《联合报》上的《傅斯年来往书信选（陈寅恪部分）》的剪报，这是汎森兄从史语所傅斯年档案中辑出来的，作为引言的是汎森兄写的《傅斯年与陈寅恪》，文章一开头就追问了一个问题"为什么天才总是成群地来"，讲给后来中国现代学术立下范型、开了风气的一批学者何以出现在那个时代。当时读来相当感兴趣，特别是发表的书信中，有关陈寅恪受到日寇威胁以及他对去留的态度，有关陈寅恪与傅斯年为返回四川事讨价还价的往来争论，更是过去没有见过的，也是了解陈氏内心很难得的资料。说起来，陈寅恪不算是一个注意留存信件的人，也许他不是一个爱舔自己羽毛的人，他并没有预想后人对自己的崇敬膜拜，也没有准备让后人来对自己的内心钩玄索隐罢，所以，不像胡适早就给后人准备好研究自己的材料，写日记和书信时都预想了读者，多了好几分心眼。陈氏的信，除了公

* 本文原发表于《读书》2001年第11期。

开发表的《与妹书》、《与刘叔雅论国文试题》和上告故宫门卫的上诉信外，都写得相当简单，也不很注意保存留底，以致现在他的书信留存很少。当时看到一下子发掘出这么多封书信，不免有些意外，也不免十分兴奋。

20世纪90年代有一段时间我和很多人一样，对陈寅恪相当有兴趣，在《读书》杂志上写的那篇《最是文人不自由》，借了陈寅恪的诗作来说话，曾经很引起了一些讨论甚至争论。所以那时候很注意寻找陈氏的资料，遗憾的是终究留存太少，除了一鳞半爪外，几乎没有多少收获，时间长了，兴趣转移，虽然外面写陈寅恪的文章和书越来越多，自己的钩玄辑遗心思却越来越浅，懒得加入合唱，于是几年来都没有一字来讨论陈寅恪，尽管在我自己后来作中国思想史研究的时候，眼前常常会浮现出陈寅恪的影子来，总觉得关于这位前辈学人的内心深处，似乎还有未能摸清的地方。直到最近，三联书店出版了这部《陈寅恪集·书信集》，才再一次引起我的兴趣，于是把过去存留的资料翻出来，重新续起当年的思路，写下了下面这些杂乱无章、不成片断的文字。

一

1923年，三十四岁的陈寅恪还没有回国，便从德国给他的妹妹写信，这封信是《书信集》收录的第一封信，也是他在国内正式发表的第一篇文章，其实是陈寅恪自陈学术理想的一份重要文件，相当值得注意。在信中，陈氏让妹妹代自己购买《大藏经》，并且说到他现在需要的书很多，除了佛教藏经之外，“其他零星字典及西洋类书百种而已，若不得之，则不能求学”，从信中可以看出，他对自己的回国是已有计划，而对回国以后的学术之路也是有一番打算的。在信里他提到，虽然“以西洋语言科学之法为中藏文比较之学”的比较语言学

1925 年在柏林留学的陈寅恪。当时，他正师从吕德斯（Heinrich Lüders）学习梵文、巴利文等，据同样留学德国的姚从吾所说，陈寅恪“能畅读英法德文，并通希伯来、拉丁、土耳其、西夏、蒙古、西藏、满洲等十余国文字”。

可以在学术成就上超越乾嘉诸老，但是，他似乎并不想追随这种现成的潮流，却把目标锁定为历史和佛教。我猜想，虽然陈寅恪在德国柏林曾经很长时间学习梵文、巴利文和藏文，而且自从洪堡、兰克、马克斯·缪勒以后，东方宗教、比较宗教学以及为研究东方宗教而兴起的比较语言学在德国相当发达，而历史语言学也相当兴盛，就连在中国学研究中间，这一途径也是相当显赫而保险的坦途，不过，他可能非常清楚地意识到这一点，即仅仅以他人之长技与外人较一日之短长，似乎并不是自己可以走的方向。也许他在西洋十余年间，既看到西洋学问的超迈和精彩，内心里却又不愿跟随在西洋汉学之后人云亦云，还是想自己走出一条新学术之路来。

其实大而言之，这正是所谓世界主义理想和民族主义情感在学术思路上冲突的表现，在 20 世纪中国观念世界中，融入世界潮流和恪守民族本位一直是纠缠在国人心中的结，而在学术界也同样有这种焦虑。在深受西方学术训练的陈寅恪那里，他很清楚地意识到不介入国际学术主流是不行的，这正像陈寅恪自己用的“预流”两字的意思一样。但是，如果随人之后鹦鹉学舌，则又将死在洋人树下，不能做到学术自立，更何况是中国人所作的中国学问。因此他所谓的“平生为不古不今之学”(“不古不今”也可以理解为“不中不西”),在某种意义上说，也是学术立场的选择，并不仅仅是思想立场的表述。我们在他回国以后到清华大学研究院开课的目录上，也可以看出这种理想在逐步展开和转移。他开始讲《佛经翻译文学》、《西人之东方学目录学》、《梵文》,到后来改讲《魏晋南北朝史》、《隋唐五代史》，开始写各种敦煌本佛教文献考证、研究《蒙古源流》,到后来深入唐史研究元白、李唐氏族，中唐历史变迁，以及唐代政治制度，等等，似乎渐渐从他当时在国外所受影响的领域，逐渐转向中国自己的历史与问题中。有人曾经认为陈寅恪的这种变化是由于条件所限的被动与无奈，不过，如果从另一角度想，这种转变除了他自觉条件限制，如回国后异域资料和研究文献的稀缺之外，是否还有另一层原因呢？

如今的风气当然已经更向西转了，学术界的评价标准和研究取向，也很难不在西洋或东洋的影响笼罩下，这在今天有个名称叫“与国际接轨”，只是这“轨”似乎总是我们截长续短去将就国际，却不曾有国际按照我们的轨道宽窄来调整尺度，不要说号称“科学”的那些学问，就连中国文史类的学问也如此。这种大势在当时已经初露端倪，陈寅恪对这种风向相当敏感。也许，一般人可能并不很受刺激，或者觉得大势如此，识时务者为俊杰，或者根本没有感觉到刺激，以为学术本来如此。可是一些敏感而又富有才华的学者却对这种风向甚为焦虑，因为这种学术取向和评价标准本身，就隐含着一种竞争，而竞争背后则有着民族自尊的意味在内，用罗志田兄常常标举的一个词来说就是“学战”。像陈寅恪就是如此，在给傅斯年讨论购买大内档案的书信中，就说过如果“此项档案归于一外国教会之手，国史之责托于洋人，以旧式感情言之，国之耻也”（24 页），“国史”和“国耻”这两个词让人很容易联想到他的那首《北大学院己巳级史学系毕业生赠言》诗：“群趋东邻受国史，神州士夫羞欲死。田巴鲁仲两无成，要待诸君洗斯耻。”这是 1929 年写的，和上面那封信写于同一年。

二

1929 年，王国维已经自沉两年，梁启超刚刚去世，中央研究院已经成立，清华学校已经改成了清华大学，陈寅恪从研究院导师改聘为中文、历史两系教授，在大学里，“国学”一词涵盖的旧学问仿佛已经过时，经史子集四部之学早已在大学的学科体制下变成文史哲三分天下，20 年代古史辨运动的兴起，更是使传统历史解说变得支离破碎。

这个时候，甲骨文渐渐已经被学术界所接受，科学式的考古也开始进行，敦煌资料开始从巴黎伦敦陆续钞出，很快成了学术界的新热点。一切与二十年前大不一样了，自从传统的“经学”转向现代的“史学”，西洋的“科学”顺势收编了中国的“朴学”，很多西洋的观念也被引申到中国的古代，中国古代的历史和思想也按着西洋观念被重新解释（如金岳霖说胡适《中国哲学史》给人的感觉就像“一个研究中国思想的美国人”写的），这一年，陶希圣出版了《中国社会之史的分析》，学术界纷纷讨论，西方社会历史的阶段理论被用在了中国社会的研究中，下一年，郭沫若则用西方唯物史观写下了《中国古代社会研究》，把中国历史放在了亚细亚社会、希腊罗马时代、封建时代等背景和架构中讨论，尽管1929年何炳松也写了《中华民族起源之新神话》，批评国内学术界任意援引洋人的“中国文化西来说”，但是好像影响不大，那个时候中国学术界的评价标准和研究思路已经相当西化了。

国际汉学界的影响也在日益深入，沙畹、伯希和、葛兰言、马伯乐、高本汉等欧洲汉学家的名字已经耳熟能详，他们的取向、兴趣、著作和方法都渐渐成了中国学者仿效的对象，他们争论的问题也成了中国学者关注的问题。像钢和泰的《音译梵书与中国古音》引出了汪荣宝《歌戈鱼虞模古读考》，而马伯乐讨论《切韵》的语音的错误，不是由中国人发现，却是由高本汉来反驳的，中国人林语堂还要花了大力气翻译他的《答马斯贝罗论切韵之音》。依赖历史学和语言学知识的早期佛教研究，本来就是欧洲学者的擅长，而中国佛教史的研究，却又让日本人占了先机。就连中国土产道教，也是日本人先开始撰写有系统的历史，最早的中国人傅勤家写的道教史，很有沿袭东洋人著作的嫌疑。至于中国与周边地区的关系即桑兵兄称为“四裔取向”的学问，更是这些东洋西洋人的天下，读新近重印的几大本冯承钧《西域南海史地考证译丛》，大概就可以知道这种状况。虽然新史料中，甲骨文的发现和考释还泰半是中国的专利，可是另一种敦煌文书资料的大部偏偏又被英法所占有，使得想使用这些新材料的人不得不远涉重洋，所以陈寅恪《敦煌劫余录序》中要说是“吾国学术之伤心史”。关于中国历史的学问，似乎中国人也少了自信，连一向在中国人面前自视甚高的杨树达，也对东洋学问佩服得五体投地，认为中国只有冯友兰哲学、陈垣史学和自己的训诂学可以“抗衡日本”（见《积微翁回忆录》57页），这种状况使得很多有心研究中国的外国学者，不到中国留学而要到东洋或西洋学习了，就连中国的学生也要到外国去学中国史了。尽管中国古来就有“礼失求诸野”或“天子失官，学在四夷”的宽宏气度，但就像说“敦煌在中国，敦煌学中心在外国”会刺伤国人一样，中国学中心不在中国而在外国，研究中国的是非竟要听西洋东洋人的裁判，这种现象肯定使得一些试图在学术上与西方平起平坐的学者相当焦虑。1931年丁文江在《中国社会及政治学报》（*The Chinese Social and Political Science Review*）上发表批评葛兰言《中国上古文明论》的严厉评论，其实很反映那一批学术精英的焦虑。值得注意的是，原来不屑于西洋东洋学术的，是一批如章太炎、沈曾植、张尔田等等固守本位的本土出身学者（如章太炎1910年致罗振玉信中把东人中的长老、少年一概贬斥），这倒也罢了，但是二三十年代虽然数量不大但是质量很高的批评西洋汉学的论文，却是一批精通西洋学术的出洋学者所为，这些人入其室而操其戈的取向又说明了什么呢？

我们没有看到陈寅恪对西洋汉学的直接批评，但是书信集里有两段话很有意思。一段是评价德国著名的汉学家福兰阁（Otto Frank）的，福兰阁曾经当过汉堡东亚历史语言研究所所长、德国学者联盟主席、柏林普鲁士科学院院士，据张国刚兄《德国的汉学研究》介绍，1923年到1931年是他事业的巅峰，他著有五卷本的《中国通史》，要在常人眼中，几乎已经是权威大师，可是，在陈寅恪的眼中，却觉得要以其中国学水准给他中美文化基金的奖金，尚不够格，他写信给傅斯年说，此公“在今日德国情形之下，固是正统学人，此无待论者……若仅据其研究中国史之成绩言，则疑将以此影响外界误会吾辈学术趋向及标准”（1936年，53页）。另一段是涉及日本著名学者白鸟库吉的，白鸟是日本汉学界新派代表，其《亚洲文化史论》中的“尧舜禹抹杀论”对中国学术界也很有启迪性和杀伤力，而他最擅长的就是契丹、蒙元、满洲史，但在陈寅恪看来，他的那些关于契丹史的见解，“盖日人当时受西洋东方学影响必然之结果，其所依据之原料、解释，已依时代学术进步发生问题，且日人于此数种语言尚无专门权威者，不过随西人之后，稍采中国材料以补之而已”（致陈述，1937年，183页）。

什么是“吾辈学术趋向及标准”？谁是“专门权威”？其实这背后隐含的是关于“中国”的话语权力，中国知识思想与文化的研究是非曲直，究竟凭谁来论断？这就是东西“学战”的一个方面。不能说陈寅恪是狭隘的民族主义学术立场，其实，他和傅斯年等人一样，深深了解国际学术大势，并不会孤芳自赏或画地为牢，正如傅斯年曾经说过的，“学问之道不限国界”，他们对国际汉学界的大势相当清楚，也多所吸纳，不过对于当时已经成为风气的“以欧美现代名物训释古书，甚或以欧美现代思想衡量古人”（梁启超语），他们却一致地感到焦虑，所以陈寅恪在给沈兼士的信里，特别指出“西洋人苍雅之学不能通，故其将来研究亦不能有完全满意之结果可期”，汉语的研究“终不能不由中国人自办，则无疑也”（171页），而他的朋友傅斯年在《历史语言研究所工作之旨趣》时，虽然始终在强调西洋科学方法，却在后面特意说到，要使“科学的东方学之正统在中国”，这份文件并不只是傅斯年一个人的意见，作为一个正规研究机构的工作文件，它隐含着相当多学者的共同想法。

三

需要说明的是，并不是说他只是对洋人如此苛刻，如果只是对洋人苛刻而对国人宽容，就成了狭隘民族主义者了，其实，陈寅恪对于学术始终有一个相当理性的评价尺度，并不只是一味袒护民族学术自尊。他对很多国内的学者既不懂国际学术状况，又邯郸学步跟着东洋西洋亦步亦趋也有批评，像“国人治学，罕具通识”之类，只是不多见诸公开文字罢了。举两个见于《书信集》的例子罢，像对语言学上用“洋格义”的方法来对待汉语的人，他就曾多次在信中表露过不满，在 1932 年公开发表的《与刘叔雅论国文试题书》中，就对那些以为西洋知识可以“概括万族，放诸四海而准”，生硬地挪用西洋方法而成“非驴非马、穿凿附会之混沌怪物”的学术思路进行了相当尖锐的讽刺，指出要把这种“格义”观念“摧陷廓清”，最后指出国内学界的食洋不化者“既昧于世界学术之现状，复不识汉族语文之特性，挟其十九世纪下半世纪‘格义’之学，以相非难，正可譬诸白发盈颠之上阳宫女，自矜其天宝末年之时世装束，而不知天地间别有元和新样者在”（159、165 页），而在同时给傅斯年的信中，更罕见地直接指斥“若马眉叔之谬种”、“《马氏文通》之谬说”，并不屑地讽刺议论者是“痴人说梦，不学无术之徒”（42 页）。

特别是对冯友兰《中国哲学史》，很多人以为他的《审查报告》对冯书的评价相当高，但我总有另一种感觉，只要细读就可以体会到，他虽然处处在表彰冯书，比如开头两句就是“取材谨严，持论精确”，但表彰之余的议论背后又暗寓另一层深意。首先是解释的系统，比如冯书自己声明是“就中国历史上各种学问中，将其可以与西洋所谓哲学名之者，选出而叙述之”，其实就有“格义”之嫌，而陈寅恪虽然承认这些学问“非经过解释及排比之程序，绝无哲学史可言”，但是又背面敷粉地进一步申论，若这样一来，“著者有意无意之间，往往依其自身所遭际之时代，所居处之环境，所薰染之学说，以推测解释古人之意志。由此之故，今日之谈中国古代哲学者，大抵即谈其今日自身之哲学者也，所著之中国哲学史者，即其今日自身之哲学史者也”，接下来那一句“其言论愈有条理统系，则去古人学说之真相愈远”，真不知道是表彰还是批评。其次是文献的运用，冯友兰虽然也相当关注文献年代的考订，但他基本上还是恪守旧说的，孔是孔、墨是墨，按照习惯地以书系人、以人设章，把孔、墨、孟、老、惠施与公孙龙、庄子等分作清晰的章节，但是，陈寅恪《报告》中关于伪材料与真材料的观点，儒家及诸子等经典皆非一时一人作品的看法，以及要用“纵贯之眼光，视为一种学术之丛书或一宗传灯之语录”的方法作考古式的研究，如果严格说来，是否对冯书也是另一种批评呢？至于在关于下册的《审查报告》中，更有意无意、皮里阳秋地点出冯书是“取西洋哲学观念，以阐明紫阳之学，宜其成系统而多新解”，举了不少例子来指出冯书于佛教、道教及其对于新儒学之影响尚欠研究，“犹有未发之覆”之缺憾，似乎心中存有更高的学术标准和尺度。

这种更高的学术标准和尺度，并不只是针对他人的，也是用以自期的。陈寅恪是一个自期甚高的人，他既不想被国际学术潮流挟裹，又不愿意固执于乾嘉汉学樊篱，既不想趋时追新，又不愿意回到前清旧学框架之中，他有他一贯的立场。在1932年给冯友兰《中国哲学史》写的《审查报告》下篇中提出的“一方面吸收输入外来之学说，一方面不忘本来民族之地位”，转用于学术，实际上就是他所谓“不古不今之学”，在1939年给傅斯年的信中，陈寅恪引了陈简斋的诗句“还家梦破恹恹病，去国魂消故故迟”，还说读这两句诗“可明弟之情况也”（58页），如果不嫌穿凿，稍加引申，这两句诗也可以放大来体会陈寅恪学术的心情和困境，挣脱国际大势回到故国传统是固步自封，离开固有思路投入西洋话语也是揠苗助长。特别值得注意的，是在1957年给刘铭恕的信里写的那段话，他自己说自己最后所撰述的《柳如是别传》是“固不同于乾嘉考据之旧规，亦更非太史公、冲虚真人之新说”，记得章培恒先生在《陈寅恪先生编年事辑（增订本）·后记》曾经提到陈寅恪有一首题为《读史记列子》的诗，各种集子都没有收，很多人对这首诗的失收既注意又惋惜，其实这首诗的意思在致刘铭恕的信中又出现了。如果联系到1953年汪籛记录下来的陈寅恪关于“中古史研究所不宗奉马列主义，并不学习政治”这一要求，联系到他的《文章》一诗讽刺的“八股文章试帖诗,宗朱颂圣有成规”的入时眉样，这里所说的既不同乾嘉旧规又不随马列新说的“不能入时”之学，仿佛说的就是他的“不古不今之学”。

不古不今不中不西，真是谈何容易，从20世纪以来，中国学术始终处于两难中，这并不是陈寅恪一个人的事情，也不是陈寅恪时代的故事，直到如今也还是如此，只是一般趋炎附势的和缺乏主见的学者，很容易随波逐流人云亦云。可是，像陈寅恪这样的学者却相当自信，正是因为他深通对手的路数而自信，他才能够不为那些挟裹一切的潮流所动，始终在学术界以“自由之思想，独立之精神”，不卑不亢地面对一切，也正是因为他自期甚高，也始终持这种高调看待中国学术，他才会对那个鱼龙混杂的学术时代感到无可奈何，心里充满愤懑和悲凉。

四

说陈寅恪是一个相当自信、自期甚高的学者，不仅仅表现在学术上他有一套自己的想法不轻易被人影响，也反映在他生活上似乎也相当固执，很难与人融洽相处，这也难怪，他太傲气，何况那种世家子弟的背景在他心里时时支撑着自负。在书信集里，如果仅仅看他又称陈垣为“大师”，又赞沈兼士的著作可以当之无愧地称作“释一字即是作一部文化史”,又是夸杨树达是“当今文字训诂之学”的“第一人”，似乎会觉得他是一个和光同尘、容易相处的人，其实据了解他的人说，他心里很少有真心佩服的学者，大概除了沈曾植和王国维罢。用现在的标准看，他也是很不近人情的，1942 年，傅斯年曾有一封给叶企孙的信，讨论如何安置迟迟不到的陈寅恪（遗憾的是没有附在《书信集》里），其实作为学术组织者的傅斯年已经看到了他的这一点，傅斯年对当时陈寅恪领了薪俸却拖在广西而不肯入川相当不满，对叶氏说自己“知他一切情形极详”，其实陈氏“在任何处一样，即是自己念书，而不肯指导人（本所几个老年助理他还肯说说，因此辈常受他派查书，亦交换方便也，一笑）”，但是傅斯年仍然容忍他，主要就是“但求为国家保存此一读书种子耳”。

容忍很可贵，像陈寅恪这样的人，需要有人容忍。陈寅恪出身世家，受不得气，看他关于故宫受辱的控诉信可以知道他的固执，他有公子性格，当好友兼亲戚傅斯年说了他两句“昔之住港，及今之停桂，皆是一拖字”（这封信也很遗憾没有附在《书信集》中），劝他不要一误再误时，他对傅用“爱国”两字和“制度”一词相当敏感，不仅反唇相讥，表明自己深知法度，“我辈尚不守法，何人更肯守法”，而且还干脆表明自己“生性非得安眠饱食不能作文，非是既富且乐不能作诗”。说起来，有时候学者是很奇怪的，他们并不是不食人间烟火的清高之士，他们总有这样那样的怪癖和不通人情世故的地方，像陈寅恪这样的学者就是如此，他不像道学家标榜道德、自许清高，却常常自称“好利而不好名”（53 页），他不像有的学者那样注意身后名，却相当注意对待遇的讨价还价（79 页），他不像通常想象中的学者那样高姿态、不屑于斤斤计较，对阻挡他进入故宫而且形色狰狞的守卫警

1929年秋史语所同人合影于北平北海静心斋，有陈寅恪（前排左二）、李济、傅斯年、朱希祖、赵元任、罗常培、容庚等人。

察严厉追究、不依不饶（31—33页），其实都可以想见他的性情和为人。这种性情和为人大约并不容易在现在这种充满利益关系的社会中立足，不过幸好他所在的时代和社会尚有他的空间，使他始终还能活下来，毕竟包括傅斯年在内的人都知道要“保留读书种子”，就在傅斯年退往台湾的时候，他也还没有忘记和他已经差不多反目的陈寅恪。陈寅恪呢？正如他自己所说的“吾侪所学关天意”，既然自己所学是那样重要，自己也从来不觉得要低眉下气于任何人，所以他从来也就不计较那些小节而任情行事，甚至有时候竟忘乎所以，要毛泽东、刘少奇给自己写一个证明书，给自己做不奉马列的“挡箭牌”，还宣称“否则就谈不上学术研究”。更要命的是，他还把挑战的锋芒直接指向当时正受宠的郭沫若，要他看看自己的意见，还把自己比作写了《平淮西碑》却被磨掉碑文的韩愈，却把郭沫若当做曲从权力再写碑文的段文昌。

还是在1929年，陈寅恪在给北大学院己巳级史学系的毕业生写赠言的时候，一方面哀叹“群趋东邻受国史”的耻辱，一方面也写下了这样的诗句："添赋迂儒自圣狂，读书不肯为人忙。平生所学宁堪赠，独此区区是秘方。”坚持学术的独立标准，张扬学术的超越品格，深入国际学术堂奥，却始终清醒地存有中国的问题意识，这就是那个时代学界令人兴奋的原因，也是王汎森兄写的《傅斯年与陈寅恪》一开头说的“为什么天才总是成群地来”的答案之一。不过，从后来的情形看，也可以说，天才也总是成群地消失的。当某种空间消失，而学者又不能收敛其心气的时候，冲突和悲剧就开始了，当人们已经习惯了追随时尚，在东洋西洋的新颖话语中左右摇摆而无视中国自己的历史与传统的问题时，学术就失去了准星和标尺。至于什么不中不西不古不今之学，也就在一味趋时的风气中失去了存在的可能，当一个新时代来临的时候，失去了准星和自信的学术，就只有随风摇摆了，古话说，“君子之德风，小人之德草”，说到底，这也不是君子小人的个人品格，在对传统与文明都缺少了自信的时候，天才还能成群地来么，民族的学术还能自立于世界之林么？

万里之外总有人牵挂*

——有关普林斯顿大学东亚图书馆藏《陈寅恪资料集》

普林斯顿大学葛思德东亚图书馆旧书库的角落里，收藏着一些有趣的剪报资料，分门别类，都以黑色硬纸板作成封面，用白色写标题，看上去并不起眼却很有价值。至今我也不知道，这些资料究竟是谁整理的。其中，既有现代的周作人、丰子恺、张爱玲的，也有古代如李渔、施耐庵、兰陵笑笑生的，里面也有一份薄薄的“陈寅恪资料”，剪贴了1969年10月陈寅恪先生去世后，海外报刊的各种有关文章，不少是研究陈寅恪的学者所没有见过或未曾提及的。陆键东的《陈寅恪的最后二十年》第二十一章《身后是非谁管得》中，曾经提到过香港《新晚报》（没有日期）、《春秋杂志》（1969年12月1日，298期）、台北《中央日报》（1970年1月26日）、《传记文学》（16卷3期）等等，来说明陈寅恪死后哀荣在两岸之殊异，但是，如果他能看到这份剪报，就会增加很多很多资料，如曹聚仁、今圣叹、费海玑、清华生、章曼的回忆和纪念文字。在普大客座的第二年也就是2011年，我扫描了一

* 本文原发表于《文汇报》2012年9月1日。

份存在手边，好几次想为此写一篇文章，却因为疏懒的缘故，始终没有写出来，这个暑假稍稍有些闲暇，再次翻看这册资料集，便顺手写了以下这些笔记。

一

1969年10月7日，七十九岁的陈寅恪去世。在大陆，虽然10月17日有一个简单的遗体告别，次日《南方日报》有一百来字的讣告，但在那个非常时期，除了革命再革命的高潮迭起，最高指示一句顶一万句的震撼，一切都不引人注意。不过，始终牵挂这位大学者的海外却相当敏感，在这册《陈寅恪资料集》中，收录最早的是一个署名“丝韦”的人11月5日在《新晚报》发表《记陈寅恪在广州病逝》，引用了《南方日报》的消息，对陈寅恪的逝世很是惋惜，并且一连引用陈氏《蒙自南湖》（“景物居然似旧京”）、《乙酉冬夜卧病英伦医院》（“沉沉夜漏绝尘哗”）、《和陶然亭壁间女子题句》（“故国遥山入梦青”）三首诗，感慨陈寅恪一生命运多舛；稍后是一个署名“守为”的人在11月11日的《明报》发表《陈寅恪之逝》，介绍了陈寅恪的生平业绩，特别提到他“对魏晋南北朝隋唐史的研究，世界第一”，文中说到一则无法证实的传闻，即陈寅恪曾经用英文作题为《武曌与佛教》的学术演讲，“许多外国人听到武曌之名便怀着好奇心来听她的艳史，怎知道陈先生所讲的纯是学术考据，绝无艳史可闻”。

或许是这一消息激起了海外报界的纪念潮。先是慧庵在11月17日、24日，12月1日连接发表《陈寅恪与当代中国史学》（上、中、下），接着是曹聚仁11月接连发表三篇纪念陈寅恪先生的短文《谈唐学》（上、中、下）。只是陈寅恪逝世的消息传到香港已是11月，就像11月30日出版《明报周刊》上署名“克亮”的《史学家陈寅恪逝世了》说的，“这个迟来的噩耗，也要靠‘带口讯’才使海外的人知道”，所以，迟来的消息让很多人认为，陈是11月初才去世的，前引丝韦、守为的文章，都说陈逝世是在11月初，而于徵在11月19日《星晚》发表的《记陈寅恪先生的著述》中，评论陈寅恪有关中古历史中“种族”与“文化”极其重要的学术观念，也说“陈先生已于11月初在广州病逝”；而据说曾经是陈寅恪学生、1934年入学清华的葵堂，在《新晚报》发表《忆陈寅恪先生》时，也说“陈寅恪先生在本月初病逝”。值得顺便一记的是这篇文章的后面，他回忆当年清华大学时的情景相当生动，不妨写在下面：“到了冬天雪季，只见他（陈寅恪）头戴青色风帽，长可披肩，腋下夹着或青或紫的布书包，在青松、白雪映照下的红桥上慢慢而行，当时的园中人每每称道之为灞桥风雪中的人物，只是少了一匹小毛驴。”

二

最全面的纪念文章，一篇是前面提到慧庵《陈寅恪与当代中国史学》。慧庵的文章全面回顾陈寅恪在魏晋南北朝隋唐史中的成就，特别详细介绍了《唐代政治史述论稿》、《隋唐制度渊源略论稿》、《元白诗笺证稿》等书，以及《陶渊明之思想与清谈之关系》、《秦妇吟校笺》等作品的内容。而另一篇则是12月出版的《祖国》署名“章曼”的《敬悼陈寅恪先生》长文，这篇长文一开头就指出，按照陈寅恪先生的地位，新华社应当发表讣告，但陈寅恪先生“早已被认为是应予打倒的资产阶级学术权威，‘文化大革命’后复被打入牛鬼蛇神行列，在□□看来，其死自不足惜”，所以不予报道。接着文章详细介绍了陈寅恪先生的生平与学术，推重他是“一代大师”，是“世界权威”，并且引用了不少资料，说明1949年之后他在大陆被批判的情况。我很吃惊的是，这位章曼居然收集了如此多的批判资料，包括陈伯达、郭沫若、北大历史系、中山大学历史系等，特别是中山大学历史系的批判情况，文章中叙述得格外清楚，如七十一篇批判论文中有关陈寅恪的有三十六篇，当时批判会上有人说陈寅恪是“活僵尸”，等等。我不知道这位章曼是何许人，但他很能体会陈寅恪先生的心境，不仅指出陈寅恪先生二十年中，“徒苦不得自由研究，自由发表……其内心之痛苦，是不足为外人道的”，而且引用《论再生缘》等文献，指出陈寅恪先生内心最重视的，就是这个“自由”。

当然，在这份《陈寅恪资料集》中也可以看到，当时也有不太赞成陈寅恪的人，也在纪念潮中写了文章论陈寅恪。12月14日，《新晚报》的“下午茶座”栏目发表清华生的《陈寅恪趣事一则》，说到1932年陈寅恪在清华入学考试中出对对子的题目这个故事，也算是纪念刚刚去世的陈寅恪先生罢。“清华生”我没有考证是谁，但是文中提到“我有一个同学就大吃了这一届试题的苦头，考罢出场，骂不绝口”，可能他也是当年的清华学生，但似乎对陈寅恪先生的这个做法并不满意，所以，用了鲁迅“专门家的话多悖”，评价对对子作为试题的方法“实际上是行不通的”。

三

海外对陈寅恪的关注，并不都只是在他的身后，也在他的生前。在这份资料集中，我特别注意到1967年5月10日的《人物杂志》。这份杂志特别在整整十年之后再度转载1957年5月10日《光明日报》发表的《访陈寅恪教授》，这篇发表在反右前夕的访问记中，一个来自北京的记者梁诚端提到，那时候到处在大鸣大放，唯独陈寅恪始终“默默而不鸣”，虽然也有人试图“诱敌深入”，让陈寅恪说说对“百家争鸣”的意见，但陈寅恪只是“淡然地让你去看他的门联”。梁在副校长陈序经的指引下好奇去探访陈宅，看到门上贴着“万竹竞鸣除旧岁，百花齐放听新莺”。陈寅恪这种拱默的方式，让他和家人躲过反右的一劫，也赢得了后十年的大致平静。《人物杂志》十年之后重新发表这篇访问记，没有加任何评论，只是在“他（陈寅恪）在广州生活上受到特殊照顾”一句下加了一个 * 号，注上“此为红卫兵清算陶铸的罪状之一”。

可是，十年前这种沉默保护了反右运动中的陈寅恪，十年之后，无论如何沉默都无法帮助“文革”风暴中的陈寅恪，他无法逃过劫难。蒋天枢编《陈寅恪先生编年事辑》中没有特别详细记载陈寅恪被批斗，只是在 1967 年末说到红卫兵要抬陈去大礼堂批斗，历史系主任、陈门弟子刘节代表先生去挨斗的事情。但 1968 年的《万人杂志》上，却有两篇文章有所叙述，其中一篇是 3 月 21 日署名“风雪”的《陈寅恪在中山大学被斗被打》，作者虽然也承认自己是参与斗争陈寅恪的“一分子”，但是对于红卫兵不放过一个瞎了眼睛的大学者，觉得内心很难平静。

四

这两年，我常常翻看这本《陈寅恪资料集》，回想那个时代的陈寅恪，也回想那个时代的身边往事。我没有去考索这些多用笔名的作者们是谁，也没有查证这本资料集的编辑者是谁，阅读中，我只是被一种复杂的感觉所纠缠。一面感到悲哀，因为学术敌不过权势，学者始终无法摆脱时代和政治的影响，陈寅恪的晚年悲凉，是一个追求自由的人的必然命运，灵台无计逃神矢，就只好我以我血荐轩辕了。一面也感到欣慰，尽管陈寅恪在广州、在中山大学遭受折磨，最终默默离世，但仍然有那么多人记得他，怀念他，这是对一个真学者的永恒纪念，就连远在大洋彼岸的普林斯顿，也有人在默默地收集有关他的各种剪报，让后人知道，“总有人在万里之外牵挂”。

学术的意味*

——学习陈寅恪先生在清华大学毕业论文上的评语及批注

陈寅恪先生在清华大学任教多年，曾在中文、历史两系指导本科生、研究生论文，在清华大学老图书馆的阁楼上，我发现若干种三四十年代的毕业论文，上面有陈先生的评语和批注，在这些论文的选题、批注和评分上，折射了陈先生的治学思路和风格。通过这些论文，不仅可以看到陈先生学问的广博与态度的严谨，更可从中体会在陈寅恪先生心目中学术的意味。

一

近来，学术史很流行，学界谈论学术，往往标举陈先生《清华大学王观堂先生纪念碑铭》中那两句“独立之精神，自由之思想”，也多提及他《吾国学术之现状及清华之职责》一文中“求本国学术之独

---

*　本文原发表于《光明日报》2001 年 4 月 20 日。

立”。但是，我觉得是否同时也应当注意，学术之独立，还需要有一套自足的研究规范与方法？学术唯有成为一个严肃的事业，形成一套严格的方法，具有一个独立的评价系统，学院的人文研究才具有学术的意味，才能摆脱行政、传媒和其他各种学术之外因素的影响。这些年来，政治意识形态有时候学乖了，似乎并不直接干预学术研究，但是，市场以及市场化的传媒却总是越俎代庖，诱使学术趋向于哗众取宠，与一些不负责任的传媒一道制造新闻，近年来学术界的堕落和混乱，与此不无关系。仅我所看到的，如某人关于殷商人即印第安人祖先的大胆论述，殷商文明与奥尔梅克文明的传奇性关联，媒体宣传得极其热闹的骊靬城和古罗马军团的报道，报纸上有关“伊甸园在云南”的报道，还有关于《孙子兵法》八十二篇的新发现，等等。不说是奇谈怪论，也简直是哗众取宠，那些号称石破天惊的学术发现，例如河图洛书为外星人地图、某自学成才者破译了石鼓文、用数学方法释读古文字、周易是一本日记等等。当学术界本身无法对新说加以权威估价，总是依赖上级、政治、传媒、市场或洋人来“背书”的时候，学术如何可能有“独立之精神，自由之思想”？而以学术研究为职业的人又如何可能拥有独立而自由的精神与人格？

二

下面是有关陈寅恪先生的两个例子。

在民国二十五年（1936）清华大学历史系张以诚的论文《唐代宰相制度》前面，陈先生评语是：

> 大体妥当，但材料尚可补充，文字亦须修饰。凡经参考之近人论著（如内藤乾吉等），尤须标举其与本论文异同之点，盖不如此则

> 匪特不足以避除因袭之嫌，且亦无以表示本论文创获之所在也。寅恪 廿五年六月十六日

而在同年清华大学国文系刘钟明的论文《有关云南之唐诗文》前面，陈先生的评语是：

> 本论文范围甚狭，故所搜集之材料可称完备，且考证亦甚审慎。近年清华国文系毕业论文中如此精密者，尚不多见。所可惜者，云南于唐代不在文化区域之内，是以遗存之材料殊有制限，因之本论文亦不能得一最完备及有系统之结论。又本论文题“有关”二字略嫌不妥，若能改易尤佳。寅恪 廿五年六月十六日

对比两篇评语，可以看出，陈先生虽然不经常在论文中正面讨论学术研究的规范与方法，但在他对学生的毕业论文的种种要求中，却可以看到他关于学术研究的思路，我体会，其中包括以下三点。

研究所涉及的文献资料之搜集与解读。其中，首先指的是基本文献，张以诚的论文讨论的是一个制度史的问题，但是对于历史文献却并没有特别充分地掌握，所以在文章中陈先生曾经几次对他的依据提出质疑，有几条批语都是针对他在文献上的疏漏，而对于刘钟明的论文，由于它前有唐诗文篇目，各节有注释，文末有引用书目、陈先生则相当称赞他“搜集之材料可称完备”。其次指的是前人的研究论著，是否标举前人论著，这不仅关系到学术研究的道德原则，而且关系到一个研究史的问题，只有一一标举前人研究，才可以看出这一课题研究的前后过程，才可能判断这一研究的价值，刘钟明的研究中，一一列举了铃木虎雄、沙畹、伯希和，甚至《云南旅平学会季刊》中所载的《滇南旧事》，故得到陈先生的高度评价。

第二，研究问题的特殊性与普遍性之关系。对于刘钟明论文的评语中有一句话相当有深意，即“所可惜者，云南于唐代不在文化区域之内，是以遗存之材料殊有制限，因之本论文亦不能得一最完备及有系统之结论”。显然，这并不仅是说材料不足，而是对这个课题意义的惋惜，很多人都误以为陈先生只讲考据，注重资料，其实陈先生的考据，其课题的选择常常是有深意的。所谓“完备”和“系统”是指对一个历史现象的充分解释，而历史解释常常是需要在一个总体的思想框架中才能得出的，陈寅恪先生当时认为，云南历史不在中国当时主流文化区域中，所以，他觉得，这一精细的研究就无法具有涵盖整个中国文化和历史现象的普遍意义，因此，课题的意义也就稍有欠缺。

第三，有关论文文体与思想表达。在清华大学现存的毕业论文中，除了上述两篇外，还有一篇文学研究所硕士研究生王忠在陈先生指导下完成的论文《安史之乱前后文学演变问题》。很多人读后都会有一种感觉，不仅在文学史研究思路上，特别关注民族（羯胡与内地交通）、风气（任侠尚武）、政治（氏族意识与社会意识）与地域（藩镇与仕进）等历史因素，风格很像陈先生，而且其文献征引、写作文体和推论形式，也都与陈先生的论著很像。也许有人会认为，论文写作不必拘泥形式，但是从陈先生略为固执的形式要求中（如繁体竖排、如标点、如引文），我感觉这里也有一定的意思。比如，历史研究是否应当首先是事实的归纳和清理？事实清理之后，是否需要过多的理论叙述？理论叙述是否可以像太史公一样“寓褒贬于叙事”？用现代汉语进行的理论叙述是否会遮蔽古代的历史？也许陈先生的形式不一定可以普遍适用于现代论文，但这里是否也有一种文化象征的意义？

三

1996 年 1 月，据说为了某个相当有影响的青年科学家的剽窃和作伪，有三十七个院士联合写了《正确评价基础研究成果》的文章，强调论文作者应有的荣誉和责任，也强调“避免行政干预”，更提出了一些评价学术成果的非正常因素的普遍存在，这篇文章发表在《光明日报》上，可是似乎并没有太多的反应，这令人很悲哀。

更令人悲哀的是人文学科，由于评价标准的不确定性，更容易成为假冒伪劣的领域，也容易被一些“伪科学”式的评价机制所入侵，以致形成东郭先生式的滥竽充数。可是，如果要制止这种情况的泛滥，就要从教育开始。作为教师，在指导学生的时候，他的审查标准、他的价值评价以及他自己的研究趣向，实际上已经向学生传递了关于学术的看法，现在进入学术界的一批又一批新学人，是否能够薪火相传，很大程度上取决于先生，陈先生对于弟子有时似乎过于苛刻的要求，我们时有耳闻，但是这种严厉的要求中，不也是在捍卫一种学术的边界么？

徘徊到纠结：顾颉刚关于“中国”与“中华民族”的历史见解*

——读《顾颉刚日记》随札之一

台北联经出版事业公司出版的《顾颉刚日记》，刚到手时曾匆匆翻过一遍，2007年10月在大阪关西大学，遇见专程去接受名誉博士称号的余英时先生，他送我一册刚刚出版的《未尽的才情：从〈顾颉刚日记〉看顾颉刚的内心世界》（联经出版事业公司，2007），看后之后，对顾颉刚的这部日记更有了浓厚兴趣。去年夏初，要在芝加哥大学的workshop上讲“20世纪上半叶中国历史学”，自不免又要涉及这个古史辨领袖，便从哈佛燕京图书馆借出《顾颉刚日记》，既作为20世纪上半叶学术史资料看，也作为异域长夜消遣的读物读。但日记太多，在美国没看完，8月回到上海后，在上海的酷暑中仍然继续翻阅。

积习难改，虽是消遣却不想一无所获，习惯性地随手做一些摘录，也断断续续记下一些感想。余先生《未尽的才情》已经讲到顾颉刚与傅斯年、胡适的学术关系，讲到顾颉刚与国民党的纠葛，讲到他1949年后的心情，也讲到了他对谭慕愚的一生眷念，夫子撰书在前，我没

* 本文原发表于《书城》2015年第5期。

有什么更多的议题可以发挥，只是近来关注“中国”的历史，于是一面阅读，一面随手写一些札记，主要摘录和讨论的，都是顾颉刚日记中有关“中国”和“中华民族”的见解。

一

我在一篇文章中说过，20 世纪 20 年代顾颉刚推动“古史辨”运动，从根本上说，是一场对传统历史学和文献学的现代性改造，这一点王汎森兄的《古史辨运动的兴起》[1] 已经论述得很清楚。简单地说，就是在科学、客观、中立的现代标准下，有关早期中国历史的古文献，在“有罪推定”的眼光下被重新审查，人们逐渐把传说（或神话）从历史中驱逐出去。以前在古史记中被视为“中国”共同渊源的五帝和“中华民族”历史象征的尧、舜、禹，以及作为中国神圣经典的种种古文献，真实性都被严厉质疑。1923 年，顾颉刚在一封公开信里提出古史辨的纲领，一共包括四点，即“打破民族出于一元的观念”、“打破地域向来一统的观念”、“打破古史人化的观念”和“打破古代为黄金世界的观念”。正因为如此，才被丛涟珠、戴季陶等人惊呼为“动摇国本”。为什么会动摇“国本”？因为“民族出于一元”意味着中国民族有共同祖先，“地域向来一统”象征中国疆域自古如此，而古史传说人物象征着民族伟大系谱，而古代是黄金时代，就暗示了文化应当回到传统。象征本身有一种认同和凝聚力量，对这些象征的任何质疑，都在质疑历史之根，瓦解着“中国”认同的基础。

这里长话短说。对于“中国”一统和“中华民族”同源的质疑，虽然轰动一时，但很快逆转，毕竟形势比人强。1931 年“九一八”事变，

[1] 王汎森《古史辨运动的兴起》，允晨出版公司，1987。

1932 年伪满洲国成立，1933 年“东突厥斯坦伊斯兰共和国成立”，加上 1935 年“华北自治运动”的出现，使中国陷入国土割裂的空前危机，中国学界不能不重新调整有关“中国”和“中华民族”的论述，特别是从历史、地理和民族上，反驳日本学界对于满蒙回藏的论述，捍卫中国在民族、疆域和历史上的统一性。现实情势改变了中国学界，也暂时改变了顾颉刚的立场。1934 年，顾颉刚与谭其骧创办《禹贡》半月刊，正如顾颉刚所说，在升平时代学者不妨“为学问而学问”，但在“国势陵夷，局天脊地”的时代，却只能“所学务求实用”。

在这一绝大背景下，1935 年 12 月 15 日，傅斯年在《独立评论》第 181 号发表了《中华民族是整个的》。傅斯年强调，中国自从春秋战国，“大一统思想深入人心”，所以有秦汉统一，“我们中华民族，说一种话，写一种字，据同一的文化，行同一的伦理，俨然是一个家族”。顾颉刚也一样，原本他并不相信“中国汉族所居的十八省，从古以来就是这样一统的”，他觉得“这实在是误用了秦汉以后的眼光来定秦汉以前的疆域”，所谓“向来统一”只是一个“荒谬的历史见解”。但在这个时候，他却把历史论述从说明原本并不是一统的中国，变成了强调中国大一统疆域合法性。在《禹贡》半月刊之后，1936 年，顾颉刚与史念海合作编了《中国疆域沿革史》，在第一章《绪论》中顾颉刚就说，“在昔皇古之日，汉族群居中原，异类环伺，先民洒尽心血，耗竭精力，辛勤经营，始得近日之情况（指现代中国）”。他罕见地用了“皇古”一词，说“疆域之区划，皇古之时似已肇其痕迹，自《禹贡》以下，九州、十二州、大九州之说，各盛于一时，皆可代表先民对于疆域制度之理想”。很显然，这与 20 世纪 20 年代疑古领袖形象已经相当不同，看上去，他好像逐渐放弃了古代中国人种不出于一源、疆域不应是一元的疑古立场，而开始转向论证一个“中国”和一个“（中华）民族”。

在这里说一个小插曲。1933 年，日本人与内蒙古王公会谈，鼓动蒙古人脱离中国而独立。这时，顾颉刚一生仰慕的女性谭慕愚亲身进入内蒙，调查这一事件，并且于1933年12月底，应顾颉刚之约，在燕京大学连续演讲，讲述“百灵庙会议经过及内蒙印象”，揭发内蒙独立与日本阴谋之关系。余先生《未尽的才情》一书已经注意到，顾颉刚在日记中，一连好几天记载这件事情，我曾向余先生请教，我们都怀疑，1933年谭慕愚女士的调查与演讲，在某种程度上对顾颉刚的史学转向产生了很大影响，甚至有可能在一定程度上，刺激了第二年他与谭其骧合办《禹贡》半月刊。

二

《顾颉刚日记》中留下很多这一观念转变的痕迹。

1937年“七七事变”之后，国府南迁，各大学与学者纷纷南下。1938年底，顾颉刚去了一趟西北，据日记说，他在途中开始看伯希和的《支那考》及各种有关边疆的文献，包括国内学者的民族史、疆域研究著作，显然，这种学术兴趣与政局变化有关。顾潮《历劫终教志不灰》引述顾颉刚自传，说他1938年在西北考察的时候，曾经偶然看到一幅传教士绘制的The Map of Great Tibet，心情大受刺激。他认为，满洲“自决”还不足畏，因为那里汉人很多，倒是西藏非常麻烦，“这个‘大西藏国’如果真的建立起来，称为‘民族自决’是毫无疑义的，因为他们有自己的血统、语言、宗教、文化和一大块整齐的疆土，再加上帝国主义做后盾，行见唐代的吐蕃国复见于今日，我国的西部就更没有安宁的日子了”。[1]

学术与政治，在这种危机刺激下，找到了一个结合点。1938年

[1] 顾潮《历劫终教志不灰——我的父亲顾颉刚》，华东师范大学出版社，1996，191页。

1937 年顾颉刚在禹贡学会理事长办公室。1934 年 3 月《禹贡》半月刊发刊，经过两年的筹备工作，禹贡学会于 1936 年 5 月正式成立，“以研究中国地理沿革史及民族演进史为目的”，并刊印了一系列相关研究报告、丛书。至 1937 年，“七七”事变发生，学会被迫停止工作。

12 月 19 日顾颉刚在《益世报》创办“边疆周刊”，并且为它撰写“发刊词”，呼吁人们不要忘记“民族史和边疆史”，来“抵御野心国家的侵略”；紧接着，在 1939 年 1 月 1 日，顾颉刚特别在《益世报》的新年一期上发表《“中国本部”一名亟应放弃》一文，他说“中国本部”这个词，“是日人伪造、曲解历史来作窃取我国领土的凭证”。二月份，他又连日撰写《中华民族是一个》，明确提出“凡是中国人都是中华民族”，并且郑重宣布，今后不再从中华民族之内，另外分出什么民族，也就是汉满蒙回藏苗等等。

这篇文章 2 月 13 日起在《益世报》发表后，引起了中国学界的巨大反响，不仅各地报刊加以转载，张维华、白寿彝、马毅等学者也纷纷加入讨论。前些年与他渐生嫌隙的傅斯年，尽管主张在国家危机之时，写信劝他不要轻易地谈“民族、边疆等等在此有刺激性的名词”，不要在《益世报》上办“边疆周刊”，但也对顾颉刚关于“中华民族是一个”的观念表示赞同，觉得他“立意甚为正大，实是今日政治上对民族一问题唯一之立场”。在一封致朱家骅、杭立武的信件中，傅斯年痛斥一些民族学家，主要是吴文藻和费孝通等人，是拿了帝国主义的科学当令箭，“此地正在同化中，来了此辈‘学者’，不特以此等议论对同化加以打击，而且专刺激国族分化”。

从《顾颉刚日记》中可以看到，顾颉刚对自己这一系列表现相当沾沾自喜，他一向很在意别人对他的反应。1939 年 3 月 4 日，顾颉刚在日记中记载说，有人告诉他，《益世报》上《中华民族是一个》的文章，有《中央日报》转载，“闻之甚喜德不孤也”。22 日的日记又记载，有人告诉他，“重庆方面谣传，政府禁止谈国内民族问题，即因予文而发。此真牛头不对马嘴，予是欲团结国内各族者，论文中彰明较著如此，造谣者何其不惮烦乎”。到了 4 月 15 日，他又在日记中说，方神父告诉他，这篇文章“转载者极多，如《中央日报》、《东南日报》、安徽屯溪某报、湖南衡阳某报、贵州某报，皆是。日前得李梦瑛书，悉《西京平报》亦转载，想不到此二文（指《益世报》所发表）乃如此引人注意。又得万章信，悉广东某报亦载”。

三

来自学界的争论风波与舆论压力，影响了政党与政府，此后，国民政府不仅成立有关西南的各种委员会，国共两党也都对西南苗彝发表看法，连教育部史地教育委员会、边疆教育委员会，也特别要确认教材的“民族立场”和“历史表述”。这种观念得到了政界和学界的一致赞同，傅斯年就说，要把“三民主义、中国史地、边疆史地、中国与邻封之关系等编为浅说，译成上列各组语言（指藏缅语、掸语、苗傜语、越语、蒲语）”。而顾颉刚和马毅也建议，要重新书写历史教材，“作成新的历史脉络”、“批判清末以来由于帝国主义污染，而导致的学界支离灭裂”。可见，抗战中的顾颉刚，似乎暂时放弃了“古史辨”时期对古代中国“黄金时代”传说的强烈质疑和对“自古以来一统帝国”想象的批判，对“中国大一统”和“中华民族是一个”，似乎比谁都重视。1940 年 6 月 25 日，顾颉刚为边疆服务团作团歌，其中就写道，“莫分中原与边疆，整个中华本一邦”“天下一家，中国一人”等等。

在这个时候，原本有嫌隙的傅斯年和顾颉刚，倒在这一问题上颇能彼此互通声气，顾颉刚的日记里记载，1939 年 5 月 2 日，当他开始写“答费孝通”一文时，傅斯年曾“开来意见”，而顾颉刚则据此“想本文结构”。第二天，他写好“答（费）孝通书三千余字”，同时把稿子送给傅斯年。第三天他又记载，“孟真派人送昨稿来”，显然两人互相商量，而且傅斯年还提供了一些可以批判民族学家们的材料。又过了十几天，他“抄孟真写给之材料，讫，预备作答孝通书”，从《日记》

中我们知道,原来是在傅斯年的鼓励下,顾颉刚才连接好多天,奋笔“作答孝通书”,并“将答费孝通书修改一过”。

可见,在回应吴文藻、费孝通等有关“民族识别”的问题上,作为历史学家的顾、傅是协同并肩的,他们都不赞成过分区别国内的民族,觉得大敌当前,民族各自认同会导致国家分裂。顾颉刚似乎义无反顾,一向好作领袖的他,这次冲在最前面,把这种维护民族和国家统一的思想推到极端,以致后来对傅斯年也颇不假辞色。有一件事情很有意思,抗战刚刚胜利后的 1945 年 8 月 31 日,顾颉刚在日记中贴了一则剪报,这是 8 月 27 日重庆各报刊载的《傅斯年先生谈中苏新约的感想》。傅斯年说,中国需要二三十年的和平来建设国家,并提到,中苏应当做朋友,还说到新统一的国家初期,需要对邻邦妥协。特别是在谈到有关外蒙古和内蒙古的问题时,傅斯年认为中苏关系中,外蒙古被分割的问题大家最注意,但历史却被忽略了,因为外蒙古四个汗国即车臣汗、土谢尔汗、札萨克汗、三音诺颜汗,“照法律是外藩不是内藩”,所以外蒙古与内蒙古、东北不同,与西藏也不一样。顾颉刚看到这篇报道之后勃然大怒,不仅瑜亮情结再一次拨动,爱国情绪也再一次激发,他在日记中痛斥傅斯年:“此之谓御用学者!”并加以解释说,“这一段话,当是他帮王世杰说的”。下面,顾颉刚又写道,“不晓得他究竟要把中国缩到怎样大,真觉得矢野仁一还没有如此痛快。割地即割地,独立即独立,偏要替它想出理由,何无耻也!”。他也许忘记了,当年傅斯年挺身而出主持《东北史纲》的撰写,就是为了批驳矢野仁一,捍卫东北作为中国领土的。

这也许可以让人理解,作为历史学家的顾颉刚,何以在抗战之中,会去草拟“九鼎”铭文,赞颂那个时代的“一个国家”、“一个领袖”。

四

不过，顾颉刚毕竟是历史学家，是古史辨领袖。超越传统建立现代史学的观念根深蒂固，没有那么轻易去除。在心底里，顾颉刚对于古代中国的看法，终究还是“古史辨”时代奠定的。只是在特定时代和特定背景，有些话不便直接说就是了。1943 年 10 月 31 日，他在日记里说，有人向他回忆“古史辨”当年在上海大出风头。关于这点，顾颉刚一方面很得意，一方面又很清楚，“在重庆空气中，则以疑古为戒，我竟不能在此发表意见。孟真且疑我变节，谓我曰：‘君在学业上自有千秋，何必屈服！’然我何尝屈服，只是一时不说话耳”。这是他的自我安慰，也是他的顺时之策，因为在那个太需要国家认同的时代，再强调瓦解同一历史的古史辨思想，就有些不合时宜。

历史学家常常受时代和政治影响，这也许谁都无法避免，但一旦现实情势有所改观，原本的历史意识就会卷土重来，特别是在私下里，就不免故态复萌，也会说些真心话。顾颉刚日记 1966 年 1 月 8 日有一则记载，很值得注意，他说，“（赵）朴初作文，有‘自女真族统治中国以来’一语，有青年批判，谓女真族即满族前身，而满族为中华民族构成一分子，不当挑拨民族感情。奇哉此语，真欲改造历史！去年闻有创为‘中国自古以来就是一个的大国’之说，已甚骇诧，今竟演变为‘中国自古以来就是一个统一的大族’，直欲一脚踢翻二十四史，何其勇也？”——这是一段很有意思的资料。顾颉刚虽然在抗战的时候就提出“中华民族是一个”，但骨子里却仍然相信民族的历史变迁，并不以为“中国”自古以来就是“一个”。

这种想法常常在他脑海里浮现。1964 年 1 月 8 日，他在日记中记载，“（黄）少筌谈北京史学界近况，知某方作中国历史，竟欲抹杀

1954 年 4 月 25 日顾颉刚与夫人张静秋及其子女合照。当年 2 月，科学院历史研究所聘顾为研究员，8 月顾一家进京，此后“他的《日记》和上海的五年划下了一道清楚的界线”，“折射出他的生活世界彻底改变了”。

少数民族建国，谓中国少数民族无建国事，此之谓主观唯心论！”这是一个历史学家的直觉判断。不过，形势比人强，何况家里还有一个时时令他看风向不要说错话的夫人在。在1949年以后，巨大的政治压力使得一些原本只属于历史领域的话题，由于涉及了“国家”、“疆域”、“民族”，就成了政治领域的禁区，顾颉刚也不得不小心翼翼。我在日记中看到，1964年8月13日，他对来华跟他学习古代史的朝鲜学者李址麟有些戒备，为了让自己免于犯错，他先走一步，给中华书局写信，说李的《古朝鲜史》很有问题，“朝鲜史学家以古朝鲜曾居我东北，受自尊心之驱使，作‘收复失地’的企图，李址麟则系执行此任务之一人。其目的欲将古代东北各族（肃慎、濊貊、扶余、沃沮等）悉置于古朝鲜族之下，因认我东北全部尽为朝鲜旧疆。今更在东北作考古发掘，欲以地下遗物证实之。而我政府加以优容，甚至考古亦不派人参加，一切任其所为。予迫于爱国心，既知其事，只得揭发”。

差不多半年以后，他与张政烺谈朝鲜史问题，当张政烺告诉他，历史所同仁奉命收集朝鲜史资料的时候，他才松了一口气，很得意自己有先见之明，在日记中说，“此当系予将李址麟《古朝鲜史》送至上级，及予于今年八月中旬写信与中华书局之故”。

五

读《顾颉刚日记》，断断续续用了我一个多月的闲暇时间。看完这十几册日记后，记下的竟然是一些颇为悲观的感受。历史学家能抵抗情势变迁的压力吗？历史学家能承受多大的政治压力呢？读《顾颉刚日记》，想起当年傅斯年从国外给他写信，不无嫉妒却是真心赞扬，说顾颉刚在史学上可以“称王”了，但是，就算他真的是中国20世纪上半叶历史学的“无冕之王”，这个历史学的无冕之王，能摆脱民族、国家的情势变化，保持学术之客观吗？他能遗世独立，凭借学术与政治上的有冕之王抗衡吗？

2015 年 1 月写于上海

吾侪所学关天意*

——读《吴宓与陈寅恪》

吴宓先生的女公子吴学昭用父亲的日记、书信，为吴宓与陈寅恪长达半个世纪的交往写了这本《吴宓与陈寅恪》（清华大学出版社，1992），书不厚，只 172 页，列为“清华文丛之一”。近水楼台的缘故，我先读了校样。不知为什么，读第一遍时，觉得对吴、陈始终一生的友谊，学者的迂与痴，晚年的悲剧，以及此书所披露的珍贵史料，都大有可说，但读第二遍时，感慨虽多却仿佛无话可说了。“飞扬颇恨人情薄，寥落终怜吾道孤”[1]，吴宓诗中这“吾道孤”三字，似乎便已说尽了吴宓、陈寅恪这两位学者的一生际遇、半生凄清。

一

当然，“吾道孤”的“道”应该进一步分疏。吴宓、陈寅恪虽然不是冲决一切的激烈先进，却也绝非抱残守阙的旧式鸿儒。依吴宓的介

---

* 本文原载《读书》1992 年第 6 期。

[1] 吴宓《悲感》，载《吴宓诗集》九卷，商务印书馆，2004，177 页。

绍，陈寅恪并不是时下想象的埋头书斋的考据家，而像洞察幽微、知晓天下事的卧龙式人物，“不但学问渊博，且深悉中西政治、社会之内幕”（3—4 页）。据吴宓自述，吴宓也不仅是一个热心各种社会事务的学者，而且是一个极有责任感的文人。“每念国家危亡荼苦情形，神魂俱碎”（18 页），何况他们在欧美留学多年，又亲历过 20 世纪之初的风云变幻，所以，他们心目中的“道”大约不会是旧式文人“致君尧舜上”的入世抱负或“怅然吟式微”的出世理想。

在我看来，这“道”仿佛现在所说安身立命的“终极意义”，换句话说，即人为什么生存、如何生存的“精神血脉”。正是在这一点上，吴、陈等人与时不同，也与人不同。时下讨论“终极意义”的文章很多，常常把这个“the ultimate meaning”（终极意义）当作一个抽象概念，但在 20 世纪上半叶的中国，“生存与否”却并非一个虚玄渺茫的“玄谈”，而是一个迫在眉睫的“问题”，探问人生终极意义并非书斋谈资而是拯世实需，因为价值系统解体所留下来的意义危机，已经导致了当时人实实在在的困惑，文化人突然发现思想已经失去了对心灵的抚慰作用，于是，寻觅“道”之所在，便是各式各样思潮的共同注目处，吴宓、陈寅恪也概莫能外。

在本书第 9 页至 13 页上，吴宓记载陈寅恪 1919 年末在哈佛“纵论中西印文化”的谈话应该特别注意，其中陈氏说到：

> 天理人事之学，精深博奥者，亘万古、横九垓，而不变。凡时凡地，均可用之。而救国经世，尤必以精神之学问为根基。

显然，这里所说的“精神之学问”便是吴宓、陈寅恪所谓的“道”。在他们看来，中国古代“士子群习八股，以得功名富贵”，现代“留学生皆学工程实业，希慕富贵，其不肯用力学问之意”，都是一种希图速见成效的方法，用古代的话说是揠苗助长，用现代的话讲是急用先学。一旦“境遇学理，略有变迁，则其技不复能用，所谓最实用者，乃适成为最不实用”（9页），即使是在危机四伏、亟待复兴的时代，也不可忽视“精神之学问”，因为“专谋以功利机械之事输入，而不图精神之救药，势必至人欲横流道义沦丧，即求其输诚爱国，且不能得”（10页）。于是，吴宓以其《学衡》，“欲植立中心，取得一贯之精神及信仰”（62页），陈寅恪以其学术，昭示他们的别一种拯溺觉世之“道”，一则为中国人重建终极意义的根基，一则为自己寻觅安身立命的归宿。

不能否认白璧德（Irving Babbitt）、穆尔（Paul Elmer More）的人文主义对他们有影响，吴宓是白璧德、穆尔的学生，始终认定人文主义理想“综合古今东西的文化传统，是超国界的”（21页）。陈寅恪在哈佛期间，也曾由吴宓介绍与白璧德多有交往，而白璧德也对张海、楼光来、汤用彤、陈寅恪及吴宓“期望至殷”（22页）。但是，更值得注意的是，他们思想的根深蒂固处实际更多来自理学中不断追寻心性自觉与精神提升的一路，所谓“中体西用”的“体”似乎便是以此为核心精神。这便是陈寅恪称韩愈为“不世出之人杰”，奠定“谈心说性兼能济世安民”的新儒学基础[1]，称朱熹为中国的阿奎那（Saint Thomas Aquinas），赞扬他“其功至不可没”（11页）并极力表彰天水一朝文化的原因所在。

可以与此相对照的是胡适，胡适等人受杜威（John Dewey）影响固然是不争的事实，但杜威哲学中“保存和不抛弃人类所已取得的价值的真正保守精神”[2]却在他们的挪用中被轻轻淡忘，而“实用主义”一词在普天的实用思潮中，又逐渐消失了哲学意味而成了工具主义或

---

[1] 陈寅恪《论韩愈》，载《金明馆丛稿初编》，上海古籍出版社，1980，238页。

[2] 杜威著、李崇清译《哲学的改造》，商务印书馆，1989，10页。

1927 年清华学校部分老师合影，有吴宓（前排左三）、陈寅恪、王国维诸人。

操作技巧，这背后似乎有着很浓重的、与理学判然殊途的“经世致用”实学传统背景，也有着当时危急时代需要迅速变革社会、追求富强的焦虑心情。于是，杜威关于“后果而不是先在条件提供了意义与真实性”的名言，实际在 20 年代中国起了一个衔接古代实学传统与近代实用思潮的黏合剂作用。同样留学美国，同样引进西潮，两大支流竟各执一端，南辕北辙。

后来情势的变迁不必多说了，20 世纪上半叶中国思潮大势，实在与吴宓、陈寅恪们太背“道”而驰，“实用”倚“师夷之长技”思想之传统，挟科学主义之威势，借西学诸子之阐扬，靠救亡背景之胁迫，迅速蔓延为“主义”、为“思潮”。“天下熙熙皆为利来，天下攘攘皆为利往”，人们似乎都把注意力放在了具体、有效上，现实的有利无利成了价值的尺度，短视的好取恶舍成了行为的准则，对于永久的、超越的价值的信仰却以“不切世用”而无人问津。于是，吴宓也罢，陈寅恪也罢，只好独坐书斋，以学术研究继续寻觅他们理想中的“道”。昔日孔子所谓“郁郁乎文哉”的追怀早已是一枕幽梦，今时人文主义的理想之“道”也早已荒草丛生，在那杳无人迹的小路上彳亍而行者实在寥寥，吴宓诗云：“世弃方知真理贵，情多独叹此生休。”[1]陈寅恪诗云：“世外文章归自媚，灯前啼笑已成尘”（《红楼梦新谈题词》4 页），似乎早就透出“吾道孤”的悲凉，此生也休，来生也休，真理固贵，但在鲜有人问时便成了暗途之珠，世外文章，世内人作，不能媚俗，便只能归于自媚自娱，在书斋孤灯下，在考论文章中，我们便只见到两个孤独的学者的背影。

二

在学术生涯、研究论著里寻觅人生的终极价值，恪守自己对“道”的追求，这也许并非吴宓、陈寅恪的初衷，因为在他们的心目中，“谈心说性”必须“兼能济世安民”,“精神之学问”本是“救国经世”根基，这虽然与“仓廪足而知礼节”的理路适成相反，但运思之中也未曾离开现世的人生。可是，在实用思潮已泛滥于人心，而这“体”与“用”、“道”与“术”已不能沟通时，他们只好把“精神之学问”当作“学问之精神”，在自己心灵中筑起一道抵抗大潮的堤坝，在堤坝中坚守人生的意义世界。吴宓于 1919 九年 9 月 8 日日记中用了中国古典式的语言译《理想国》（*Republic*），“自知生无裨于国，无济于友，而率尔一死，则又轻如鸿毛，人我两无所益，故惟淡泊宁静，以义命自安，孤行独往”；陈寅恪在谈话中称赞诸葛亮“负经济匡世之才，而其初隐居隆中，啸歌自适，决无用世之志”（8 页）。这大抵都是在“举世风靡，茫茫一慨”

[1] 吴宓《失眠一首》，载《吴宓诗集》卷十一，商务印书馆，2004，196 页。

之中有感而发，一半儿是自勉自慰，一半儿却终成谶语，他们后半生寻觅终极价值、实现人生意义的唯一途径，竟是埋头书斋、潜心学术。

书斋的学术并不等于“精神之学问”，更不是人生的终极意义，而只是终极意义的“替代物”。终极意义是一种抽象的、神圣的、实有无形的信仰对象，只是“个人觉得一定要对之作严肃的、庄重的反应，而不可咒诅或嘲弄的这么一种原始的实在”[1]。可是，人们不能把它绝对化到虚无缥缈的地界束之高阁，于是，在现实世界中它又常常被各种各样事物替代：虔诚于天主教者以“为上帝服务”（service of the highest）是自己的天职，渴想自己生活的修女则把基督当成她想象中代替世俗恋爱对象的人物，两者均算自己的信仰；信奉道教的百姓认定宗教能驱邪避祸、招福祐人，热爱佛教的文人则相信自然的山水溪石间有生命与精神的依托，它们都能支起价值的大厦。所以，终极意义在人心中的有无，原不可一概而论，“道”未必一定是“天道”，也可能物化为人生道路。因此，吴宓、陈寅恪他们把书斋学术当作“精神之学问”，把学者生涯当作实践“道”的途径，其实也不失为一种信仰，即对学术、对精神的真挚信仰。有了这种信仰就足以支撑人的灵魂，因为他们已经把自己孜孜不倦、旁人不屑一顾的学术研究当作了存亡继绝的神圣事业，就像吴宓译意大利米开朗基罗（Michelangelo）《信仰》诗所说的那样，“愿获无上法，超尘绝俗累，贤士所托命，宇宙共长久”。也正因为如此，陈寅恪在著名的《王观堂先生挽词序》中敢于下这一判断——

> 其所殉之道与所成之仁，均成抽象理想之通性，而非具体之一人一事。

[1] 威廉·詹姆士著、唐钺译《宗教经验之种种》，商务印书馆，2002，36页。

根本不必考究王国维之死是殉清、是被逼还是其他，只要他敢于以“死”去实现他生命的意义，他就有他的信仰，有他的理想，他就是殉“道”成“仁”。在本书第 8 页至第 9 页里陈寅恪还有一段怪论十分有意思：

> 我侪虽事学问，而决不可倚学问以谋生，道德尤不济饥寒。要当于学问道德之外，另谋求生之地，经商最妙。

切莫以为陈寅恪真的主张学者经商，实在他是不愿意看到他奉为终极价值或“道”的学问变成庸俗的实用手段。为什么？因为他觉得以学问教书或以学问当官便不能不“随人敷衍”，前者“误己误人，问心不安”甚至“煽惑众志，教猱升木”，后者“弄权窃柄，敛财称兵”甚至“颠危宗社，贻害邦家”，等于有学问的“高等流氓”。与其如此，不如将谋生的“术”与追求的“道”分开，以经商维持生计，以学问维系精神。显而易见，他们对于学术生涯，对于学术生涯中体现的那种信仰是何等的珍重，在他们的心中，那书斋伏案、灯下疾书的生活似乎不仅是他们个人精神的寄托，仿佛也是人类灵魂延续的血脉。

吴宓在暗悼王国维的《落花诗》中写了“渺渺香魂安所止，拼将玉骨委黄沙”两句，读来香艳，实则悲凉。因为下面的自注“宗教信仰已失，无复精神生活，全世皆然，不仅中国”，透露了全部底蕴。他们对举世不古的人心感到哀伤，对无力回天的现实几近绝望，唯一能安慰他们的，是他们自己心中那一脉尚存的“道”仍然不绝如缕。因此，他们在信仰消失的时代恪守对学术的虔诚信仰，在没有精神的时代追寻“精神之学问”，把终极价值与人生意义物化在自己一生的学术生涯中，于是感到了满足与平静。这种心境或许与世俗格格不入，但他们却以世俗利益为代价避免了学问的“媚俗”，陈寅恪一生坚持“不

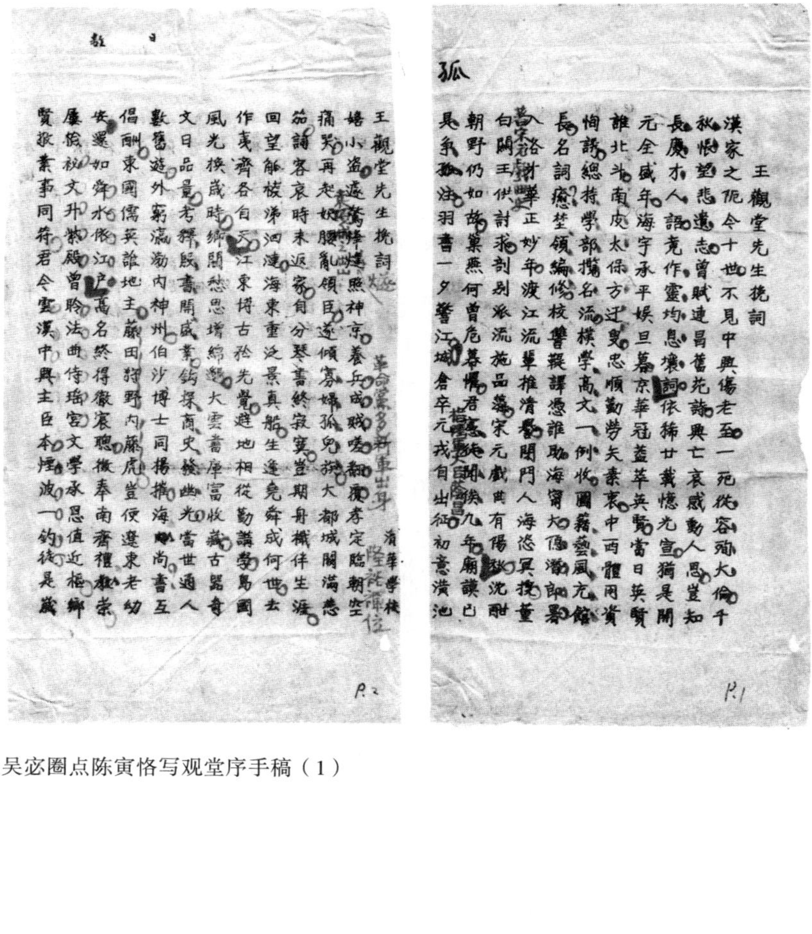

孤

王觀堂先生挽詞

漢家之厄今十世不見中興傷老至一死從容殉大倫千秋悵望悲遺志曾賦連昌舊苑詩興亡哀感動人思豈知長慶才人語竟作靈均息壤詞依稀廿載憶光宣猶是開元全盛年海宇承平娛旦暮京華冠蓋萃英賢當日英賢誰北斗南皮太保方迂叟忠順勤勞矢素衷中西體用資循誘總持學部攬名流樸學高文一例收圖籍藝風充館長名詞愈埜領編修校讎鞮譯憑誰助海寧大隱潛郎署入洛才華正妙年渡江流輩推清譽閉門人海恣冥搜董白關王供討求剖別派流施品藻宋元戲曲有陽秋沈酣朝野仍如故巢燕何曾危幕懼君憲徒聞俟九年廟謨已是爭孤注羽書一夕警江城倉卒元戎自出征初意潢池

P.1

日報

王觀堂先生挽詞

嬉小盜遽驚烽燧照神京養兵成賊嗟翻覆孝定臨朝空痛哭再起妖腰亂領臣遂傾寡婦孤兒族大都城闕滿悲笳詞客哀時未返家自分琴書終寂寞豈期舟楫伴生涯回望觚棱涕泗漣波濤重泛海東船生逢堯舜成何世去作夷齊各自天江東博古矜先覺避地相從勤講學島國風光換歲時鄉關愁思增綿邈大雲書庫富收藏古器奇文日品量考釋殷書開盛業鉤探商史發幽光當世通人數舊遊外窮瀛渤內神州伯沙博士同揚搉海日尚書互倡酬東國儒英誰地主藤田狩野內藤虎豈便遼東老幼安還如舜水依江戶高名終得徹宸聰徵奉南齋禮數崇屢檢秘文升紫殿曾聆法曲侍瑤宮文學承恩值近樞鄉賢敬業事同符君今漢中興主臣本煙波一釣徒是歲

P.2

吴宓圈点陈寅恪写观堂序手稿（1）

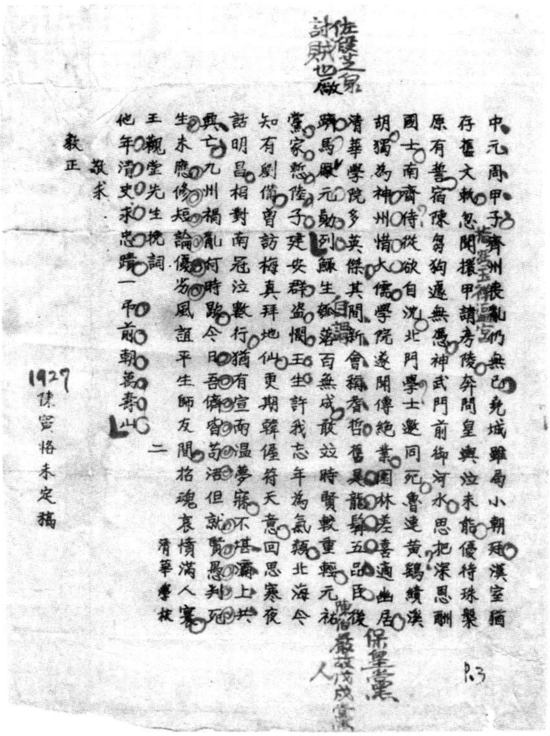

佐僕之家
討賊也敬

中元周甲子齊州亂仍無已堯城雖局小朝廷漢室猶
存舊文軌忽聞擐甲請房陵奔問皇輿泣未能優待珠槃
原有誓宿陳芻狗遽無憑神武門前御河水思把深恩酬
國士南齋侍從欲自沈北門學士邀同死魯連黃鷂績溪
胡獨為神州惜大儒學院遂聞傳絕業園林差喜適幽居
清華學院多英傑其間新會稱耆哲舊是龍髯五品臣後
躋馬廠元勳列鯫生瓠落百無成敢竝時賢較重輕元祐
黨家慙陸子建安羣盜愴王生許我忘年為氣類北海今
知有劉備曾訪梅真拜地仙更期韓偓符天意回思寒夜
話明昌相對南冠泣數行猶有宣南溫夢寐不堪灞上共
興亡九州禍亂何時歇今日吾儕皆苟活但就賢愚判死
生未應修短論優劣風誼平生師友間招魂哀憤滿人寰
王觀堂先生挽詞　二　清華學校
他年清史求忠跡一弔前朝萬壽山
敬求
教正

自謂
陳伯嚴戊戌黨人
保皇黨
P.3

1927
陳寅恪未定稿

吴宓圈点陈寅恪写观堂序手稿（2）

谈政治，不论时事，不臧否人物”，坚持“不以时俗为转移”（46页），恐怕并非只是阮籍“远世避祸”的谋略，而是一种对学问的信仰所致。他把学术研究看成是最高价值，把书斋生活当成是最高理想，这不仅使他与旧世文人以入世修齐治平为务的思想判然两途，也使他在书斋的学问始终不因现实政治、风气、时尚的变动而发生“媚俗”的方向转移或“从众”的价值浮动。

三

话又说回来，书斋的学问只是终极意义的替代物，并不能成为人类的普遍信仰，因为那只是少数学者的选择，而且只是在无可奈何之下实现人生的一种选择，即使是陈寅恪与吴宓也未必觉得这是终极之“道”，它并不能维系整个人类精神于不坠。吴宓《岁暮感怀》诗云：“治乱由心发，隆污系道存”（见108页），这“心”这“道”究竟何在？西方世界中，这一精神的任务往往是由宗教承当的，那么，东方世界中，是否也需要一种宗教（或类似宗教的思想）来维系这已微的“人心”与已危的“道心”？

且不忙谈论这一问题，先看看陈寅恪对于中国文化的一个看法。据吴宓日记记载，陈寅恪曾一再批评中国文化中“实用”的弊病：

> 中国古人，素擅长政治及实践伦理学，与罗马人最相似，其言道德，惟重实用，不究虚理，其长处短处均在此，长处即修齐治平之旨，短处即实事之利害得失观察过明而乏精深远大之思。
>
> 专趋实用者，则乏远虑……今人误谓中国过重虚理，专谋以功利机械之事输入，而不图精神之救药。

而与此相对照，陈寅恪则对佛教似大有好感，“佛教于性理之学Metaphysics独有深造，足救中国之缺失”（10页），“佛教实有功于中国甚大，而常人未之通晓，未之察觉……自得佛教之裨助，而中国之学问，立时增长元气，别开生面”（11页）。

有趣的是，这种判断又与胡适等恰恰相反，胡适虽然下大功夫于禅宗史，但他并不喜欢佛教。在《胡适自传》（口述稿）十二章里，他承认“我对佛家的宗教和哲学两方面皆没有好感”，“我一直认为佛教……对中国的国民生活是有害无益，而且为害至深至远”。这两种截然不同的见解背后，是否隐含了对“精神之学问”的价值评估？在病急乱投医的时代，人们常常会忽略这一点，即中国历来便少有真正的虔诚信仰：孔子的“祭神如神在”是对至上者敬仰的闲置，“敬鬼神而远之”的“远”字冲淡了“敬”字的心灵承负；民间的“论事不论心”、“论心不论事”是对非道德行为的宽容，时而论心、时而论事，把忏悔标准变得极其灵活，于是并无制约力；文人在“山水中求道心”，是对人生意义的艺术化处理，百姓持“善恶报应”说，更是对宗教信仰的实用化理解。前者把个人与宇宙等同为一，常常随心所欲地放旷自适，后者把崇奉神灵当作感情放贷，如无回应就怨天尤人。很少有宗教的敬畏之心，很少有信仰的炽热之情，而佛教末流取悦世俗的“权宜方便”和道教末流迎合大众的巫术仪规，也消解了宗教信仰的神圣意味。于是，祭祀往往演成了戏剧，庄严等同于娱乐，礼拜往往徒有形式，神圣变成了滑稽，所以鲁迅在《运命》里才说：“中国人自然有迷信。也有‘信’，但很少有‘坚信’。”在《难行和不信》中又说：“‘不相信’就是‘愚民’远害的堑壕，也是使他们成为散沙的毒素。”他说得很刻薄也很深刻，“既尊孔子又拜活佛者，也就是恰如将他的钱试买各种股票，分存许多银行一样，其实是那一面都不相信的”。即使是形式上信仰某种主义、某种宗教，也不过是像荣格所描述的那样，已不再是发自内心的精神需求，他们只是把各种主义与宗教“都当作星期日的衣裳，一件一件地穿了又穿，然后又筋疲力尽地一件件脱掉，丢在一旁”（《现代人的心灵问题》）。吴宓、陈寅恪处在一个价值趋于虚无、意义呈现危机的时代，对头痛医头脚痛医脚、挖肉补疮、临渴掘井的实用之风，以及对过分讲求人事功利以致忽略永恒精神的文化传统，全都深表不满，对以“虚理”为皈依、以“精神”为支柱的佛教及引佛入释的性理之学深有好感，大抵都是为了一个对终极价值的信仰——虽然他们不一定要建立某种宗教，吴宓曾经说过，“不必强立宗教以为统一归纳之术，但当使凡人皆知为人之正道”（《学衡》三期《白璧德中西人文教育说》识语）——而他们所说的“心”、“道”即在于此。

当然，吴宓、陈寅恪的理想最终归于幻灭。究其所以，“形势比人强”，除了外在情势，他们始终未能沟通“道”与“术”、“体”与“用”，即终极意义与现实价值的转换通道，也是他们未能成功的原因之一。“道”不能只是一个“不可道”的虚幻理念，它必须在每个人心中确立一种实实在在的“信仰”，而这“信仰”又必须在这世间生活中体现其意义与价值，正像陈寅恪自己所指出的，“夫纲纪本理想抽象之物，然不能不有所依托，以为具体表现之用”[1]。单提出一“道”字来，很难令人信仰尊奉，昔人批评宋儒“终日谈心说性，不曾做得一事”，毕竟切中要害。宋儒也罢，佛禅也罢，吴宓、陈寅恪也罢，当代新儒学也罢，在这一问题上始终未得到圆满的解答。超越性精神世界与世俗性人生世界，如果隔着一道鸿沟，就会使这“道”处在“悬空”状态，总是被视为“不切实用”、“迂阔荒诞”。当然，因为他们毕竟不是“达”而“兼济天下”的政治家，而只是“不达”而“独善其身”的文化人，

[1] 陈寅恪《寒柳堂集·附寅恪先生诗存》，上海古籍出版社，1980，6页。

不是为现实设计运作秩序的思想家，而只是为人类寻求永久价值的学问家。他们没有能力沟通属于他的“道”和不属于他的“术”，同时，他们也没有可能向世人展示精神世界的永久性价值，因为毕竟“道不同不相与谋”，在那个时代里，世俗世界实在太需要看得见摸得着的“实利”来抚慰慌乱的心灵了。

这就是悲剧所在，也是“吾道孤”的原因所在。吴宓与陈寅恪并不是没有意识到这一点，但是，他们终又无计逃避这一点。吴宓曾以“二马裂尸”为例，与陈寅恪谈及他“入世积极活动以图事功”与“怀抱理想恬然退隐”的心理矛盾，陈寅恪则以“解救及预防疯狂”的五个策略，为吴宓、也为自己的痛苦心灵寻找缓解冲突的镇静剂（47、67 页）。因此，他们只有退一步，以“精神的学问”为“学问的精神”，在漫天狂潮中保持心灵一叶扁舟不至倾覆。他们以“书斋的生活”为实现“道”的途径，以“学者的执着”为捍卫“道”的堤坝。

虽然，“道”并没有如他们所想的那样浸漫全人类心灵，但“道”也以其纯粹的色彩成就了他们自身。在个人学术生涯中，他们实践了对精神的追寻，实践了对信仰的执着，也实践了对学问的专一。

四

陈寅恪在《挽王静安先生》诗里有两句说：

> 吾侪所学关天意，并世相知妒道真。

前一句中颇有几分迂痴、几分自傲，后一句中更有几分孤独，几分悲凉，但我明白，这就是一种命运。“受到威胁的是一种将个人与他所处时代的广阔社会现实相联系的设想和感情”，尽管“知识分子受到主导的社会价值的排斥，但他们往往最微妙地表达这些设想，他们每天都沉浸在感情和观点的环境中”。[1] 正像吴宓《感怀》诗中所说：“愁极竟无人可语，理深终使愿长违。”[2] 等待他们的只是孤独与寂寞。

深夜人静孤灯下，再读《吴宓与陈寅恪》一书时，我便在这字里行间读到了三个沉重的大字：“殉道者”。

1992 年 4 月 2 日于京西寓所

[1] M·迪克斯坦著、方晓光译《伊甸园之门》，上海外语教育出版社，1985，28 页。

[2] 吴宓《感怀二首（二）》，载《吴宓诗集》十一卷，商务印书馆，2004，196 页。

“刮骨疗毒”的痛苦

——读《吴宓日记续编》

我一直喜欢读出版的各种日记，从翁同龢、孙宝瑄到胡适、顾颉刚，但是，阅读《吴宓日记》（三联书店，1998—1999）以及《续编》（三联书店，2006）却不算是一个愉快的事。吴宓这个人在生活上优柔犹疑，常常把鸡毛蒜皮的事情反复记叙，特别是有时会把茶杯里风波似的情感纠葛，啰里啰嗦地说个没完，以至于日记多达二十大册。数量虽多，却远不如胡适日记能呈现思想史风景，也不如顾颉刚日记富于学术史色彩。不过，当我想到他既当过清华学校研究院主任、当过《学衡》主编，又是一个历经世变又细心写日记的知识人，便想到如果把他的日记当作史料阅读，也许，感觉和心情就会不一样。的确，如果你如果注意到他是一个经历了1949年前后两段历史的、坚定的文化保守主义者，他又是什么感受都往日记里写的人，日记里面呈现的又是这一类知识人在时代巨变中的心路历程，大概就很有看头了。这二十册尤其是后十册写于1949年到1974年的日记，两年前我在北京时就开始翻看，耗时逾月，插籤数百，到上海后，虽然诸事丛脞而被迫放下，但最近因为生病住院而有了一些空闲，便有一次从贴了签条的地方仔细摘录，记了上万字的笔记，左思右量，终于写下了下面这些文字。

一　五四旧怨未能消？

进入新中国之后的吴宓，之所以一直不能融入新时代，照他的自述，主要不在政治而在文化。他对于新政权可能有些敌意，所谓“哀郢当年犹祀楚，为儒此日但歌秦”，把政权变更说成是秦灭楚有些过分，而怀念祀楚而厌恶歌秦，则表明他无法认同新朝，所以，才有“世变身孤恨我生，为师老逐重任行”这种沉重的诗句，这使他把遭逢“世变”的哀怨始终藏在心底。但是，应当注意的是，日记也曾经表明，他与很多畏惧动荡和变迁的知识分子一样，这些不满在吴宓那里，始终只是“内心之感想，皆宓自言自语、自问自答之词。……只有感想而无行动”（第一册，111 页）。真正使他不能抑制愤怒和悲怨的，倒是文化上的大变动，他说，如果按照新时代的做法，那么“中国及世界数千年之学术文艺、典章制度、风俗道德，倏忽澌灭俱尽”（1952 年日记，第一册，341 页）。在他看来，政治压抑可以忍耐，大不了做个沉默的旁观者，而文化摧毁则掏空了人的立身根基，使他这样的心灵根本无法存活。

种种文化变动中，最让他寒心的，是新时代对旧文字的毁弃。在日记中我们看到，他未必是从理论上认识语言文字与文化传统的关系的，但是，从直觉上他却意识到，文字语言对中国文化的意义，也许，是因为他对五四新文化运动倡导白话文始终耿耿于怀，多年后想起来，他还愤愤然说，“近世妄人，始轻文字而重实际劳动与生活经验，更倡为通俗文学、白话文学之说，其结果惟能使人皆不读书、不识字、不作文，而成为浅薄庸妄之徒”（第二册，287 页），因此，当他看到新中国开始搞简化字方案，他更觉得这对于传统中国文化有如釜底抽薪。1955年，他读到吴玉章主持的《汉字简化方案》，就痛苦地在日记中说：

> 宓读之大愤苦。夫文字改革之谬妄，吾侪言之已数十年，最主要者，汉字乃象形，其与拼音，至少各有短长……中国人以数千年之历史习俗，吾侪以数十年之心濡目睹手写，尤能深窥其价值与便利处。（第二册，146—147页）

如果说这段话的意思还不够清楚，那么，下面这段话就把道理说得很明白了，他说，“中文重形西文重声，中文入于目而止于心，西文出于口而纳于耳……以文字本质之不同，养成中西人数千年不同之习性……昔人谓‘中国以文字立国’，诚非虚语。而文言废、汉字灭，今之中国乃真亡矣”（第二册，287页）。在他这二十年的日记中，我们一再遭遇他对简化字和白话文的愤怒，“所最恨者，白话已盛行久，今又有汉字之改革”（第二册，308页），一直到1965年，在思想改造学习会上吴宓被迫承认自己思想错误时，仍然强硬地表明自己“对中国文化，尤其文字、文学，极崇爱，坚持保守，反对文字改革及简体字，更早曾反对白话及新文学”，虽然他在后面也加上“此是地主阶级所产生之封建主义保守思想”这样貌似“检讨”的话（第七册，115页），但凡读日记的人都能想象出来他口服心不服的模样，因为他自己说，自己在中国文化之中，就像“人赤身站立在染坊之靛汁瓮中者”（第七册，3页），浑身内外都浸透了这种文化色彩，所以他承认自己无可救药，“宓思想属戊戌维新派，慕梁启超，欲效其《新民丛报》而自编杂志，但宝爱中国文化”（第七册，119页）。

宝爱中国文化，就首先得珍惜中国文字，他觉得，中国文化就深藏在这些优美的文言和象形的汉字之中。在日记中屡屡看到他痛心疾首，当他看到这个一切从新的时代，居然把夫妻称为“爱人”，把未婚夫妻说成“朋友”时，就觉得“中国之伦常关系与社会组织、经济基础同遭破坏，并其名词亦不得留存于史书中矣”（第一册，171页）；当他看到汉字改革后“简体俗字之大量采用”时，又觉得这将导致“所谓中国人者，皆不识正体楷书之汉字，皆不能读浅近之文言”，最终连四书五经、韩文杜诗也无法读，因而“五千年华夏之文明统绪全绝”（第二册，308页）。1956年，他与人讨论《理想国》的译文，讨论到英文中 country 和 state，究竟应该翻译成“国”还是“国家”，当他听到有人认为可译为白话的“国家”而不必译作文言的“国”时，他又勃然大怒，因为他觉得，现在的双音词如什么“要求”、“历史”、“思想”都是学了苏联，简直是画蛇添足（第二册，530—531页）；一直到他晚年的1972年，看到《人民日报》上“以占为佔，以象为像，以减为減，以泛为汎，以后代後”，就又勾起他对简化字的愤怒（第十册，210页）。不过，似乎没有办法，他只有长叹道，“文言废、汉字灭，今之中国乃真亡矣”（第二册，287页）。

对于这一文化史上的巨大变动，他往往会上溯到“五四”，旧时的文化恩怨，在他这里实在太深太长，“近世文字改革，已至极端，其始则由胡适等之白话运动，故凡主张白话，而以白话破灭中国文字之人，宓皆深恨之而欲尽杀之”（第二册，530—531页）。胡适在他心中就是应该杀千刀的文化罪人，可是有趣的是，当他面对以简化字变本加厉摧残传统的现象时，他又觉得，就连过去的对手胡适也可以容忍，为什么？因为“其心固犹爱中国者也”（第二册，148页），倒是目前的形势使他很绝望。1957年和1959年，他两次在日记里说，当局有三条他实在不能接受，其中最重要的一点，“中国之宗教、历史、文化，中国人之道德、风俗、习惯，尤其中国之文字，决全部废除，并加以曲解与改革"(第三册，139页)，"文字改革，废文言、行简字，割断中国文化之历史根苗，于是学术教育徒成虚说"(第四册，129页)。

可是，吴宓毕竟是一介书生，不仅迂阔，而且还有些自恋和懦弱，在那个时代，他不得不清醒地意识到，"今后恐即文字改革亦不能参加异议，舍'忍舍止默'外，无他途矣"(第三册，108页)。

二 "思想及主张毫未改变"

尽管明知"忍舍止默外，无他途"，但是本性毕竟难移，"赤身站立在染坊之靛汁瓮中"太久，吴宓很难保持缄默，至少在他每天必写的日记中，他还是忍不住要说上几句。"思想及主张毫未改变"，是1961年8月8日吴宓跑到广州中山大学看望陈寅恪后，对陈寅恪的印象和评价，而"思想及主张毫未改变"这句话，用在1949年后的吴宓身上似乎也差不太多。逆水行舟，不进则退，毫未改变的人在大变动中，就仿佛于逆水中不进之舟，看着"识实务"而扯了顺风帆的船，就觉得浑身不愉快。因此，他的日记中对"与时俱进"的老朋友，似乎就有些不敬和微词，尽管他们过去在文化上曾经是自己同路人。比如，他对冯友兰在解放后屡屡自我批评十分不屑，"恒必作文登报，如以掌自批其颊，不顾羞耻"(第二册，228页)，对熊十力作《乾坤衍》也很鄙夷，说他"未免比附阿时，无异康有为之说孔子托古改制以赞戊戌维新耳"(第五册，163页)，特别是对过去《学衡》时代的同道汤用彤，他看到汤氏总是以今日之我否定昔日之我，则在日记中记了这样一笔，"昨在文史图书馆，见1955出版之《印度哲学史》及《魏晋哲学史论稿》，书中彤所作自序，则对自己平生所学，全部蔑弃而加以责评，且以责参加反动的《学衡》及以文言撰述，深自引咎之云。噫嘻，此彤所以能任北京大学副校长至十年以上，而恒得安富尊荣也，岂无故哉”。看着老朋友纷纷倒戈，想到陈寅恪能“不降其志，不辱其身”，而且“天子不得而臣，诸侯不得而友”，气得他甚至把汤用彤这个昔日老友叫做“今之冯道”（第五册，463—464 页）。

有人说他顽固，他确实顽固。从观念上说，吴宓的顽固来自两方面的熏染。一方面他深受儒家士大夫传统的影响，对日新月异地背离传统的社会风气觉得不习惯，也始终保有士大夫精英的优越意识。有一件小事很有典型性，1964 年，在那个“劳动人民最伟大”的口号挟政治正确之威势，如潮流般不可阻挡的时代，吴宓看到一个工人以残忍方式杀父之消息，儒家士大夫的精英意识就浮出心底，马上联想到“今方以工人及贫农为最高尚优秀之人，而痛斥旧习惯、旧礼教为遗毒害世，急图消灭之不遗余力，而不知五千年儒先之教化，孝悌、仁爱、慈惠等感情，犹在人心，今已有此类杀父之行为，则数千百年后，中国人凶恶暴狠过于猛兽之时，汝□□□□□□□，又安能稳坐江山，使六亿人俯首听命耶？”（第六册，259 页）他始终相信，中国文化的基本精神是孔孟之儒教，而且儒家学说应当是“政教之圭臬，万世之良药”（第二册，307 页），因而总是要举出“保守主义”的旗号，说自己之所以固守儒家文化，是“深知灼见中外古今各时代文明之精华珍宝之价值，思欲在任何国家任何时代图保存之，以为世用而有益于人”（第三册，352 页）。另一方面，留学美国的吴宓又深受西方民主思潮和人文主义的影响，在进入红彤彤的新时代后，吴宓总是觉得不适应，生命最后的二十几年里，他与这个新风气格格不入，因为从西方留学时接受的价值观念常常会心底泛起。比如，对于当时控诉美帝的活动，他怎么看怎么觉得好像 17、18 世纪欧美基督教中鼓舞精神、增强信仰的功夫，却不像启蒙之后的独立自由思想；对当时社会把资产阶级思想与无产阶级思想对立起来，把前者看作“罪恶”而后者叫做“道德”，他就会联想起欧洲中世纪“恒言魔鬼、上帝势力之争战，皆虚空之抽象，舍离人而说是非善恶，皆穆尔先生（Paul E. More）所谓‘绝对的魔鬼’（Demon of Absolute），谬妄实甚”（第六册，312 页）。

这就很麻烦了，在那个时代，你仍然抱着儒家精英传统和西方民主思想，不像那些识时务者那样“顺我者昌”，就得像飞蛾扑火那样“逆我者亡”。如果对当时社会稍以同情地理解，你会知道，当时大多数人可能一方面有实际的利害思量，一方面则有真心的拥戴心情，正如雷蒙．阿隆（Raymond Aron）在《知识分子的鸦片》中所说，革命、平等、解放等理念和口号，会产生一种绝对信仰，使很多人沉浸在一种类似宗教的心情和经验，尤其是当他们真心觉得自己处在一种既可以拯救全人类又可以救赎自身的行动中的时候，就会像“早期的基督徒，期待一种新世界的来临”，所以，多多少少会真心拥抱，或者姑妄权宜、随风飘荡。可是，吴宓却不是这样，这也许和他性格固执甚至精神偏执有关，他始终在心里抵抗。他看到官员“督责朝朝催跃进，唯阿事事效趋从”，看到文人“日从伐鼓鸣钟集，惯听嗔莺叱燕声”，他觉得知识分子的集体臣服，实在不可思议，可是，痛苦的是知识阶层仍然是“为王前驱”者多，在他看来，就好像“蜂蚁入场承旨训，蜿蜒列队耀旗旌”。在这种激荡的风波雷暴之中，他如一叶扁舟上下飘荡，明知这是无济于事的抵抗，但他没有别的办法，因为他是“人赤身站立在染坊之靛汁瓮中者”，就像他自己说的那样，即使要改造，也仿佛“海水洗墨”和“刮骨疗毒”那样，只好挣扎在“艰难与痛苦”之中（第一册，257 页）。

三 “保全自己，即所以保全中国文化”

1952 年 9 月 1 日，他平时相当崇敬的王恩洋来和他见面，王恩洋深通佛学，吴宓对他向来景仰，不过，当王恩洋盛赞当局，并且劝他“应竭力与之合作”时，吴宓仍然内心抵触，只是答应“卷而藏之，善自韬晦，以待其时”，尽管他表面唯唯，但从日记中也看得出来，他心里想的只是“保全自己，即所以保全中国文化”而已（第一册，409 页）。

举世皆醉我独醒，吴宓当时觉得，自己身负文化重任，既不能像两千多年前的三闾大夫屈原或者二十多年前昔日同事王国维那样投水自沉，也不能像他心中想象的英雄豪杰那样揭竿而起，他想象自己委曲求全，是因为一身可以延续和保存中国文化之传统。1958 年，当他通过外文资料看到了《日瓦戈医生》的梗概时，他就很感慨地写道，“自悲屈辱苟活，同于帕（斯捷尔纳克）氏及其书中之日瓦戈医生，而宓一己理想之高洁是否胜过日瓦戈，亦不敢言，但卑屈与怯懦，则实与彼同耳”（第三册，546 页）。尽管他在日记中想象自己像一个敢言的斗士在与风车大战，一而说“生此时代之中国人，真禽犊之不若，悉为牺牲”（第一册，171 页），再而说“唯物论全部根本之谬误”（第二册，40 页），三而言某公是“强欲以暴力改变全世界，而灭绝东西德教、学术、文艺”（第五册，514—515 页），但是，在现实中他也还是不断提醒自己，在鸣放与整风中要“忧危谨慎与消极敷衍”（第三册，117 页），并且时时自我警告，“今后勿再代人操心，君子思不出其位，而沉默寡言，庶几免乎”（第四册，99 页），这种低调是为了多一层保护色。

可能吴宓有些自恋，也有些自大，不过他倒是真心觉得，自己钟爱的文化可以保留在自己拥有的文字之中，文字留下的，是对过去的历史记忆，是在现世的亲身经验，也是给未来的文化资源。所以，吴宓格外珍重自己拥有的文字资料，看到自己箧中的《甲寅周刊》，他会唏嘘不已，“直至深宵，万感交集”（第二册，477 页），翻看大木书箱中的《学衡》，尽管已经被批判为反动保守的杂志，仍然会激动不已地想起过去的岁月，特别是他自己的日记和诗歌，更是格外看重，“文化大革命”中的 1967 年除夕，他回想自己一生，觉得“平生过年，

1973 年的吴宓。此时吴宓已年老体衰，自忖活不过 1977 年。

未有如今年之悲凄者”，为什么？因为红卫兵抄走了他的全套《学衡》、所留存的《吴宓诗集》，以及1910年到1966年的全部日记，当这些文字离他而去，他觉得自己真是被掏空了似的，“经过此次‘交出’之后，宓的感觉是，我的生命，我的感情，我的灵魂，都已消灭了”（第八册，38页）。特别令人感触的是，1973年也就是他生命最后时刻发生的一件事情，老迈的吴宓以为，曾被没收又被发还的、自从《诗集》出版后三十八年的诗作文稿被盗，他顿时觉得天塌地陷，觉得自己一生最大的不幸降临，以至于后来一连好多天都念念不忘、悔恨不已，谁知5月23日发现，原来就在自己的箱子中，破涕为笑的吴宓，大喜过望，在日记中浓浓地写了一笔，“于是十七日以来之忧苦尽释矣”（第十册，394页）。

尽管他1949年的日记，已经被小心翼翼的有心人焚去，使得他的心路历程中有一段关键时期湮灭无痕，无法推知他在巨变漩涡中心时节的感受，这颇让人觉得遗憾。不过，吴宓写的《诗话》、《诗集》，他编的《学衡》，以及这些庞大的《日记》，最近已经陆续重印或出版，有关他的一些零星资料，也渐渐被钩辑出来了，我曾经在清华大学图书馆的阁楼上，也找到过他给当年学生批改作业、绘制封面的遗迹。通过这些文字资料，倒真的让我们看到了他昔日的大体心情。不过，他是否还有其他的文字留在天壤之间呢？最近，无意中看到报纸上刊载一条消息，由于西南师大中文系资料室失火，有人猜测，也许祝融之灾使得吴宓当年留下的资料在内的很多文献被付之一炬，如果真是这样，我想，这对吴宓在天之魂恐怕又是一次打击，因为他一直太看重这些文字了，他觉得，在这些文字中，有文化的精灵，有传统的精神，也有他一生怀抱的希望，我真的不知道，在另一个世界的他，会不会再次惊呼“我的生命，我的感情，我的灵魂，都已消灭了”？

谋万国知识之沟通*

——现代学术转型时代的袁同礼与文献学

今年是我在美国普林斯顿大学担任“普林斯顿国际学人”(Princeton Global Scholar) 的第三年。三年里，常常能够与寓居普镇附近的袁同礼先生哲嗣袁清教授见面。这一次，袁清教授托我为即将出版的《袁同礼先生纪念文集》写几句话，虽然我生也晚，无缘亲见袁同礼先生，但我想这是义不容辞的事情，不仅因为袁清先生是我的学术前辈，更因为袁同礼先生也是我从事的这一学术领域最值得尊重的先驱者之一，他所经手的种种古书和编订的种种目录，更是嘉惠学林久远。作为后辈，我愿意在这里写下一些我的感想。

一

三十多年前，我在北京大学读的是古典文献专业，这一专业有号称“六大门”的基础课，即目录、版本、校勘、文字、音韵、训诂。

---

* 本文原为国家图书馆编《袁同礼纪念文集》卷首弁言（北京，国家图书馆出版社，2012）。

其中，目录之学更是重中之重。古代中国历来有“类例即分，学术自明”、“辨章学术，考镜源流”这样的老话，意思是说，目录虽然看起来只是书目，但它的部次类别却关系到整个学术思想的变化与界定，所以，汉代刘向《七略》、班固《汉书 · 艺文志》确定六部分类，就让后人看到那个时代历史学尚不独立，而数术、方技、兵书等实用知识却占据了知识世界的半壁江山，人文并没有成为中国独大的知识传统；而到了唐代，看到《隋书 · 经籍志》中史部由附庸蔚为大国，数术、方技、兵书却退缩在诸子一部之中，则让人知道那个时代博物之学与各种技术渐渐淡去，历史学作为政治合法性依据的地位渐渐提升。后代也是如此，知识变化深刻地体现在目录之中，我曾经举过一个例子，《山海经》、《十洲记》、《神异经》这些原本在目录中归为“地理”的著作，到了清代乾隆年间，《四库全书总目》则把它归入“小说家”，这说明中国对于世界的知识，已经从想象的“天下”变成实际的“万国”，而这种变化正是列文森（Joseph R. Levenson）在《儒教中国及其现代命运》中说的，中国从传统转型到现代的最重要特征。

有人会把目录之学看成是图书馆的编目上架等琐碎事，把收藏古籍看成是文人余暇或秘室庋藏的玩意儿，可是，实际上知识分类恰恰是学术史的大事，而收藏古籍则是现代学术传续古代传统的凭藉。当年，袁同礼先生的好友胡适提倡用现代科学的方法整理国故，就需要图书馆来收藏古籍和编制目录。当近代中国受到西方新知识的冲击，昔日使用的经史子集四部传统知识分类，不得不向文史哲政经法等现代知识分类转化，个人雅赏与古物收集为主的藏书楼，不得不向提供资料的现代图书馆转化，这在学术史上，就是所谓“数千年未有之变局”，主持图书馆事业的学者首当其冲，便不得不面对这种知识史上的变局。近年来，欧洲学者所谓“新文化史”研究，普遍相当关注印刷术、出版商、图书馆、百科全书以及目录学的变化，就是为了说明这种知识转变、文化转变与社会转变之间的深刻关系。中国同样如此，为了适应变局，自从梁任公《西学书目表》等新型书目以后，中国学者便在传统目录分类上变化腾挪，直至图书馆普遍接受杜威十进制分类法或其他新分类法，用新框架对旧资源进行重新清理，这就是“知识史的现代转型”。包括袁同礼先生在内的中国学者，都曾经在这些方面努力，他们努力地把各种中国书籍包括古籍，纳入这些新知识分类系统，尽力收集各种版本的古书，在中国建成现代的图书馆，所以学者们才说，袁同礼先生是“现代中国图书馆事业的领袖人物”、“现代中国图书馆事业的奠基人”。

我不想在这里重复那些故事，比如他曾经主持的中英文《图书季刊》（*Quarterly Bulletin of Chinese Bibliography*）在中国现代学术史上曾经有多少意义，他如何在1941年为保护古籍善本不被掠夺而四处奔走，几至“精神病大发”（胡适语），也不再重提他修订和编制《美国国会图书馆中国善本书目》的业绩，这些在这部纪念文集中都有了。这里，我只想郑重地提出“现代”两字来讨论，应该说，传统目录和藏书楼走向现代目录与图书馆，其实也是中国现代转型的一个重要方面，它与科举制度笼罩下的学问转向现代大学的学科知识，传统经学转向现代哲学、传统文章学转向现代文学，传统考据学转向现代文献学、历史学，一同构成了知识史和文化史在中国现代形成的大潮流。

二

在这里一一列举袁同礼先生的贡献，有些不合时宜。不过，我想特别提到他所编的《西文汉学书目》（*China in Western Literature*）。纪念文集中所收周欣平教授的文章，已经详细介绍这部著录了一万八千种资料的书目（里面也包括中国出版的各种西文翻译论著）。我想强调的是，虽然原来这部书目只是为西方学者查检中国有关论著而作，可是现在看来，其实对中国来说，它更有一种重新审视西方对中国的认识史的意义。这里，我想引用陈寅恪先生的术语来说明，当年陈寅恪先生曾说，现代学术必须“预流”也就是进入国际学术大潮流，否则就会“不入流”。在学术日益全球化的时代，所谓“进入国际学术大潮流”，虽然并非亦步亦趋，追随西洋东洋学术风气，但闭目塞听，不了解国际中国学的“行情”却是不行的，当年陈寅恪借评价王国维现代学术成就总结现代学术研究与传统文史之学不同的三点，即“取地下之宝物与纸上之遗文互相释证”、“取异族之故书与吾国之旧籍相互补正”、“取外来之观念，与固有之材料相互参证”。我想，后两条也可以理解为，广取西洋中国学之论述，与吾国学术之著作互相比较，可能这正是当今中国学术真正“预流”的途径之一。

1931 年，袁同礼先生在阐发北平图书馆使命时，就已经清楚地说到，“中外大通，学术界亦不闭关自守……谋万国知识之沟通，化除畛域之见，以跻世界于大同也。吾人深愿以此通中外图书之邮，为文化交通之介”。而这部编纂于 1958 年、多达 800 页以上的目录，正是这样一部“谋万国知识之沟通”的著作，现在来看虽然编纂时代早了一些，但仍然是了解这一学术领域，特别是异域有关中国的学术史“行情”的最好工具书，令人欣慰的是，它已经作为《袁同礼著书目汇编》的第二种，在中国由国家图书馆出版社重新影印出版。

三

有人说，我们是没有亲炙大师的一代学人，意思是说，中国二三十年代现代学术转型时期的学术前辈，如梁启超、王国维、胡适、傅斯年、陈垣、陈寅恪等等，也包括袁同礼先生，在我们进入学界之前便已经过世，他们的珠玉謦咳、音容笑貌，这一代都无由得见，所以不免对学术真谛缺一些深切体会，对学人风范少一些真正传续，这一点我也深有体会。不过，有一些学术香火，是可以从回忆、著述、传闻中隔代延续的，那些消失的风景也许还会在种种记忆中复活，这就是我们读回忆录、看纪念集、读昔人日记的意义。也许，我与袁同礼先生还算有一些小缘分，记得我在读书的时候，我的老师阴法鲁先生就让我们去看袁同礼先生的宋明清藏书史研究系列论著，当年我在北京图书馆北海本部与柏林寺分馆查找资料撰写《古诗文要集叙录》时，也时时受惠于袁同礼先生早年的编目和保存。还特别要提到的是，1916 年到 1920 年，袁同礼先生曾经在清华工作，七八十年后，我也曾经在清华任教十余年，隔了时代遥遥相望，我总觉得我应该写一些什么，来纪念这位可敬的前辈，让不曾亲炙那一代学者的后辈学人，了解那个时代中国曾经有这么出色的学术大家，在总是烽火连三月的情势下，仍然艰苦卓绝地推动了中国的现代学术转型，而这一转型至今仍在延续之中。

2012 年 4 月 3 日写于普林斯顿

重读潘光旦*

——为《潘光旦文集》出版而作

过去曾经读过潘光旦先生的一些著作，这次重读北京大学出版社新出版的《潘光旦文集》十四卷本，不免又有一些感想。

一

作为一个文史研究者，我很感慨潘光旦先生著作中表现出来的深厚文史功底，也很感慨潘光旦先生在社会学人类学研究中的历史意识和问题意识。我不是很了解社会学界的情况，如果把潘先生算是社会学家，而社会学这一学科的基本构架是来自西方的，它处理的基本上是共时性问题，那么，给我这个外行的感觉是，他似乎比一般的社会学家要更关心中国的社会、中国社会与西方社会的同异以及这种同异的历史来源。不妨去读《冯小青：一件影恋之研究》、《中国伶人血缘之研究》、《明清两代嘉兴之望族》、《开封的中国犹太人》以及《性心

---

* 本文原载《光明日报》2001 年 7 月 19 日。

理学》的注释，大体上我们可以知道，在社会学的一般方法之外，他充分运用了他的传统文史知识，使通常的社会研究，增加了时间或历史一维，从而他的研究总是那么有立体感和纵深感。特别是《性心理学》的注释，真是令人叹为观止，在这种看似旧学的注释形式中，来自西方的性心理学与中国的历史现象便交汇在一起，西方理论获得了中国文献的支持或修订，中国历史有了西方现代视野的观察，其实这可以说是一个很好的研究方法和范型，可惜至今我还没有看到有类似的后续研究。

老一辈社会学家甚至自然科学家，都有很好的旧学基础，也有很好的文字表达能力，我平常很喜欢读吴文藻、陈达、费孝通、竺可桢等先生的文字，潘光旦先生的著作也同样清通简明。说句不太中听的话，他们不像现在的某些社会学家的作品，一眼看上去满纸生涩，仿佛古人说的“佶屈聱牙”，而且总是像“报告”，仅仅依靠数字支撑理据，不容易让人读下去。记得很早的时候，我读《明清两代嘉兴的望族》，就觉得现在的博士硕士学位论文，应当像这样写，既规范又清楚。显然，文化修养的厚薄、学术训练的高下、历史知识的多寡，在所有的写作中都会表现出来，潘先生当年在这本书中曾经暗示说，文化、学术、道德修养，自然要有很多社会与经济条件，但这也是要靠世代的“教育”和“遗传”，才能得到的。

一个学科的风格和传统也是这样，那么，什么时候我们年轻的社会学家们，论著才能写到像潘先生那样清通流畅？

二

社会学家潘光旦的研究领域并不都在中国历史与文化中，不过，让人佩服的是他对于中国历史的敏锐和洞察，绝不在历史学家之下。

他在社会学研究的时候,涉及的一些历史问题,恰恰就是大问题。比如,他关心宗族的问题,关心科举的问题,关心民族融合的问题,其实都是中国历史的大关节。从后设的角度去看中国历史与文化,它与西方社会与生活之差异,恰恰出现在这些大关节上:宗族的存在,使得中国社会结构、人际关系甚至国家观念都与西方不同,宗族和士绅处在国家与民众之间,使得中国的“国家”与“个人”的紧张,与西方封建制度相当不同,因此各自进入现代之后的情况也相当不同;科举对于社会阶层的流动与升降的意义,也已经被很多人所注意,它使得中国官僚制度和社会结构和西方形成差异;而在民族融合过程中,汉族中国与四裔的关系也相当重要,朝贡体制下的中国那种复杂的世界主义心态和民族主义意识,对外族那种既宽容又自负的态度,也是中国境内各个民族融合与冲突过程中不断出现的大问题。这些都在潘光旦先生的关注视野中,我想,很大的原因就是潘先生是从他所研究的“社会”反观历史,从而注意到了形成现在这个社会的历史中,究竟什么是最重要的因素。

读《文集》第十一卷的日记,看到晚年的潘先生仍在每天读《明史》、读《通鉴》,摘卡片,记心得,真是有些感慨,社会学和历史学真的是那么不同的两个学科,真的像大学中的制度那样有清楚的畛域,分属社会科学和人文学科吗?如果不是这样,那么我们怎么去教育现在学生,不要被后设的学科制度限制了自己的视野呢?

三

说到潘先生的遗传学、优生学理论。我想说一些题外话,在很长的时间,学术和政治总是分不开,遗传学、优生学在一段时间内,似乎与一些类似纳粹的政治问题连在一起,似乎它与人种优劣、种族清洗、大屠杀之类的事情有关，这种“理论的政治嫌疑”，其实是没有分清学术与政治的各自界限，很多理论本身并没有政治动机，它要成为政治性的意识形态依据，是需要经过一系列的解释和运用的，理论不能替政治负责，这就好像制造菜刀的工厂不能为用菜刀杀人的罪犯负责一样。

潘光旦先生的身影曾经在一段时间淡出了中国学术界，其中原因当然并不仅仅是由于遗传学、优生学的连累，而是整个社会学学科甚至是整个中国学术的大背景，不过现在要重新认识潘先生，却还是要对遗传学、优生学有一番重新认识。最近若干年来，遗传学甚至是行为遗传学的理论又开始被重新评价，比如当前美国就有这样的研究，人们在破解基因密码的同时，也在探索人的“行为”、“心理”是否也可能遗传，这本身是一个事先不预设答案的科学研究课题，它与纳粹时期的“种族论”、文革时期的“出身论”无关。潘先生的遗传学、优生学的意义其实也需要这样重新评价，他在那个时代引进这样的理论，并且很用力的提倡这种遗传和优生，他是怎么想的，我觉得这种理论的时代意义，似乎还没有被学术史充分认识。当然说起来，潘先生并不是一个完全的“遗传决定论者”，他也很重视后天的外在的“遗传”，即世代相传的教育和培养，我们怎样在这个时代重新认识那个时代社会学家潘光旦的焦虑和思索，恐怕还要仔细琢磨才是。

不是旅行季节的旅行 *

——读罗常培《苍洱之间》[1]

据列维－斯特劳斯说，通常人们都把旅行看成是空间的转换，其实旅行不仅在空间进行，同时也是时间与社会的转换，他说的是人类学家们在世界不同社会间的漫游，意思是当人类学家们从这一文化区域到另一文化区域时，他的眼中，不仅是地理空间变换，而且历史时间与社会文化也在不断变换。不过，我在这里并不想谈论人类学家目标明确的学术旅行，而是想谈一谈 20 世纪 40 年代一个学者的旅行。如果说旅行同时在空间、时间、社会文化三度中进行，那么，今天读 40 年代罗常培的四川旅行记，就更多了自今溯往的半个世纪的历史维度。

一

在四川的旅行，其实不是旅行而是出差，他和梅贻琦、郑天挺一起去四川出差，其实那还算不上出差，区区几千里行程，只不过在四

---

* 本文原载《中华工商时报》1997 年 3 月 5 日。

[1] 罗常培《苍洱之间》，辽宁教育出版社，1996 年。

川兜了一圈，却花了3个月，坐过飞机，但只有一次，也坐过轮船、汽车甚至黄包车、滑竿，不时有惊慌，也常常有愤怒，“行期的大部分都耗费在等车，候船，汽车抛锚，山洪冲断公路……许多想不到的事情上面”（7页），读他的旅行记，真是体会到了什么叫“蜀道难”，他用了一个李白诗的名称来命名他的这本旅行记，现成而且贴切。

要知道罗常培是著名的语言学家，同行的郑天挺也是著名的历史学家，而梅贻琦更是堂堂西南联大的校长，大小也算是个官员，放在今天，大概虽不能前后簇拥而行，也不至于如此艰难。但是，那是40年代的抗战时期，交通不像现在那么方便，他们常常会买不到车票，要雨夜摸黑走路，常常甚至还会坐在汽车的货箱里饱受一颠两三尺高的苦头，就是上了轮船，也还要“拿着几张凉席和油布去占位子”（30页），食宿也不像如今那么考究，他们不时地要挤在一间七尺见方、潮湿黑暗或者熏风恼人即充满了人与猪粪气味的地方，而且常常要饥肠辘辘，体会一下孔子陈蔡绝粮的滋味。更糟糕的是，他们还会遇见日本飞机的轰炸，不仅可以看见“栋折榱崩，瓦砾遍地”和“胆断肱飞，血肉模糊”的惨景（69页），弄不好连生命都有危险，比起钱锺书《围城》里方鸿渐、赵辛楣那一路往三闾大学，似乎还要艰难些。

在不是旅行的季节旅行的确艰难，而艰难让人领教了那个时世中的风气人情。买不到票的时候，一个不大不小的官儿大喝一声，“我们的票是拿卢比买的，难道不让我们走吗？”说毕就可以带了秘书携大大小小十几包舶来品“气宇轩昂的大踏步走上飞机”，虽然教授罗常培也气得不行，但最后还是只能想“横竖秀才遇见官，有理也含冤，他们既然不尊重社会秩序，你可有什么法子”（9页），原来外币和官员在那个时候已经凌驾于一切之上了。乘黄包车打尖的时候，车夫把他们带到自己早已串通的地方，他们四人“随便叫了三个菜，每人要摊到六块多钱”，可是那些车夫却在一旁大吃大喝，“有菜有汤，每人只出两块钱”，“两下里的收入和消费恰成反比”，不由得罗常培不叹息，“十年寒窗不如一辆车皮”（32 页），原来脑体倒挂和吃回扣的风气也早在国难中已经如此。就在那个空袭警报时时作响的时代，叙府青年服务社的精益饭店居然还有“劈劈拍拍打得正欢的七桌麻将”（29 页），“商女不知亡国恨，隔江犹唱后庭花”的事情，不只是在陈代的江南，也不只是在民国三十一年的四川。

二

但在不是旅行的季节旅行，那些艰难也让人看到了那个时世中还有另一种人情风气。一面当然是“华北之大，已安放不下一张平静的书桌”，但一面也需要在兵荒马乱中安放一张平静的书桌，保留下几个读书种子，就保留了文化的血脉。就在空袭警报不断的李庄，董作宾的房间里堆满了研究天算的材料，马学良在精心地撰写他的《撒尼倮语语法》，刘念和在《史记》、《汉书》里辑考古代音韵旧说，李孝定在董作宾的指导下编一本甲骨文字典，而今天还健在的，当年是北大文科研究所的学生的任继愈先生则在那里默默地写他的《理学探源》，而罗常培一到那里，就找了杨光先的《不得已》来细看，“为是和我从前根据《程氏墨苑》里利玛窦的罗马字对音及金尼阁的《西儒耳目资》所作的那篇文章互相印证，好把清初的官话系统弄得更清楚一点儿”（23—24 页）。把学术和思想当成自己生命意义的知识阶层，似乎真的有那么一点固执，也常常有这么一点不切实用的幻想。

用光了所有的积蓄，回来后还生了一场恶性疟疾，但是，在这些事后写的旅行记中却看不到任何沮丧和抱怨，正如冰心在 1942 年序里说的，“三个多月困难的旅途，拖泥带水，戴月披风，逢山开路，过水搭桥，还仓皇的逃了好几次警报，历尽了抗战期中旅行的苦楚”，但是他们却“愤激而不颓丧”，从这本旅行记那从容不迫的文字中，你的确能体会到一个学者“秋月春风般的人格”（4页）。我想，读了书的学问人，毕竟心地与那些狐假虎威、贪赃枉法、蝇营狗苟或醉生梦死的人不同，罗常培看到患肺病的空军，尽管自己也常常陷入困厄，还要心底祈祷航空委员会和航空学校注意学生的营养卫生，看到路上的农民家四个女人四个孩子的苦状，也会想到佃户们已经卖光了谷子，连苞谷也吃不上。能不能在自己“茅屋为秋风所破”的时候想到“安得广厦千万间，大庇天下寒士俱欢颜”，恐怕就是“人与禽兽之间几希”的那一点“几希”处，用学究气的话说，就是有教养就是思想与情趣越出自身的需要与经验，把自己的理想换回人所说的学者的固执和幻想。

三

罗常培（1899—1958），1919年毕业于北京大学，历任西北大学、厦门大学、中山大学、北京大学教授，西南联合大学教授，1929年任历史语言研究所研究员，1950年任中国科学院语言研究所所长。著有《汉语音韵学导论》、《临川音系》、《唐五代西北方音》、《贡山俅语初探》等。这次辽宁教育出版社把他的《蜀道难》、《苍洱之间》等随笔游记合为一编，以《苍洱之间》为名，收入《书趣文丛》第三辑出版。

顺便可以提到的是，本书后面有一篇写得很好的《跋》，不知怎的，印刷时却遗漏了作者的名字[1]，从文字上看，大概是与罗常培先生同时代的前辈，也是提供这一本底本的人。可是，一时的疏忽，却使我们不知道这位“看过他十六七岁时的整本日记，也看过他40年代日记的散页”的有眼福的人究竟是谁。

[1] 该书1997年7月第2次印刷时在跋语后补上作者落款，系罗常培的学生兼在社科院语言所共事多年的同事周定一。——编者注

学问的意义毕竟久远*

——读《周一良集》

一

在这样短的篇幅里，谈论周一良先生的学问是很难的，可是谈《周一良集》而不谈周先生的学问却是不行的。还记得我好几次到日本访问，都曾听到那边著名的学者屡屡对周先生学问表示敬意，比如我很尊敬的两位，已经退休的京都大学教授谷川道雄和还在任上的京都大学教授吉川忠夫。有一次，请日本学者撰文推荐他所喜爱的中国古代经典和现代名著各一种，吉川忠夫先生推荐的，古代经典是《世说新语》，而现代名著，就是周一良先生的《魏晋南北朝史札记》。

读周先生的魏晋南北朝史论文和札记，总觉得他是以坚实的文献学功底、广阔的社会史视野和深入的文化史眼光，来寻找研究思路和探索历史问题的，这一点很像陈寅恪。民族交融、宗教信仰、区域差异、制度变迁等概念，实际上常常是他研究时的潜在框架。所以，在那些

* 本文原载《中国图书商报》1998 年 10 月 30 日。

看似专门的论题背后，有相当深广的社会与文化背景。且不说《乞活考》、《南朝境内之各种人及政府对待之政策》、《领民酋长与六州都督》、《论宇文周之种族》等长篇论文，就是《札记》里面那些短短的笔记，其实也有相当大的背景。随意举一个例子罢，比如我很有兴趣的《灵宝》一条，就是虽简单但很有启发性的，尽管日本大渊忍尔和法国康德谟都曾经撰写长文讨论过“灵宝”的问题，但论文都只局限在道教经典和思想上，而周先生这一条札记，却从当时桓玄以“灵宝”命名，说到桓玄后来沙汰佛教徒，与“信奉天师道颇有关系”，而一旦篡位，又“不复从天师道立场压抑佛教”，指出“信仰服从于阶级，宗教固仍须服务于政治斗争”。

其实，这背后正蕴涵着南北朝时代的佛教与道教、家族与政治、政治与宗教的一个大话题。

二

并不是说周先生的学术领域仅在魏晋南北朝史，从这部大体收集了周先生论著的集子里可以看到（当然文集仍不完整，例如周一良先生批评美国魏鲁南对《魏书·释老志》的翻译和注释的重要书评，就被遗漏了），周先生对日本历史、佛教文献的研究是相当深入的。周先生对日本的研究积学日久，甚至比他专攻魏晋南北朝史还早，从小在私塾请日本人教日语，到后来在哈佛师从叶理绥，到在美国教日语，到回国后接受了亚洲史的教学任务再度研究日本，其实，在这方面花的精力并不比魏晋南北朝史少，看他早年写的《大日本史之研究》，就可以明白这一点。至于佛教的研究，前年我读钱文忠翻译出来的、周先生在哈佛大学的博士论文《论唐代密宗》，就觉得极其精彩，虽然只是几个唐代密宗僧人传记的译注，但几乎勾勒了唐代密宗全盛期的历史。至于早就读过的关于《牟子理惑论》的考证、关于佛典翻译文学的论述和关于中国的梵文研究，一直给我一个相当深刻的印象，即在佛教研究方面，周先生的文章也已经是第一流。他在哈佛读书时用“拼命”的精神学了梵文，毕竟还是有结果的。

其实，不必我费力介绍，现在辽宁教育出版社用很精美的装帧出版的《周一良集》，所有五卷就是按照《魏晋南北朝史论》、《魏晋南北朝史札记》、《佛教史与敦煌学》、《日本史与中外文化交流史》和《杂论与杂记》来分的，大体已经标识了周先生的治学领域。不过，这种卷次的顺序，是否透露了学界对周先生这三个领域研究的评价？我私下问过一些中外朋友，大家似乎公认周先生的学问，确实是魏晋南北朝史第一，佛教史与敦煌学其次，而日本史的研究，相对影响不如前两领域，尽管他和吴于廑先生还合作撰写了一度发行量相当大的大部头教材《世界通史》。

原因是什么，我不能妄言。

三

关于周先生，近来人们谈论较多的，是他那本自传《毕竟是书生》。1994 年在日本的时候我就读过这部书日文版的一部分，它曾经让我感慨很多。的确，周先生前半生曲折的心路历程，这部自传封面那个包含了太多感慨的书名，很容易让人产生很多联想。中国这几十年的历史，有太多的动荡，中国这几十年的政治，也有太多的陷阱。书生意气，挥斥方遒，比陈寅恪先生年轻一代的周先生，自然免不了被动荡所震撼，于是，难以洗尽世俗的社会关怀，大多数知识分子的强国理想，一旦变为政治，不免看不到陷阱，陷进去就难以自拔，而个人的学术研究一旦被这种从属于时代的政治所影响，也不免把持不住准星而动

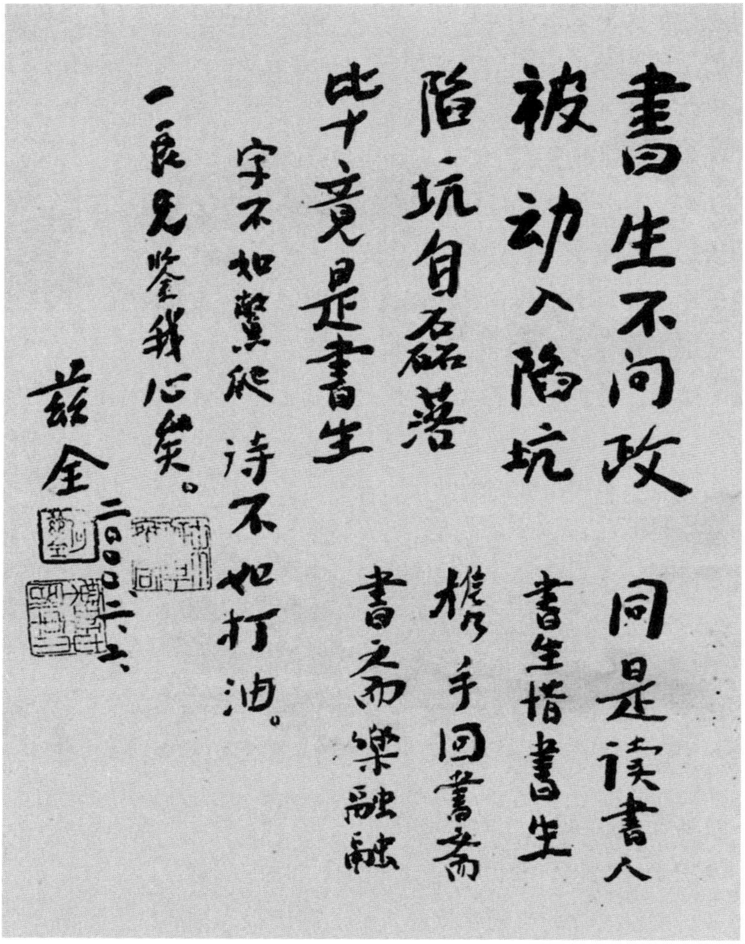

在周一良去世一年后的 2002 年，何兹全为纪念老友写下的打油诗

摇，周先生的学术研究之进境迟速与成就大小，便恰与这种时代的变化若合符节。

其实，就是写《毕竟是书生》这一举动，依我看也毕竟是书生。当然，做书生并不容易，以书为生的学人只能以书为生活，以书为归宿，也只能以书中的学问来较量短长，否则连当书生的资格都没有，周先生有这样精彩和深刻的著述，当然算一介书生。可是，我想问的是，对于周先生这样的学者来说，那个时代为什么不能给他当定书生的环境，使他不必改变自己的学术兴趣？在那个时代，周先生为什么不能真正地过他的书生生涯，反而相当自愿和自觉地做“驯服工具”，以致怠慢了自己真正钟爱的学问？

说起来，学问的意义毕竟比政治更久远。

1998 年 10 月 9 日于圆明园东

“正晌午时说话，谁也没有家”*

——1977年杨联陞回国记

1977年夏天，在哈佛大学已经教了近三十年书的杨联陞（1914—1990），收拾行李准备回北京探亲。尽管这已经不是他第一次回北京，“文革”中的1974年，他就已经回来过了。但不知为什么，临行前，他心底仍有隐隐的不安。这也难怪，他患精神毛病好多年了，近二十年前发作的时候，曾经被送往精神病院，甚至还被锁链绑手脚，靠电击治疗。虽然此后病情稍好，但在临行前，他的日记中仍反复出现“心情不佳”（1977年6月5日）的字样。他不断做噩梦，在梦中“大呼‘我要死了’”（1977年6月12日）。在抑郁的心情中，为了兑换旅行支票的事情，又和夫人反复争吵。在日记里他写道，“此次旅行，因不可料之情形太多，实不能无戒心……在大陆，（李）光璧逝去，（周）一良已不在原位（任太太信），家人失和，种种令人不快之事。近日每晚半夜后皆服 Lilenur，仍不免有心焦之梦，此情郁郁，无人可语，语亦无人真解也”（1977年6月5日）。

---

* 本文原载《读书》2014年第1期。

心底尽管不安，但他决心仍然要回北京，因为年迈的老母亲和一双子女都在那里。

一

说起来，杨联陞先生的心病，实在是由来已久。

2009年秋天，在我访问杨联陞后半生始终生活的美国哈佛大学时，一个偶然的机会，我看到哈佛燕京图书馆目录中有杨联陞日记。据说，这份日记之所以保存在这里，是因为杨联陞在哈佛的同事陆惠风，本来打算写杨联陞传记，便把捐赠给台湾中研院的日记全部复印了一份，按年分装为四十几册。可惜的是，陆惠风先生后来离开了哈佛东亚系，兴趣转移，传记的撰写和出版当然就落空了，这些日记也就静静地锁在哈燕社图书馆的另一处藏书地点，直到这一年秋天，我请马小鹤先生帮着调出来之前，似乎关注的人并不多。

日记有四十多册，从杨联陞在哈佛读书之后的1944年开始。在那个时候，看得出来他的心情还不错，日记上的字迹也相当清秀，他在哈佛大学一面听课念德文，一面泛览杂看，攒了一肚皮杂学。在那里的生活似乎很舒适，他帮着编写中文文法，代陈观胜上上课，闲来便看看书，如黑田源次的《日本绘画所受西洋画之影响》（1944年2月6日）、陈寅恪的《唐代政治史述论稿》（1944年2月26日），也看看电影看看戏，时时还打打麻将，在那里和吴于廑（保安）、张隆延、刘广京、王伊同等人来来往往，也经常与当时在美国的胡适见面聊天，或写信讨论学问，看来过得很轻松。不过，就在这一年的1月11日的日记中，记有“夜寝不安，乱梦颠倒”，13日的日记又说“夜寝不安”，3月26日的日记最后，又记下一句“乱梦颠倒”，似乎预示了什么。

1941年杨联陞（左一）、任华、雷乐民、周一良在哈佛的合影。当时杨赴美不久，担任贾德纳的研究助手。次年，杨联陞获得了哈佛大学的硕士学位，并开始攻读博士课程。（照片由杨道申先生提供）

从后来的日记看，这种夜间乱梦颠倒的噩运，似乎一直在纠缠着他，让他始终处在一种紧张和不安之中。

杨联陞的心病，当然有很多原因。不过从他自身的原因说，一半儿来自他自期太高，涉足的领域也太广，把自己弄得很苦。虽然表面上看，他并不很高调，他不像何炳棣，何炳棣与他煮酒论英雄，会自负“天下英雄唯使君与操耳”，而他则敬谢不敏，绝不敢接这个话题。不过，他心里其实自负得很，总觉得洋人的中国学问有限，中国学者的国际视野不足。但是，另一半儿也许来自他在异国却做本国学问，又毕竟在洋人地盘上讨生活，正常言所谓“人在矮檐下，不得不低头”。这让他常常感到很憋屈和苦闷。不要说他，就连在中国地位有如“文艺复兴之父”的胡适也觉得压抑，1955 年 12 月 19 日胡适曾经给赵元任写信说，他自己这几年不在美国教书，“一面是许多所谓‘汉学’、‘支那学’家总有点怕我们打入他们的圈子里去，一面是这种人在政治上又往往是‘前进’分子，气味也不合”。所以胡适不得不“退避三舍”，更何况杨联陞。其实，杨联陞心底里对研究中国的洋学者并不很买账，后来享有盛名的史华慈（Benjamin Schwartz），那时他就有些瞧不起，当他听到费正清推崇史华慈，“不惜大言欺人，竟称渠为佛教史专家，又称其学力过于 Reischauer（按：即赖肖尔）”的时候，就很不以为然，对费正清“好用权术”很是警惕，在日记中告诫自己“与之相处，真需小心也”（1955 年 2 月 18 日）。

二

本来，在 1946 年初他以《〈晋书·食货志〉译注》拿到哈佛大学博士学位不久，先是有浙大张其昀（晓峰）的聘约，后又得到傅斯年和胡适到史语所任职或者北京大学任教的邀请，他曾经都很动心。4 月 17 日，他到纽约看望病中的胡适，与胡适说好要回国任教，6 月底他想到即将要离开美国，甚至“作书留与贾公（Charles S. Gardner），几乎泪下”。那几年中，由于抗战胜利，好朋友陆续离开美国，1946 年 9 月，周一良回国了，1947 年韩寿萱、冯家昇、王重民也回国了，1949 年王毓铨也回去了，到了 10 月，老舍也回国了，“谈学问的朋友越来越少”。但不知道为什么，他终究没有成行。也许，正如余英时先生所说，他终究是个“纯粹学院式的人物，对于实际政治不但没有兴致，而且视为畏途”[1]，他并不像胡适那样有“道济天下之溺，文起八代之衰”的抱负，在中国处于战争纷乱之际，一介书生，下不了回国的决心。

有关回国一事，在他的日记里面有两件事情值得注意。一是1946年4月19日他开车去纽约布鲁克林26号码头去看陈寅恪，谈了六个钟头，陈寅恪曾告诉他“国事可虑，不知究竟如何”，一周后，他在纽约与何炳棣一起吃茶，他说国共合作后会有一二十年和平，但何炳棣却郑重告诉他，“五年内恐有巨变”（1946年4月19—25日）。也许这些师友的判断，对他是否回国产生了悲观的影响。二是1949年6月29日他和胡适一道吃饭，胡适说到“象牙塔不能再住，须救火”，这表明胡适心中对故国的关怀犹在，而杨联陞却婉言劝他三思。过了一个月，胡适给他的一封信中，在谈论诗歌的同时，用了杨联陞的一句，“待等秋风落叶，那时许你荒塞（《论学谈诗二十年》85页中“塞”作“寒”）”，并在下面加上一个问号，说“诗是你的，‘?’是我加的”。胡适的话说得含糊，但杨联陞却明白，这是胡适“表示不能脱身局外之意”（1949年7月28日），但杨联陞毕竟不是“身系中国命脉”的胡适。

有国不能回，只好寄人篱下，然而在美国，“长安居大不易”，这使他很紧张。其实，当时身处异国痛感飘零的人何止他一个，最近重读陈毓贤女士的《洪业传》，就感受到连洪业这样的大学者，在剑桥的生涯都不免窘迫，更何况杨联陞。他没有何炳棣那种“抡斧头排头砍去”的霸气，何炳棣可以和陶柏（Irene Taeuber）大吵大闹，可以找费正清当面理论，但杨联陞做不到；他也没有胡适那样的通脱平和，胡适即使在普林斯顿葛思德图书馆处于一生中“最暗淡的岁月”里（周

[1] 余英时《论学谈诗二十年——序〈胡适杨联陞往来书札〉》，载《论学谈诗二十年》，安徽教育出版社，2001，ix页。

质平语），也始终平静和从容。杨联陞生性忠厚而且谨慎，虽然他喜欢朋友，常常在家招待客人，嗜好打麻将、听戏和下棋，一辈子与何炳棣友善而崇敬胡适，在日记里也常常褒贬学界同仁，但毕竟只是做中国学问的纯学者。他很在意学生的评价，也在意同事的态度，更重视同行学者的月旦，从日记里看到，有一次他代史华慈给学生上“上古中国思想”课，看到有学生五十多人，他就很卖力，讲完之后学生鼓掌致谢，更使他受宠若惊，回来后便在日记里重重地记上一笔，“自己亦觉得所讲颇能深入浅出”（1960年4月30日）。特别是，法国学界前辈泰斗戴密微称许他是“少年辈第一人”，同是哈佛同事的美国中国学泰斗费正清也承认他是汉学界“第一人”，更使他自期甚高，“绝不作第二人想”。可是，这种无形压力却给他巨大压力，也摧残着他的精神，1958年4月，他虽然在哈佛大学终于晋升教授，但是这种长期的紧张，却使他在下半年大病一场，在他的日记中，我看到了他内心里惊心动魄的紧张和冲突。

9月28日，他在日记中自己在给自己宽慰和解脱，说“人生百年，同归于寄，何如各尽其职，做一日和尚撞一天钟，反而比较积极”。但是，这种自我宽慰好像没有什么作用。10月5日，他在日记中又写道，“亦觉余自己多忧之可笑，然多忧恐仍是有病之故，又因病因忧，觉得诸事无味，目下最要紧是勇气，要鼓起勇气活下去”。其中，“勇气”两个字写得特别大，显然是在暗示自己要有活下去的“勇气”。可是，精神上的困境并不能只靠自我暗示来缓解，终于在11月9日，他去看了医生，知道不能不服药和治疗。但是，他还是想自己解决，于是第二天他在日记中写道，“近日毛病在运思不能自休，自卑心理亦重”。他始终在内心与自己的忧郁和紧张交战，过了两天他又写道“细想结论，悲观心理必须打退，乐观时，勿过分（昨日见大夫自信过强），心理科医生之帮助有用（对病尤不可悲观），（更不可怕花钱），作茧自缚，勿怨他人”（1958 年 11 月 12 日）。

在这种纠结缠绕的心情中，他甚至想到了写遗嘱。11 月 14 日，他致电他最信任的美国前辈贾德纳教授，当他知道也有精神疾病的贾德纳要写遗嘱的时候，他觉得自己也应当写遗嘱，并安排说，“遗产应分一半与宛君（夫人），半分子女四人，希望贾（德纳）及任之恭、沈树祝、刘子健为监护人”。在贾家写好遗嘱后，他自己签了字，让贾德纳也签字。可是他刚刚回到家，马上就大为后悔，“不该让贾公自己愁烦时为加心病”，立即以颤抖的声音给贾夫人打电话表示抱歉，过了一会儿，他再次致电贾宅，请立即毁去遗嘱。

这半个月里，他始终自怨自艾，时而自我宽慰，时而怨天尤人，在睡梦中也会辗转反侧，焦虑不安，终于不得不住进医院。到了 23 日夜里，他不断做梦，不断醒来，处在极度的错乱之中，“就寝后约一小时，忽然自醒，说‘未太迟’。戴起眼镜，穿睡衣，找护士，令其开门，说宛君一定被拘留（又曾想过，可能将来二人皆变疯狂，长期同住医院）。护士说无此事，余遂与二三人挣扎起闹，后来有人为余打针（有人说：若出事，须赔百万元。余云：百万元不止）。又记得有人抬余至一处，即不记得。二十三日醒时，手脚俱有锁链（余先呼寒，有人为盖被），仰卧。余呼‘余臂折矣’，后有人开锁，余起立即云：‘余是杨某，余夫人在何处’（又曾发怒）。答云：杨太太不在医院。”这些天，每天他都要吃安眠药和镇静剂，一直到 12 月初，才搬回单人普通病房。

三

在那个时候，华人在美国学界，并不是只有杨联陞这样很受压抑的人，也有春风得意而且满不在乎的人，像何炳棣。

在杨联陞的日记里，多次提到何炳棣。杨联陞很早就认识何炳棣，对这位同样来自中国，在美国学界打出一片天地来的清华同门，杨多少有些敬畏，但又偶尔有些腹诽，他深知何的气大心直、自视甚高。这一点从何的自传《读史阅世六十年》中也可以看到，何炳棣眼界很高，对芝加哥洋人同事顾里雅（Herree G. Creel）满腹意见，对同辈华人学者如刘子健、王伊同、房兆楹、牟润孙，以及后来对张光直、杜维明也都有非议。不过，他对杨联陞倒始终是青眼相看，多次表示希望杨联陞到芝加哥大学，与他联手，也真的动员芝加哥大学校方礼聘杨联陞，但是又常常不服气杨联陞，总是要和他比较长短。1963 年 8 月，他到哈佛时先是对杨联陞说，最好芝加哥大学能设立一个讲座，请杨联陞去担任，但接着就问，哈佛是否有可能请人来做正教授？当然指的是他自己有无可能从芝加哥跳槽到哈佛，“自报年薪一万四”。接着他又向前几年已经当选中研院院士的杨联陞暗示，希望明年杨能够提名他为院士候选人。最后，可能为了自尊和面子，他又对杨联陞半是炫耀半是夸张地说，他将会获得学术奖章，编号是第五号，反复追问杨联陞所获得的奖章是第几号。

最为人熟知的故事，就是他曾经与杨联陞煮酒论英雄，认为只要他们两人联手，汉学界即无人能敌的故事。这在 1968 年杨联陞的日记中是这样记载的，“何（炳棣）又云：近日你我，可比竹汀、瓯北。余（杨联陞）说：我兄之史或过瓯北，弟之渊博万不敢比竹汀”（1968 年 12 月 26 日）。这件事情一定不假，因为在何炳棣的自传《读史阅世六十年》中，也专门有一段记载他如何在芝加哥大学鼓动聘请杨联陞，他确实曾向两任校长乔治·毕都（George W. Beadle）和爱德华·李维（Edward H. Levi）说过，“（杨联陞）不是一般所谓的历史家，却是一位非常渊博的汉学家，虽然他主要研究兴趣是中国经济史。杨和我二人联合的拳击力（one-two punch），绝不亚于任何西方和东方著名学府中史教研方面最具代表性人物的力量”[1]。可是，杨联陞不像一帆风顺的何炳棣，他的傲气是藏在心里的，虽然不敢自比钱大昕的谦虚话是这样说，不过也许何的话正挠到他的痒处，所以在这段记载后面，他也加上一句很暧昧也很费琢磨的话，“不过，何能到西洋来唱一出 sinology 之戏，如彗星一闪而逝，将来亦不望再走此路也”。

心里纠结缠绕的自负和压抑，也许正是让杨联陞不能免于精神疾病的原因？

四

1977 年，六十四岁的杨联陞在忐忑的心情中踏上回国的旅程。这一段的日记本上，他和他夫人宛君的笔迹交错出现，同一份日记中呈现了两个人的行迹和心情。

尽管他 1974 年 8 月已经回国一次，还得到廖承志的接见，故国情况，他多少还是有些了解。不过，1977 年毕竟“文革”已过，跨过粉碎“四人帮”这道门槛的中国，究竟会变得怎样？他心里始终忐忑不安，“大陆情况，甚不了了”，不过，行前“知张光直一家亦将去”，启程后又发现王伊同一家也同行，更是稍稍有些安心。那时美国与中国之间没有直达航班，他们经瑞士苏黎世（Zurich）中转，7 月 4 日晚上到达北京，经过一番折腾，终于下榻王府井北口的华侨饭店，他的日记中记载说，住在七楼二号，“虽然是最高楼，但是还是听见外面声音，尤其是钟点未换过来，很早就醒了”，这时已经是北京的 7 月 5 日清晨。

好在这个时候的北京，毕竟不像 1974 年。这个时候“文革”已经结束，中外交往也渐渐松动。杨联陞在女婿蒋震的陪同下在北京、西

[1] 何炳棣《读史阅世六十年》，香港商务印书馆，2004，343 页。

安、洛阳、郑州转了一圈，大体上还是很愉快的，在日记里面可以知道，他曾见到了吕叔湘、夏鼐（据《夏鼐日记》卷八，1977年7月8日条记载，夏和他会面，“虽是初次见面，他颇健谈”，可见他的心情还不错）、史树青、王力、朱德熙、白寿彝、王毓铨、胡厚宣等学界旧友，也参观了北大、琉璃厂、民族宫、历史博物馆、半坡遗址、大雁塔、陕西博物馆、龙门石窟、河南省博物馆等等，故国风物，让久离家乡的他很感慨。7月19日从陕西到河南途中，他口占绝句一首，“居夷生老到中原，最喜山河抚旧颜。新寨新林看不足，轮车已过几重关”，故国情思显然让他心情激动，他似乎对这个陌生的故乡又有了一丝认同，还特意在北京写下了一份简单的自传[1]，就好像是一个预先温卷的“投名状”。

不过，那时中国虽然结束了“文革”，但生活状况也还是让人糟心，真所谓“人穷志短，马瘦毛长”。从美国回来的杨联陞夫妇，在那时自觉不自觉地，做了赈济扶贫的人。和当年海外回来探亲的人一样，杨夫人从美国启程的时候就带了四只大箱子，装满了给家人的各种礼物，行李超重，一路上总是心惊胆战，怕被没收，生怕这一团“好心得不到好报”。到北京看到杨联陞年迈的老母亲，也是悲喜交集，细心的杨夫人一眼看到，老人床头只有一只电扇，电扇还不能摇头，怕对着吹出病来，睡觉的时候只能关上。在北京的时候，见了国内的亲戚就要送些从友谊商店才能买到的礼物，各个亲戚处都要给一些美元（这是当时海外回国的人的惯例）。虽然女儿忠平很体贴，女婿蒋震也照顾周到，但家里的事情实在不是杨联陞夫妇能够摆平的，生活水平也已经是在美国波士顿生活几十年的他们不能接受的。更何况国内学界的情况，杨联陞也颇有不满，虽然他自谦是开“汉学杂货铺”的，

[1] 见蒋力编《哈佛遗墨——杨联陞诗文简》，商务印书馆，2004，3—8页。

1977 年杨联陞与夏鼐、吕叔湘合照（由杨道申先生提供）

但也并不觉得国内文史学界了不得，何况因为交流渠道闭塞的缘故，无论是西北大学学者不知平冈武夫之长安研究，还是北师大白寿彝不懂欧美之中国研究，说明闭关锁国很久的中国学界，已经不能与海外中国学界对话了。

五

也许是因为身在海外的缘故，杨联陞的诗文中，会常常出现“家国”、“游子”、“海外”、“异国”这类词眼儿。前面说到，1946 年胡适希望他学成归国加盟北大，但又深知他们另有“宿约”而不能即来的时候，曾经用他的诗稍加修改送给他，其中有“虽然不是家园柳，一样风流系我思”两句，说“北大近来不敢多约人，正因为前途无把握，故怯于‘自媒’”，呈现了胡适既期待他回国，又恐怕误他前程的犹豫。杨联陞非常感恩于胡适的宽厚,所以后来也曾用这首诗中的“家园柳”，写下“何必家园柳，灼然狮子儿”两句，连同胡适给他的书信复印件，转赠给他次年即将离开哈佛去耶鲁的学生余英时，以表示唯适而安、居不必定所的意思。但毕竟故国情思仍萦绕心间,“问醉乡和梦乡，去家乡谁近谁远？”。归国与去国，真是一个难以抉择的事情，杨联陞在反复彷徨之后，终于定居美东，在异域终老，只是心里不免还有牵挂和遗憾，

“故国梅开几度花，余香惹梦到天涯。封侯拜相他人事，养得妻儿便算家”[1]，这是在他刚刚加入美国籍的1961年12月写的。正如苏东坡所谓“吾心安处是故乡”一样，尽管杨联陞在北京上有老下有小，也因为做中国学问而常常有故国情思，也曾经说到，将来中国变化，“我这个失落番邦的教书匠，接触面广一些，将来或有可备顾问之处”[2]。但是，“认同”这个事情，并不是像种族和血缘那么简单的，什么地方会给他提供一个“安心”，什么地方就可能更像“家”。更何况文化依恋、政治服从、宗教信仰、民族关系，这些认同要素常常会被种种原因扯得四分五裂。中国人好讲“家国”，什么地方是“家”，什么地方才能算“国”。可正如白鲁恂（Lucian W. Pye）说的，你能把这个地方当做“家”，说明你对这个地方有了“认同”（identity），“identity”可以翻译成“认同”，也可以翻译成“归属”，还可以翻译成“身份”，可是“认同”这种情感很怪，尽管民族、国家、语言与风俗常常是它的基础，但是，它仍然会被其他力量撕扯，仿佛心灵中有几方在一起拔河。前面我说，杨联陞不像胡适，有那么清晰的政治认同和理性立场，

[1] 杨联陞《早晨梦醒成小诗》,《哈佛遗墨》，商务印书馆，2004，250页。

[2] 致杨忠平（1977年9月12日）,《哈佛遗墨》，363—365页。

杨联陞也不像何炳棣，有那么极端的人生决断和政治投入。故国情思、生活条件、学术环境、制度认同，使他始终犹豫彷徨。尽管他也让亲戚和子女识时务，在信里说些免于忌讳的话，如“你们都在新社会为人民服务，各有一定的工作，我很高兴”[1]，“新中国前途光明，也可以说‘多难兴邦’”[2]，“辩证法唯物论是真理，我也有粗浅的认识”[3]。但我猜想，他自己心里却未必服膺这种“米汤”，他毕竟在美国多年，还是一个“学术本位的自由主义者”，尽管他可以做到“让政治的归政治，让学术的归于学术，使这两个领域不相混淆”[4]，但他不能换了“身份”去“归属”那个他心底里不能安心的“家园”。所以，一直到生命的最后几年，他还在感慨“梦回身尚在天涯，花果飘零哪是家”[5]。

不知道为什么，写到这里，我心里却涌上一句《林海雪原》里的土匪黑话，叫“正晌午时说话，谁也没有家”。

2013 年 5 月 6 日至 8 月 2 日断断续续写于上海

【补记】关于杨联陞日记，原来知道它的存在，是因为余英时先生与王汎森兄都提到或引用过这份日记。另，据蒋力编《哈佛遗墨——杨联陞诗文简》后附《我的外公杨联陞》说，蒋力的舅舅在 1998 年去探望杨联陞夫人即蒋力的外婆缪鉁的时候，也曾经“协助外婆整理了外公四十余年的近五十本日记”，但是，我始终没有看到有整理过的文字发表或出版。

[1] 致杨忠平（1975 年 8 月 4 日），《哈佛遗墨》，315—316 页。

[2] 致杨仲耆（1975 年 9 月 17 日），《哈佛遗墨》，317—319 页。

[3] 致杨道申（1975 年 10 月 22 日），《哈佛遗墨》，321 页。

[4] 余英时《论学谈诗二十年——序〈胡适杨联陞往来书札〉》，《记学谈诗二十年》，10 页。

[5] 杨联陞《梦中无路不能回家，甚觉急躁》（1985 年 12 月 9 日），《哈佛遗墨》，290 页。

特别需要说明的是，在我写完这篇随笔的时候，才看到山东大学刘秀俊的《“中国文化的海外媒介”——杨联陞学术探要》(2010)，在这篇专门研究杨联陞先生的博士论文中，他已经相当多地引述了这份收藏在哈佛燕京学社的杨联陞日记。

重读杨联陞日记*

一

你问我今年暑假读什么书，我实在不好意思，因为前段时间赶写两篇演讲稿太累，所以，暑假里没读什么书，只是重读了过去读过的两部日记。暑假的前半段在哈佛，在哈佛燕京图书馆读杨联陞先生日记（复印本），后半段回国，又开始重看台北联经出版公司的《顾颉刚日记》。这两部日记都很好看，其中，杨联陞日记2009年就匆匆看过一遍，也零零星星复印过一些断片，但这一次重读，看到感兴趣的段落，还是要用纸把它抄下来，我的记性不好，要抄一遍才记得住。

我读杨联陞日记，当然是为了了解学术史。不过，往往也被里面一些学界轶闻、名人趣事所吸引。里面故事很多，很多人也看过，比如余英时先生，不过他可能没有那么多时间，所以不会看那么仔细；王汎森兄也看过，因为日记原件在台湾中研院史语所。我在哈佛燕京

* 本文是我口述，盛韵女士整理，原载《东方早报·上海书评》2014年11月9日。

图书馆看的是复印本，为什么有这个复印本？据说，是因为杨联陞的学生陆惠风，当过他晚年的助手，原本打算写杨联陞传，所以复印了一份放在哈佛，但后来陆惠风因故离开哈佛，日记的复印件就一直搁在那儿了。后来，陆陆续续也有人看过，但我看的重点是"人"，因为当年剑桥的杨联陞家是个学术大码头，我想看看他那儿来来往往的人，当然主要是学者，通过他们来看看学术史，还有美国的中国学界的一些情况，也可以看看学者之间的互相影响和彼此关系。

半个暑假在美国，半个暑假在上海。回国以后又再看《顾颉刚日记》，也一样是为了通过顾颉刚了解现代中国的学术史。重读的目的有两个，一个是从学术上看，顾颉刚及古史辨派在深层旨趣上，其带有深刻怀疑性的历史研究，原本有点儿瓦解"中国"同一性历史渊源、同一性文化认同以及同一性中华民族，但他在抗战的时候，为什么又好像放弃了过去的立场，变成了一个极端捍卫"中华民族是一个"，非常维护"中国"的同一性、完整性，甚至还会撰写献给领袖的九鼎铭文这样一个人呢？另外一个是，我想看看，他的这种观念，到了解放后又有什么变化，为什么？他在民国年间已经进入主流，成为著名学界领袖，那他在解放后是怎么过的？他怎样适应变化的时代环境？这里面当然还有别的故事，有时让人看得很伤感，无论在单位，在学术圈、文化圈，在家里，"灵台无计逃神矢"，你看他的家庭生活，日记里面常常出现被"掌掴"、"批颊"……那么，在这种社会、文化、家庭的种种矛盾里，他是如何被改变、被转变的？或者说，他可能并没有改变，只不过笼子太小，必须得在思想上蜷起身子来做顺民？

二

关于《顾颉刚日记》，我会另外写一篇读书笔记，这里就主要说杨联陞日记吧。刚才我说，我看这两部日记，原本是把它们当学术史的。不过人之常情，有时候看着看着，也被八卦和轶事吸引，不免留心到教授的生活、彼此的纠葛、他们的情感、各自的趣味等等。记得我当时跟哈佛教授们讲，你们现在生活太“苦”了，被全世界的学者关注，不得不成天飞来飞去，忙得要命，我3月初到哈佛，一个熟悉的教授都见不着，教授们都在全世界各处飞翔，到处演讲，忙于会议。可是，你看杨联陞那个时代，学术没那么全球化、国际化，除了上课，教授们没有那么忙碌，杨联陞就总是宅在哈佛，倒是可以天天吃好的玩好的，他也忙于教课，忙于写作，但在日记里看，好像另外有三件事儿，更像是他生活重心。一是唱戏，我听余英时先生说，唱戏大概是杨先生最顶尖的业余爱好，他唱老生戏的水平极高，是可以灌唱片的。第二是打麻将和下围棋。麻将经常打，围棋下得不错，他和当时很多中国学者都下过棋，也和日本学者甚至留学生下棋。像1957年他到日本访问，日记里还记载了去日本棋院京都支部，和京都大学的一些名教授下棋，其中，有中国历史教授贝塚茂树（二段）、科学史教授薮内清（初段），而梵文教授足利淳（三段）最强。顺便可以说一下，作为杨联陞的学生，余英时先生也有很高的围棋水准，不仅与林海峰、王铭琬等围棋超一流有交往，也和沈君山、金庸这些业余围棋界热心人有很多交往。第三是吃饭，他隔三差五记录自己吃了什么菜，要么是下馆子，要么自己在家做。我感觉，好像杨先生那个时代，波士顿的中国馆子还行，可能比现在好，现在是越来越差了，今年我在波士顿住了五个月，至少在剑桥地区好像没有太高明的中餐馆。而杨先生日记上记的菜，看起来倒是都挺不错的，他那时候常常请客吃饭，来的都是现在想起来就很著名的学者，像高友工来，还会亲自下厨。要是小辈来了，也会做个三明治便餐招待。

读他的日记，看到好多有意思的事儿，也看到好多过去不知道的

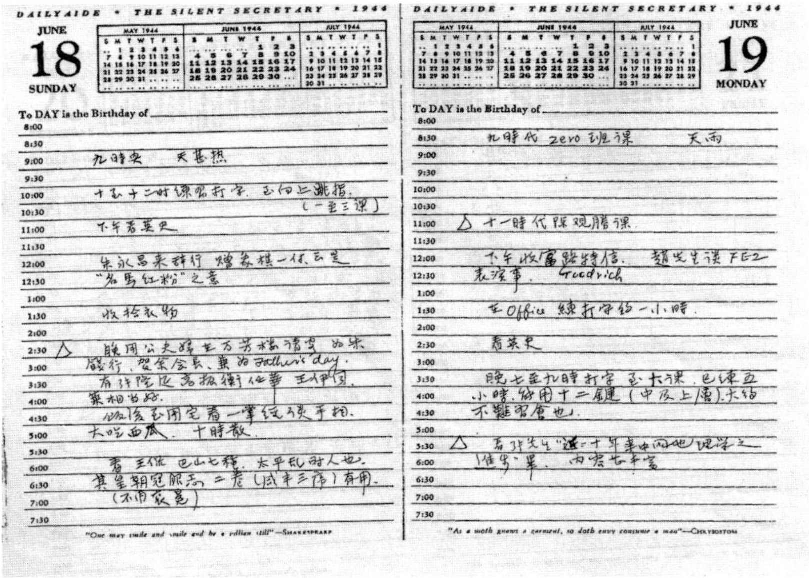

DAILYAIDE • THE SILENT SECRETARY • 1944

JUNE 18 SUNDAY

To DAY is the Birthday of

九時起 天甚热

十至十二时練習打字 至向上跳指（一至三课）

下午看英史

朱永昌来辞行 赠象棋一副，云是"名马红粉"之意

收拾衣物

△ 晚周公夫妇在万芳楼请客 为朱饯行、贺余会长、兼为Father's day. 有张隆延 高振衡 任華 王伊同 蔡柏龄。

饭后至周宅看一掌纹谈手相。大吃西瓜。十時散。

看王依 巴山七种，太平乱时人也。其皇朝冠服志二卷（咸丰三年）有用。（不甚衣冠）

"One may smile and smile and be a villian still" —Shakespeare

DAILYAIDE • THE SILENT SECRETARY • 1944

JUNE 19 MONDAY

To DAY is the Birthday of

九時代zero班课 天雨

△ 十一時代陈观胜课

下午收富路特信。赵先生谈FEA表演事。Goodrich

在Office練打字约一小時。

看英史

晚七至九時打字 至六课，已練五小時。只用十二键（中及上層）。大约不难習會也。

△ 看孙先生"近二十年来中国地理学之進步"單。内容甚丰富

"As a moth gnaws a garment, so doth envy consume a man" —Chrysostom

1944 年 6 月 18、19 日杨联陞日记复印件

事儿。比如章太炎的儿子章子杭在麻省理工学院读书，据他说，是兴趣广博而肤浅；又比如日记里面还记有老舍和曹禺在美东的情况，如 1946 年老舍和曹禺在哈佛曾经有演讲，据说曹禺有英国风格，而老舍讲得清晰，但喉音太重，有些资料也许现代文学研究者还没有用到过。最好玩儿的人，据我看是何炳棣，杨联陞日记里面记了他好多事情，比如他曾为当选中研院院士紧张活动，比如他得到研究奖章后的炫耀，比如他邀请杨联陞去芝加哥大学任教时那段“煮酒论英雄”故事，读来都很有趣。何先生做人，那倒真是豪气干云，绝不扭捏小气，杨联陞记了这么一件小事情，1964 年 6 月何炳棣到剑桥镇（Cambridge）来，住在一个老太太家，“房租每日三元，（何）自增为四元”，然后自豪地向杨联陞夸耀说，芝加哥大学为他特别“加薪四千五”，这真

是个活脱脱的何炳棣！另外，里面也有不少当年访问哈佛的朋友的轶事，我曾经跟邢义田、葛剑雄讲，在杨先生日记里，都有你们的名字，也记得有你们的议论，比如 1976 年邢义田兄与杨联陞关于罗马钱币和汉五铢钱的谈话，1986 年葛剑雄与杨联陞谈陈寅恪诗和统一分裂问题等等，看日记就是这些特别好玩。还有一件事儿，可能是大家熟知的公案，就是赵俪生曾经撰文抱怨，他到美国访问不顺，曾电话求助于老同学杨联陞，但杨联陞却很冷淡。是否这种冷淡有政治歧视？其实，并不是这么回事儿，后来周一良先生曾经为杨联陞解释，说杨联陞处在病中，根本不知道电话那一头是什么人。这是真的，因为 1987 年 4 月 9 日他的日记中就记载“不知所云之某君，由旅馆来电（71 岁，可能认识蒋福华），不能啖外国饭，旅馆 75 元一天太贵（应来三个月，已去 NY，想退款回去，想去 Washington），（认识山东大学某公）（此间某是地主，乞一女士照应不得力）”，旁边批了四个字“爱莫能助”。显然，他根本没想起这位老同学来，特别是过了若干天，他的夫人在日记里记下一笔，说他“言语开始不清楚”，人也站不起来，只好由他的儿子把他送到医院。

当然，我最关心的是学术状况，特别是华裔学者在西方学界的活动和处境，因为杨联陞家在当时美国华裔学者中是一个人来人往的大码头，里面提到好多好多人，前辈学者像胡适、洪业、赵元任、萧公权，同辈学者像刘子健、何炳棣、蒋彝、李田意、邓嗣禹、王伊同，到访哈佛的学者如李济、钱穆、牟润孙，日本学者宫崎市定、佐伯富、吉川幸次郎，学生一辈如张光直、余英时、高友工、林毓生、张春树、陈启云、萧启庆、杜维明、张灏。你们可能老想听一些“隐私”，读者也许更想看一些“八卦”，不过，我可不想多谈这方面的事儿，更关心的，应该是与东西方有关东亚和中国学术史，身在异国的华裔学者的家国情感，还有西方中国学界学术变化背后的思想背景等话题。

三

毕竟身在他乡，虽然也有“夫子”，但看来华裔学者心情可能多少还是有点儿压抑，这从杨联陞的诗里看得最清楚。1963 年 7 月他过生日的时候，写了一首诗《四十九岁初度》，里面有两句“负笈谁期留异国，执鞭聊用解嘲诽”，两年后的 7 月，他又有一首绝句《感时》，说到“书生海外终何补，未耀圆颅鬓已霜”。虽然生活安定，免于国内反右、饥荒、“四清”和“文革”的一波又一波折腾，但是总觉得有点儿寄人篱下。不光是他，萧公权也一样，1976 年 2 月杨联陞的日记里面，有年近八十的萧公权寄来的一首七律《兀坐》，最后两句是“结伴还乡天倘许，今生已矣卜他生”。杨联陞读后，不禁潸然泪下，日记里说，他拿起电话向余英时先生谈及此事，不禁再一次老泪纵横。

那个时代的美国学界，哪怕是东亚研究领域，华人学者其实多数也是很压抑的，像何炳棣那样的人毕竟少。后来刘子健、杨联陞精神出毛病，恐怕就和这种压抑的心境有一定关系。日记里面，杨联陞自己记录下来的病中困境，简直不忍卒读。说起来，他还算是顺利的，但也不免受气和怄气，毕竟人在边缘。比如，他日记里有时写到费正清，说他用欺骗手段弄卢芳的书，“而卢芳不之信，虽五尺童子，亦不可欺也”（1948 年），有时又写到费正清这个人很厉害，要权威而且有手腕，为了抬高史华慈，“不惜大言欺人，竟称渠为佛教史专家，又称渠学力过于赖肖尔”（1955 年）；其实，费正清虽然居高临下，但对杨联陞还算照顾和关爱，只是美国主流学者习惯性的傲慢，让习惯于谦退的华人学者，多少有些受不了，杨联陞曾经与哈燕社副社长白思达（Glen Baxter）谈起费正清对《哈佛亚洲学报》（*Harvard Journal of Asiatic Studies*）有“甚不客气之讽刺”，不禁写道，“此人有时太尖刻，今已高高在上，而犹如此，虽本性难移，亦是气量不足”。相比起来，像黄仁宇那样，处处受压制，连教职都成问题，自然心里会更不舒畅。当然话说回来，跟那个时代大陆的知识分子相比，在美国，教授生活还是很优越的。杨联陞的日记里面记载，1950 年他作为助教授，薪水已经是 5000 美元；到 1958 年，杨联陞当了正教授，那年，哈佛的正教授是一万二千到两万美元，副教授是八千到一万一美元，助教授是六千五到七千五美元，讲师也有五千五百美元。而 1963 年，何炳棣向杨联陞不无炫耀地吹牛时，“自报年薪一万四”，那个年代年薪一万四千美金，应当说还是很丰厚的。

我更感兴趣的，当然是杨联陞和他周围学者的学术研究。其实，杨联陞不止是一个博学的汉学家，也是一个有见识的历史家。何炳棣只是强调他“汉学家”的一面，其实并不完全对。像 1966 年他对何炳棣美国亚洲研究协会（Association for Asian Studies，AAS）上发表有关清代汉化文章的看法，其实就意识到了他“过于强调清朝之重视儒教”的问题，也注意到何有关清帝崇儒的史料疏漏，毕竟他有关清史的立场，不像何那么有固执的民族立场。读他的日记，我常常很感慨，其实，杨先生的学术研究相当被动。他要上课，上课还特别认真；他又是个自负博学的人，不得不每个领域发言。因为戴密微说他是“年轻汉学家第一人”，费正清也抬举他，要做“第一人”就得什么都懂，这就决定了他不可能定下心来认认真真做一个领域的专门学问。所以，他在写完博士论文《〈晋书·食货志〉译注》以后，就基本上没有做过特别完整的专题研究，总是今天写这个书评，明天写那个书评，今天为了一个人的问题查资料，明天为了另一个人的问题查文献，或者忙于种种杂务。我曾经仔细看他日记里面提到的书目，当他写《道教之自搏与佛教之自扑》那一段时间，他会集中阅读有关道教的文献，为了助力赵元任编字典，也会多看有关语文语法的著作，但相当多的时间里，他的阅读好像非常凌乱。虽然，这是一个博学的学者的习惯，

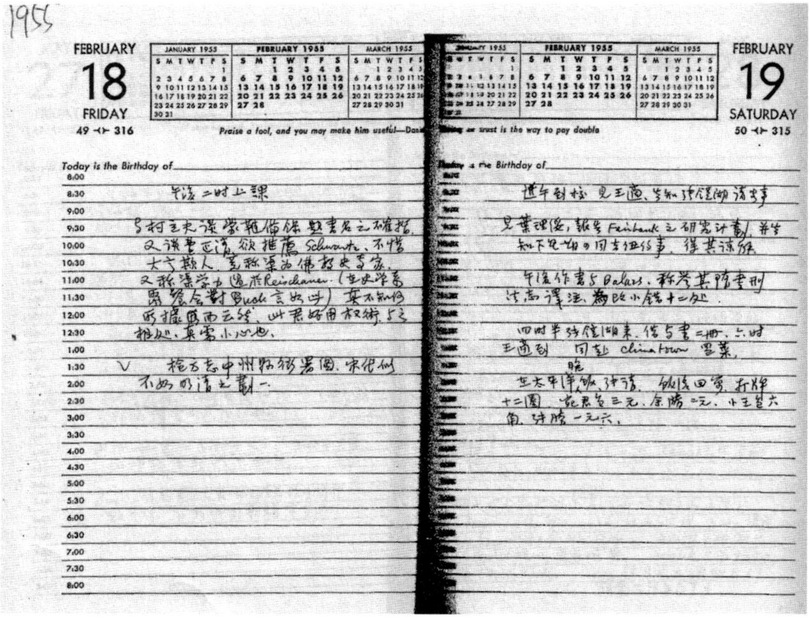

1955 年 2 月 18、19 日杨联陞日记复印件

也为此赢得“通人”之称，但毕竟害得他专门著述较少。是幸或不幸？我也不知道。所以，晚年的杨联陞对自己一生学问有这样的评语，“说与邻翁浑不解，通人本职是沟通”（1987 年 9 月 10 日），这“沟通”二字，与后来人称他为“中国文化的媒介”，和他自己所说“接触面广可备顾问”刚好吻合。

四

我 2009 年时就读过杨联陞日记，不过，那一次在哈佛只待了一个月，而且是最后一个多星期，才请哈佛燕京图书馆马小鹤先生把它调出来，日记有44本，有的地方字迹清楚，有的地方字迹潦草，还有一些地方是杨联陞夫人缪宛君的笔迹，或许是补充，或许是患病时夫人的代笔。当时，我看到有趣的地方，只是匆忙记录，后来还以此为基础写了一篇随笔发表在《读书》上。这一次去的时间长，就花了一个多月时间，专门看日记，可以看得比较仔细。比如看到日记里记谁家住在哪里，有具体地址的，我就会出门去看一看，偶尔也会拍个照。我看过余英时先生当年读研究生时住的房子，张光直先生刚刚任职哈佛的住处，也看过杨联陞当年的旧宅（已经拆掉），还有钱穆先生到美国时住的梅隆街（Mellen Street）十号卫挺生旧居，其实都很近。剑桥镇真是一个名人荟萃的地方，三步之内必有芳草。我在哈佛街（Harvard Street）住的房子后门出去，隔壁十米远的特洛桥街（Trowbridge Street）上，就是陈寅恪1920年住过的旧宅。这些房子，有的有一百多年的历史了，也没有拆，剑桥镇上能找到许多有意思的故居。我跟余先生一次聊天，告诉他我在杨联陞日记里看到了他当年住的地址，他自己也记不清了，后来他去翻箱倒柜找旧书，果然有一本书后面就是记着这个地址。

杨联陞写日记，不像胡适，甚至不像顾颉刚，大概确实是没有打算公开给别人看的意思，所以，内容比较凌乱并且琐碎，里面有一些私密的东西，如果公开，显然会得罪很多人。如果一开始就是打算给人看的日记，或者准备流芳百世的日记，肯定会记重要的事情，会比较有条理。但杨先生日记里，很多重要的事情没有写，写下来的也记得非常乱。对他自己的记载，也并没有爱惜形象的意思，比如在他精神出问题以后，一些日记是他太太帮他写的。她会写，你要挺住啊，你要活下去，要相信上帝，学生们都希望你活下去。这些话，显然不是留给他人和后人看的。杨先生几次被送进精神病院，被捆绑还戴镣铐，接受过电击治疗，真是很痛苦，他也记下来。从很早起，日记里就常记，自己梦见了什么，有时候会写“梦中不安”，有时候会写“身上发抖”，有时又写“不能自制”，有时甚至还会写“我要死了！”1958年，他还写了遗嘱，安排遗产分配，让贾德纳、任之恭、刘子健等人为监护人，写完后交给他最信任的贾德纳，可是刚刚转脸，就后悔大哭，再要求贾德纳把遗嘱撕掉，真是非常非常可怜。当然，《顾颉刚日记》大概初衷也不是给人看的，因为他常常记自己的身体状况，包括大便正常与否，还会记挨了老婆几个耳光之类的事，也记载了一些爱慕谭慕愚之类的私人感情事情。不过，我总觉得，顾颉刚写日记时，多少会考虑到一点儿将来有人看（不然不会后来重新补记和批注），他的这个意识要比杨联陞强得多，因为顾颉刚是自期为学界领袖的，所以，他认为自己身上发生的一切都是史料，要进入历史的，比起杨联陞来，他的日记就比较郑重。

正因为杨联陞日记不那么郑重，所以反而有一些记录可能更有意思。随便摘一段1948年的杨联陞日记，“聂筱珊（崇岐）来谈，涉及陈援庵、洪煨莲、顾颉刚、张维华诸事，对翁独健略示不满。又说前辈不合，往往由后辈传话欠小心，乃至有意鼓煽。又主张学者要立品，如吴其昌、吴世昌兄弟绝食请愿，有沽名钓誉之嫌。于余嘉锡之当选院士，亦有微词。又闻，辅仁因有二院士，曾开琼林宴云”。最后这句说的是1948年第一次选院士的事，这里面也许就有一些学术史的线索。又比如，之前我们不清楚陈寅恪的《论再生缘》是怎么流出去的，流出去的是什么样的油印本，现在看杨联陞日记就知道了，余英时曾把“友联盗印的陈寅恪谈再生缘”借给了杨先生，而这个友联盗印本，就是余先生出的钱。他的日记里，这样的记载特别多，当然，私人日记中很多是不宜发表的。比如，现在很有名的某著名国际学者，曾经给《哈佛亚洲学报》投稿，是一篇清代文献的译注，但杨联陞一阅之后，便大为恼怒，指出其“多浅薄处”、“注释尤差”等等。这些话都有。

五

1965年，即将回哈佛任教的余英时先生写了一首七绝给杨联陞，其中后两句说，“如来升座天花坠，迦叶当年解笑时”。虽然这是学生对老师的客气和赞扬，不过作为老师，博学多识的杨联陞，确实常能给人很好的教诲和建议，即使在日记中，也常常能读到一些益人神智的见解。

有一段话，我想不妨说给读者听。1967年8月，他和余英时先生谈到王国维的学术贡献，都觉得王国维用功不过二十年，但“出手即高”，为什么？杨联陞日记里面记载，余英时先生说了一句话，是“似高手下棋无废子”，杨联陞大为赞赏，说“此喻甚佳”，因为这点出了王国维学术上“用力得当”。这些话就好像度人金针，教你怎么做学问。所以，有时我会跟人讲，读读前辈大学者日记，不仅学术史或许可以重写，没准儿还能偷师学艺，从书目、方法和兴趣上学到很多东西。

黄河依旧绕青山*

——读黄仁宇回忆录《黄河青山》

回头翻拣我的日记，发现《黄河青山》（黄仁宇著，张逸安译，联经出版事业公司，2001）这本书，我已经断断续续地读了有十几天了，我这次到香港来教书，总共只有两个月，很多为自己的研究课题特意从图书馆借来的参考书，一大堆放在两侧的书桌上，还没有来得及读，却花了这么多时间读黄仁宇的这本回忆录，是什么原因让拿起这本书来就放不下？说实在话，我曾经有很长一段时间，并不很喜欢黄的研究思路和论述方法，现在也未必赞成他的历史观念，但是仔细想，之所以会忍不住看下去，是因为它让我看到了一个学者真实的内心世界里，那些难以言说的、纠缠不清的冲突和委屈。"我觉得，自己就像横越国界却没有护照的旅人，本身就是识别证明，没有现存的权威可以引述，甚至没有足够的词汇来帮助我解决彼此的差异"（519页），他这样说道。但是我发现，写回忆录的黄仁宇，他内心风暴的根源还远远不止民族、国家与文化的冲突，甚至并不是历史学理念的不合，

* 本文原载《读书》2003年第12期。

还来自其他各个方面。让我们从他的回忆录的结构去看吧，他的回忆似乎很乱，一开始从 1945 年末的“中国内陆”、“印度与缅甸”、“上海”这种按照时间线索书写的节奏，在第二部却突然变成了从“1979 年夏天，我待在普林斯顿”倒叙，里面的时间顺序也常常颠三倒四，但是，仔细看可以发现他常常提到的是，“我被开除了。我们的成员来自长春藤名校，剑桥、伦敦、加州、华盛顿、芝加哥、印第安那和密西根大学，人人都受聘于某研究单位，只有我例外”（77 页），这种难以释怀的怨怼时时干扰他的回忆顺序，而且总是试图溢出书页，表现着思想与生命被一个庞大的制度、无情的社会和主流的观念所挤压。痛苦和愤怒似乎极深地藏在他的心头，尽管他千方百计地用克制的语调来叙述，不时要加上一些掩饰。

但抱歉的是，这种心情掩饰不住。

一

因为这不是一个单纯的个人生活回忆。有意插入的各种议论，使它好像一本关于中国和美国学术与文化的感想汇编，而那些严肃的历史学论述，使得这部回忆录几乎成了黄的学术思想自述，大段大段的关于“中国”的论述，非常专业的讨论，使它看上去更像学术著作。学术当然是黄的生命中最重要的内容，学术作为生命和生命为了学术，以至于他已经分不大清什么是一生生活的回忆，什么是他在学术遭到挫折时的抗辩。他的一生事迹，需要我们细细地从书里重新编织才能搞清楚，可是他的学术观念，却在他的笔下顽强地呈现出来，仿佛前者倒成了回忆录的背景，一个只是为了陈述思想的时间背景，而后者倒成了主角，无论什么地方它都占据了回忆录的舞台中央，出现在聚光灯下。

“三年前我开始动手写这本书的时候，只想着要一吐怨气”（594页）。这个“怨气”似乎打一开始就积攒起来，从他在安亚堡（Ann Arbor）的西尔斯公司（Sears Roebuck）当收货员的时候，在贺柏的夜总会当洗碗工的时候，在希斯家里料理家务的时候，那种中国人在美国异乡的经验，就让他感到不愉快（141—147页），看着他在宝贵的篇幅里翻来覆去、唠唠叨叨地叙说这些不愉快，你会感到他心里积压了太多的屈辱和愤懑。他始终没有成功者的自豪，成功者的自豪会改变一个人的心情。我记得有一次在香港中环一家酒店，听何炳棣先生在席间声如洪钟地说“我是芝加哥大学第一个中国教授”，话语里面充满了自信和豪迈，然后是哈哈大笑。让我想起许烺光在他的口述自传《边缘人》里，曾经很自豪地说过“我是西北大学第一位受聘的中国教授”，尽管在康乃尔大学时，他也曾经有过来自中国文学系毕乃德教授（Knight Biggerstaff）的抵制，“因为我的中国知识比他丰富而受到威胁才反对我”，但许从来不曾遇到太大的挫折，“自己一生从不愁没有工作”（167页），所以终生保持了平和的心情。可是，黄却不那么幸运，在美国的半生里，他能回忆起来的，是很多失败，失败使人沮丧，让他沮丧地想起一桩又一桩的不如意事，特别是在六十多岁时被纽约州立大学纽普兹分校“开除”这件事，更使他感到蒙羞。

这当然和制度有关，现代的大学制度把本来应有的“教学相长”，统统化约成了数字化管理，这使得不能提供实用技能的历史学变得很不讨好，而不干美国人痛痒的中国史课程，则更引不起学生的兴趣，黄仁宇的一个假名为华勒斯的男学生，总共只上了三分之一的课，却很自信地来要求给I的成绩，一个姑且叫东妮的女学生，已经缺了三周课程，只是在黄的电话联络下，才好容易赏面同意与老师喝一杯咖啡。她坦率地对黄说，“之所以选这些课，不过是为了积累学分，以便拿学位”（513页）。还有的学生干脆建议黄不要对出席率太认真，

1956年黄仁宇与其弟黄竞存的合影。当时，年屈三十八岁的黄仁宇尚在密歇根大学，一边打工赚钱，一边攻读新闻系的硕士课程，而其弟早已获得博士学位，正执教于圣母大学。

在这样的情况下，他上课很艰难。可是据他介绍说，70年代，美国大学已经实行了新的管理制度和考核制度，这和我们中国当下的大学很相似，“在学期中，授课者会被学生以不具名投票的方式评估”（100页），教师从“传道解惑”的先生变成了“看顾客脸色”的售货员，不得不小心翼翼。尤其是对于FTE（全职教书等量单位），黄有说不尽的烦恼，按照选课学生的数量、课时的数量、学生的不同身份折合为某个数量，“不考虑该门课是否必修，也不管教师的等级、资历深浅或专长，一切都是由电脑来计算”（473页），这使他感到非常困难，自从实行了这种制度后，他的FTE持续下降，但是黄却固执己见，觉得自己“对中国历史的诠释因时事而增添价值”，可是，“却不敌外在的现实”（514页）。始终提倡现代化就是以数目字管理的黄，却对身边实在的数字化管理感到极大的愤怒："最初提到 FTE 这回事时，我们都把它当做笑话，'它们把我们当做什么？汽车推销员吗？'。"但是，他终于被这个数字化的管理、"新的供求关系"和"买方市场"合谋，无情地逐出学校。"我被开除了。这是侮辱，也是羞耻。这件事实会永远削弱我的尊严"，他说他无法忘记这件事情，因为他觉得别人也不可能忘记这件事情，于是"无论我到哪里，似乎都贴着不名誉的标签"（94 页）。

他觉得一切对他都不公平，包括这种制度下的考核，也包括对他的学术价值的评估，他觉得这是一种对他的新历史观念的无形抵制，而力量既来自制度和文化，也来自垄断了学术资源的精英，羡妒交加中，在小大学教书最后还被开除的他，甚至有些怨怼长春藤联盟的地位，尽管他自己出身于这些名校之一的密西根大学，"长春藤联盟的精英同行宁可维持知识阶级内的现状，我理解这一点背后的逻辑，但我也希望他们可以想象金字塔底层的状况。如果他们愿意尝试，也许就会更同情我的奋斗"（506 页）。

但是，令他不断感觉失败的尴尬，却远远不止这些。

二

"在密西根，我接受指导，成为工匠和技师，但我拥有完全自由的思考方式。"（176 页）老实说，如果他真的成为"工匠和技师"，事情可能就好办一些，但是他偏偏要"思考"，本来"人类一思考，上帝就发笑"，偏偏这还是一个中国人在美国思考，一个有志于书写大历史的华裔学者在美国汉学界，倒要推广他的历史学思考，这就很麻烦了。

在书里，黄仁宇直言不讳地说，"我最大的野心就是建立中国历史的类似综述，从我在纽普兹教书以来，这念头就挥之不去，我也为此赌上一切”（571—572页）。所谓“大历史”就是他的终身梦想，可是，这个“大历史”的梦想的基础，却是对现代中国命运的关怀。道理再清楚不过，一个有过切肤的中国生活经历并认同这一民族文化的人必然有这种关怀，因为这种关怀，他需要从古代历史中寻找解释的依据和资源，要寻找解释的依据和资源，他就必须对中国历史作出一个总体的判断，而这个判断，偏偏又需要借助“异文化”和“异民族”来做背景，所以这必定使他的论述变得很宏大。尽管他说，“我的立论很简单，为理解今日的中国，我们必须回溯和西方国家对峙时期，因此必须将基线往后延伸，到鸦片战争前两百多年”（112页），但是，抱负很大却声音很小，毕竟言而无权，行之不远。尽管那时还没有后现代历史学来讽刺或瓦解“宏大叙事”，但是“隔岸观火”的美国中国学，仍然习惯于一种“科学”式的个案研究，仿佛拿放大镜甚至显微镜去检查历史的细胞。黄感到很无奈，他抱怨说，“美国学者缺乏对中国历史的综合视野，部分原因出在现行的学院分工制度、学界的许多传统和习惯，以及主要大学间的竞争”（572页）。

是不是这样？我不清楚，反正至今那边学者还是不习惯这边学者的“宏大叙事”，更不喜欢这边学者以“本土经验”来解释历史，因为他们觉得如此庞大和复杂的历史，竟然可以采用这样的总体叙述，这是不可能的，也是不科学的。更何况，这种历史的叙述，居然还羼杂了对当下中国的感情和忧患，那更是不可接受。对于美国的学者来说，太平洋对岸的那个历史存在，即使不是一个“文本”，也是一个“他者”，甚或就是西方自由和民主的历史合理性的一个“证明”。因此，他们不能接受黄的那种论断，黄在普林斯顿参与编写《剑桥中国明代史》的时候试图说服美国同行，但是不成功，他在教美国学生的时候，试图以自己的历史观说服学生，但是也不成功，“我在纽约州立大学纽普兹分校中所教的学生，对中国的看法早已根深蒂固，中国是个保守的国家，中国人发明罗盘及火药，建造万里长城。但中国人是儒家信徒，所以希望一切都维持现状，没有求进步的观念”（472 页）。

但他还是希望美国人能以一种客观的态度来观看中国历史，他自己觉得自己可以做到这一点，回忆录中他曾经说，“我没有国家，这种无所归依的状态有时让人觉得非常寂寞，然而超然的态度却让我多少能客观检视自己的生命，希望这种客观将来能让我有资格成为当代中国的史学家”（221 页），但是，没有国籍的人，真的能够超越民族和国家的文化吗？这种他自己看来很单纯的立场反而使他他陷入一个左右为难、腹背受敌的处境中，道理很简单，“如果你明确反对一群人，不管对方人数有多少，你的地位还比较安全，但是如果你和他们享有共同的利益，却又针对某些要点反对每一个人”怎么样呢？事情就麻烦了。他说，“我的大历史概念就是如此，置我于一点也不值得羡慕的处境”（586 页）。而对于他个人来说，最大的问题在于那些西方汉学界的领袖们都不认同他的想法，李约瑟似乎好一些，但是芮沃寿、费正清、狄百瑞这些大牌学者却对他，至少没有多少正面表示赞同。应该说，这并不涉及到这些大牌学者的个人品质，这些学者令人尊敬，他们至少也都帮助过黄，黄也承认这一点，但是，他们毕竟有自己的意识形态和学术立场，对于站在“中国”——哪怕中国只是一个抽象的历史象征物——角度来看待历史的观念，多少有一些不那么认同，当然对于黄仁宇的态度，也没有他心里所期待的那么尊重。

三

黄曾经在费的赞助下写《剑桥中国明代史》中的财政史部分，对于费正清对他的帮助，他始终很感激，甚至在回忆录里可以看到，他不断提及费正清，还略让人怀疑有些攀龙附凤、引以为荣的意思。他一方面承认，他自己深受费正清的影响，懂得“将中国国家和社会视为和西方完全不同的体系”，他说，“如果没有哈佛学子敬称的‘费公’，我无法想象自己如何发展出一套连贯的中国历史主题，不论是传统或现代史”（282页），但是另一方面，他说，他们之间仍然有巨大差异，黄觉得西方学者总是有一个顽固的习惯，就是“在判断外国文化时必须保留道德判断”，什么是道德判断？指的是对某种历史、社会、文化或者制度的赞同或批判，黄觉得这是以英式尺寸判断和裁决中国尺寸，而且他直言不讳地说，“将道德判断置于技术层面之前，是美国外交事务常有意外挫败的主因之一”，而美国学界对于中国的批判，也常常被这种道德判断障蔽，不能看到背后更深的历史背景。以明代财政史为例，他追问：“我们应该深入挖掘并思考这套荒谬终身大事背后的逻辑？还是运用今日的经济学知识直接抨击其荒谬？”（283页）甚至于他会批评费正清的《中国行》（*Chinabound*）“替美国外交政策辩护，这种偏差导致史观过于肤浅”（505页），作为一个华裔学者，他希望对“中国”有同情之了解，这促使他特别注意“另一种逻辑”和“另一类历史”，而作为一个归化的美国人，他又不能不接受这一个逻辑和这一种历史。因此，他特别希望美国学界能够理解和同情自己的处境，以至于常常在回忆录中看到他的小心甚至谦卑。但是这似乎没有用，他痛苦地写到费正清的态度，“费正清博士并不喜欢别人提到‘美国帝国主义’。身为已归化公民的我，也不太乐意见到这个不名誉的标签，因为简直暗示我出于自由意志而选择坏人的阵营”（284页）。

同样的事情也发生在黄和芮沃寿之间，黄仁宇和芮沃寿有一段关于黄的书稿《中国并不神秘》的对话，开始的时候，作为审稿人的芮沃寿只是提醒他应当“适可而止”，这是指写作的幅度，因为芮自己关于隋代的著作，只涵盖了四十年，可是，黄却试图一劳永逸地解释整个中国历史。但是，随着谈话的深入，黄仁宇已经察觉问题远不止此，于是他提出最核心的问题：

> 黄："你是否认为我对历史的诠释手法太具有民族优越感？是否太偏袒中国？"莱特绕了个弯子，回答："没有何（何柄棣）那么糟。"（449页）

芮的意思是有，但还没有到极端的地步。显然，芮对黄的这种内在情感并不认同，黄对此深感痛苦，尽管芮曾经帮助过黄，使他拿到了赴英国剑桥的经费，但是，这一次的误解却使他很伤心，他说，"谁能切断族群的脐带呢？有中国血统的历史学家当然会如此怀疑"。但是，我们又看到，已经身为美国人的他，相当急于洗刷这种误解，"我难道没有提醒自己避开民族优越的倾向吗？即使在和学生讨论中国时，我也没有隐藏过去的不可告人之处：虱子、坏疽、人海战术的大屠杀、把人打死和活卖的残忍"（451页）。但是，无论如何这些举动似乎都不够消除文化的隔阂。

黄这个人很自负、坚持和固执。比如在回忆录中就可以看出他对自己阅读古文献的自负，他说，他读完了一百三十册《明实录》，但是，他又必须小心翼翼不能假装自己是专家，这里的言下之意是什么？是其他人并没有读完过这么多资料，而他却不能显示出资料掌握者的高傲。因此尽管他表面上有时很谦卑，可是他无法长期掩饰自己，"如果我保持谦虚，不发一言，等于是欺骗这群人"（571页），他这样说。然而麻烦的是，在美国中国学界，他的出版、他的经费、他的职位，却必须得到包括费和芮在内的大牌学者的认同，可是，内心高傲的黄仁宇却要批评李约瑟、批评费正清、批评芮沃寿、批评狄百瑞。他的自负、坚持和固执的后果，就是他的《明代财政》被搁置下来，尽管一次又一次的写信，一次又一次请人询问，得到过很多客气而有礼貌的回答，但是出版仍然遥遥无期。而他的《中国并不神秘》，尽管先后寻求芮沃寿、费正清的支持，但是仍然“胎死腹中”。

“在一九七五年那个下雨天，我觉得悲愤交加。因为我不是权威，所以无法出版一本我觉得重要的书。但如果没有出版具有影响力的书，我永远不可能成为权威！而所有的影响力、所有的卖点、所有的威望，全都不是由客观的标准来衡量，而是由长春藤名校内的不具名审稿人决定，而这些校舍的哥特式建筑和回廊也不过是矫饰的模仿品罢了”（451 页），在芮沃寿当面否决了他的书稿的那一天，他的情绪已经坏到了极点。

四

让他最后心里得到抚慰的，是《万历十五年》的出版和获奖。黄仁宇自己说到，《万历十五年》的写法特殊，在美国中国学界，只有史景迁曾以同样风格写过，而且他说《万历十五年》还“融入许多现代审稿人前所未见的资料”（84 页）。其实，对于自己这一特殊写法，他一开始曾经惴惴不安，对于使用过多新资料，他也为通过审稿人而担了一份心。不过，当他写回忆录的时候，这本书已经大获成功，因此他在回忆录中反复提到这本书，大约有二十多次。“我曾走过中国和美国历史的夹缝，自觉有幸能以同样的坦率来对双方发言，《万历十五年》去年于北京出版，实现了我部分的卑微努力”（518 页），后来又翻译成了法文、德文和日文，更使他感到自豪，增添了自信。由于此书两次被提名为美国图书奖历史类好书，并且使他有机会在颁奖时见识到像约翰·厄普代克、哈利森·索斯伯利等名人，这使他后来想起来就很得意，尤其是厄普代克会在《纽约客》上给《万历十五年》写书评，说他的文笔如同卡夫卡，更使他受宠若惊（592页）。

不过，这并不等于他的历史观念的胜利。应该说，他的大历史观念，把复杂的历史过于简单化，而且他的思路在现在看来确实有矛盾。比如，他一再强调的一方面，是中国应当而且必然趋向“数目字管理”的现代，这样的观点让人看出韦伯（Max Weber）理论的阴影笼罩，但韦伯这种思路很容易把传统中国与现代西方看成两极，“现代西方在经济推动下产生治国政策，中国却长期实施类似文化导向的政治形态”（229页），确实黄也说，传统中国之所以落后，是因为金字塔式的传统社会和道德评价为中心的文化结构，压抑了需要超越道德和感情的数目字管理。但是，他强调的另一方面，却是历史的长期合理性，他希望人们认识到，任何一个民族历史中的重要事件、制度和观念，都有其必然的背景，其实这里有一个潜台词，就是希望西方中国学界理解中国，“许多荒谬的情况往前追溯时，都是当时开始合理化的里程碑，就人类历史长期的合理性而言，我们认为是绝对真理的事，可能逐步降成相对真理”（321页），这里的“绝对”真理其实可能暗指的就是西方近代社会制度的合理性。可是，在“数目字管理”这种以现代西方为成功社会，倒着观看而且逆向评价中国历史的方法，却和他试图发掘中国制度背后的逻辑、从而对中国古代的存在给予合理化解释的想法发生冲突，这种以现代西方为价值判断标准批评中国的方法，也和他一直怀有对西方学者以“自由”和“民主”来批评中国的反感互相矛盾。近年来，对于黄仁宇的历史理论，有一些批评逐渐浮出水面，在痛悼这个杰出学者辞世的同情过去之后，来自各个方面的反思，开始对他的理论有了更加公平和理性的认识，这是一个很大的学术话题，这里不能细说。

还是回到他的回忆录吧。我总觉得理论矛盾恰恰透露着他的内心

《万历十五年》的德、法、韩、日、英、中封面

冲突，在整个回忆录中，我们看到他心里有一个与他休戚相关的活生生的中国，这个现实中国成为他讨论历史中国的背景，在他撰写《中国并不神秘》时，“林彪已经去世，文化大革命的疯狂已经平息”，因此他期待的是，“除非中国领导人致力于经济发展，否则中国不但无法抵抗来自苏联和日本的威胁，而且也无法面对南北韩和台湾的压力”（459 页）。而他的《万历十五年》的写作，则意在指出“明末和毛统治下的混乱时期有许多共同点……都刚好用道德概念来取代法律，如果采用同样的做法，中国等于回到从前，无法在数字上管理全国事务”（546 页）。他想告诉中国人“中国的问题根深蒂固，至少可以往前回溯四百年，法规太粗糙原始，限制太多，政府官员虽然宣传大我精神，却无法掩饰以下事实：他们的所作所为全是为了私人目标和私利，由于民法无法认可商业的信用，分工受到限制，货币交易也很有限，这些都导致中国的国家经济发展缓慢，造成军事积弱不振，文化呆滞不前”（518 页）。就像他说的，“虽然我的书理论上是通史，但和当前时事密切相关”（460 页）。正是这种对现实的关心，他的研究就并不符合现代学术规则，他不可能退居书斋，也不可能纯然超越，成为他自期的“客观”，因为他还是有“中国情怀”。

为了这个中国情怀，他始终要为落后的中国寻找病源，而作为一个财政史专家，他熟悉的药方，很遗憾却只能来自唯一成功的西方现代，恰和旧时“药方只贩古时丹”这句著名诗句相反。这使得他一而再再而三地批评中国古代缺乏数字化和制度化，批评政府和官僚的文化象征色彩与道德主导倾向，因为这些原因，中国“无法积累资本持续成为趋势，再加上机制的缺乏，是中国人生活水准低落的主要原因。官僚管理依赖文化凝聚力来维持政治稳定，本身无法成为在本质上扩展国家经济的工具”（404 页），他说，“缺乏实质的中间阶层向来是根本上的弱点，中国政府和国家的道德色彩、理想的正义、沉湎于伪装等现象，都肇因于在数字上无法管理的局势。如果没有掌握这一点，我们也可能误判中国近年来的发展”（414 页）。

如果仅仅是这样，也许他和他的西方同行并不会构成特别的矛盾。问题是，作为一个华裔学者，在感情上对这种以西方为唯一标准的现代性，似乎又难以全面拥抱和欢呼，特别是这种西方进步观念越俎代庖，从历史评价标准延伸为道德批判标准，对古代和近代中国横加指责的时候，他就更难接受这种西方式的傲慢。在回忆录里，他反驳美国的学者对中国的批评，觉得他们只是站在西方自由民主的立场上，并不懂得对中国和亚洲的历史有同情的理解，他说，双方的不同，仿佛像“鱼”和“鸟”，“我们不能用一方的标准去评估另一方，相反地，如果呈现鱼或鸟的情况时，必须给予完整的解释，追踪历史文化特殊问题的根源”（90 页），可是，在美国人那里，“中国必须被视为白雪公主或老巫婆”，不是欧洲曾经出现过的中国优秀道德文化楷模，就是现代西方眼中东方落后保守的象征，“美国人不愿意修正自己捍卫自由民主的形象”，他们用自己的这把尺子对东方截长去短，期待亚洲和中国也按照西方模式变化，但是黄说，这种愿望在亚洲遇到困难，“亚洲人口过剩，又背负沉重的文化传统，妨碍上述条件（指经济发展的地理条件和修正过的凯恩斯经济制度）的运作，时至今日，并没有证据显示中国想抵抗杰弗逊揭橥的理念，但中国负担不起美国经济特有的民主和自由”（573 页）。

五

麻烦就出在这里。

“梦魂不曾归故土，黄河依旧绕青山”，这是无法解脱的纠缠。身在现代教育体制内却总是幻想超越教育体制的约束，人在异乡生根却心怀本国故土，黄仁宇在美国的现代学术制度中讨生活，却无法适应科学化、制度化的研究，他研究的是古代中国，心里却想的是现代中国，他强调现代数字化管理的必要性，又强调各个历史长期的必然性，追求世界普遍性，认同文化本土性，好像一切都是矛盾，矛盾造成痛苦，痛苦难以释怀，在他对自己一生的回忆里面，就总是回忆起论战、表白、声辩，这些形诸文字，便呈现了作者内心的怨怼、愤懑、自负和得不到承认的焦虑和紧张。可是，他觉得这不是他私人的事情，他仍然希望把这些写出来，为此，他请求妻子“牺牲一部分的隐私权”，让他写出来“以赢取肯定，不过不是为了他自己，而是为了他的愿望，为了特定的历史史观”（121 页），于是，便有了我们面前这部译成中文达 600 页的回忆录《黄河青山》。

2003 年 7 月 19 日初稿

看人如伊吕*

——贺庞公八十诞辰

收到约稿信，心里就有些嘀咕。庞先生八十岁了，要出祝寿文集，理所当然。可是，依惯例说些祝福话罢，这个时代往往套数多于真情，我担心自己也把祝寿文字写成了惯用格式,在庞公（我们当面叫他“庞先生”，背后还是习惯称他“庞公”）八十寿辰时只管写上些“尽投千岁鹤，争献万年桃”之类，不免显得俗；要装得学术一些，说庞公学术生涯中的贡献罢，又觉非我之所长。尽管从我认识庞公以来，就看他论述“一分为三”、考证“火历”、漫说“黄帝”、研究帛书《五行》与楚简《五行》，但是，这些曾经得到一片赞誉的学术成果，自有比我更高明、更了解这一领域的学者评说和介绍，轮不到我来饶舌。

想来想去，还是觉得说一些小事，这倒还算是我自己的“专利”。

在庞公那辈学者中，他是最先弄电脑的人，在我们还没有“触电”的时候，他已经很有心得了，于是我们这一圈人文学科的人，常常是

---

* 原载《庞朴教授八十寿辰纪念文集》（中华书局，2008）。

以他为电脑导师的。记得是1993年，我决心进入电脑一族，当时中关村已经有好些个电脑公司了，究竟买什么牌子的，如何买，买了以后怎么用？我只好请庞公做顾问，到了皂君庙庞公家一问，庞公二话不说，便带我去一家他觉得信得过的公司，仔细挑选后，买了一台286，记得是40兆硬盘的PC机，不仅如此，庞公还"扶上马，送一程"，立即和我一起回到当时我在太平桥西里的家中，安装好了以后，细细给我讲解DOS系统和文字处理技术，为了让我学会，他在我家住了一夜。后来，随着电脑的升级换代，我们有一群人，是跟着庞公学会的WPS，学会的"自然码"，后来还进入了网络，用上了"依妹儿"。我想，在北京的这一圈儿人里面，至今用"自然码"打字的人还是很多，大多都是受到庞公的指导吧。

我们这一圈儿人，常常觉得应该有两个提议。一个是开玩笑的，是建议电脑公司包括开发输入法的、开发文字处理系统的，给庞公一个"广告代理奖"或"技术推广奖"，以表彰那么多年来给他们培养了好多用户；一个是很认真的，就是建议庞公自己写一本给人文学科的"电脑盲"入门看的《电脑录入与处理手册》，说实在的，很多电脑专业人士写的所谓"电脑入门书"，号称是"傻瓜书"，其实，并不切中人文学者的需要，倒是庞公的那种指导方式，却让我们受益匪浅，因为可以按图索骥，拾级而上。

但庞公笑而不语，最终好像也没写。不是不能写，而是他太忙，这个世界还有好多其他的重要事情要他做。

确实，中国学界还有很多事情等着庞公做。我认识庞公的时候，他虽然已经不在《历史研究》担任职务了，但仍然常在中国文化书院出现。20世纪80年代，他是"文化热"中的领袖人物之一，我现在想来很纳闷，精神头儿好极了的庞公，为什么会这么早从《历史研究》

的位子上下来？不过，那个时候风度翩翩的庞公，有很多时间从事学术研究和出版编辑，也常常外出参加各种会议。有趣的是，他当过我的编辑，我自己的第一、二本书，就是《禅宗与中国文化》、《道教与中国文化》,都是经过庞公和朱维铮先生之手,交给“中国文化史丛书”,在上海人民出版社出版的。而巧的是，我也当过他的编辑，他写的有关火历的论文，就是在我任编辑时在《中国文化》杂志上发表的。他这篇论述“火历”的论文，曾经引起学界的好奇和讨论，现在想起来，可能也刺激了我去关注星历数术和思想文化之关系，正因为如此，后来我写《众妙之门》，讨论太一、北极、道和太极之间的关系，还专门请了他来审查。

在中国学界，庞公的学问是公认的，他对古代哲学尤其是名家思辨有深入的研究，对儒家思想有自己精当的看法，对哲学基本问题“一分为二”有大胆的批评，对出土的帛书楚简的研究，特别是对《五行》篇天才的猜测，更是得到世界同行的赞誉，中国近些年来简帛学很热，和他应该也有不小的关系。我想，这些学术声誉对庞公来说也许都不重要，重要的是，庞公对于现代中国有自己的关怀，他的很多学术研究,都和当下生活连在一起。我猜想,他会觉得对古代中国有一份责任，对当下中国有一份使命，而这责任和使命使他的学术指向，不再冷冰冰的像手术刀，当我看到他近年来的一些言论，看到他在山东大学筹办儒学研究中心编发《儒林》,看到他自称是“文化保守主义者”的时候，我知道，现在他的心里有的是对历史的温情和对传统的理解。

离开北京快两年了，一直没有机会再见到庞公，只是通过电子邮件,记忆里,庞公虽早早就是满头银发,但“庞眉扶寿杖,白发披仙氅”,端的是“文采汉机轴，人物晋风流”，在我的印象中，他始终潇洒开朗，而且身体健康，从来没有觉得岁月会给他留下什么痕迹。可是当编辑来信，乍听说他八十岁了，我不由得吃了一惊，细细回想，原来，我初识庞公也二十多年了。

浮想间，抄起宋人词集，随意拣选了一句，是“流霞麟脯，难老洛滨风味，谢公须再为，苍生起”，借以为庞公寿。

2008年3月30日于上海

遥知水远天长外*

——追忆金开诚先生

听说金开诚先生患病，是在9月下旬的一次会议中。北大的顾歆艺女士告诉我，金先生患了癌症，已经住院，恐怕情况不妙，当时觉得不太相信，记得5月中我因眼疾住院，还接到金先生的电话，反复嘱咐我痊愈之后，务必抽空到浙江一个民办学院去讲演，口气还像往常一样恳切和平静。才短短的四个月，或许情况不至于太严重，抽空给住在北大医院的金先生打了一个电话，听到金先生的声音不算衰弱，而且还惦记着让我讲演的事情，便稍稍放下心来，觉得七十六岁的金先生一生都是“吉人”，不仅自有天相能逢凶化吉，而且尚有天年可以终老。后来，因为眼疾未愈，加上杂事繁多，也没有机会到北京去，只是凭着顾歆艺女士不时报讯，才知道金先生病情的点滴，随着他的病情加剧，心情也一点一点地沉重起来。

终于在12月14日传来噩耗，可是因为早就安排了日本访问，内人和我不得不缺席遗体告别和追悼会，只好以两人的名义和同在上海

---

* 原载《文史知识》2009年第12期。

的裘锡圭先生夫妇，委托北京朋友献上花圈遥寄哀思。从日本回来后，老同学胡友鸣来电话说，逝世前金先生不仅一直是《文史知识》的编委，是《文史知识》最早的作者，而且也是最早推荐我们这批学生为《文史知识》撰文的人，希望我为《文史知识》写一篇追忆金先生的文章。

下面这些文字，就是应胡友鸣兄的嘱咐写的。

一

确实，在《文史知识》刚刚创刊时，金开诚先生就吩咐我给这个虽为普及规格却高的刊物写文章。20世纪80年代初，我在北京大学古典文献专业读本科，稍后又成为这个专业“文革”后的第一批研究生，照理说，还不是一个够格写“文史科普”文章的角色，在那个刊物还不多的时代，大学本科生或者硕士研究生给《文史知识》这样多少有些“传道解惑”的杂志写文章，恐怕还嫌稚嫩。特别是，当时《文史知识》提倡“大学者写小文章”，翻开当年的目录就知道，作者大都是今天所谓的大牌教授。好在金先生一贯主张“不拘一格降人才”，而且总是让学生先“看”再“想”还得“写”，所以，总是鼓励我出手。他曾说，古文献专业的人读文献，当然是首要的事情，不过看得多了，得要有思想把文献勒出脉络理出头绪，而最终还是要把它写成文字，否则读书满腹却两手空空，他很不赞成所谓“五十岁后再写文章”的老教条，倒总是鼓励学生“把想法写出来”。因此，我可能是“文革”后最早在《北京大学学报》发表论文的本科生，那篇《晋代史学浅论》就是金先生推荐给周一良先生，经周先生的审查和推荐，发表在《学报》上的。由于金先生的鼓动，我成了当时杨牧之先生说的《文史知识》“救火队”，所谓“救火队”，就是刊物临时缺什么稿子，便让我立即赶写，如果某期哪一类文字少了，也会给我命题作文，所以，我不仅在创刊之初就以化名写过几篇小文章，到了 1982 年和 1983 年，更开始发表较长的文章，像以化名写的《现存两部最古的图书目录》，用真名写的《〈旧唐书〉与〈新唐书〉优劣之比较》、《唐代文章总集〈全唐文〉》等等。

不过，说到金先生，还得提及我们初入大学的时代。

二

三十年前恢复高考，我成为北京大学古典文献专业七七级新生，说是 1977 级，但开学却是在 1978 年初春三月。从住了十七年的贵州回到阔别的北京，我丝毫没有毛主席回到韶山冲那种“红旗卷起农奴戟，黑手高悬霸主鞭”的豪情，相反，倒是经历“文革”十年突然换了天地，有些暗室久住乍见阳光的晕眩感，用现在流行话说就是有些“找不到北”，原来随心所欲乱翻书的爱好，加上信手涂鸦的习惯，似乎和学院训练格格不入，对于所谓“古典文献”，除了知道要钻故纸堆外一无知晓，对未来从事的职业，除了知道可以不再修理地球之外，也全然是懵懂浑噩。幸好进入北大之后，很快就有很多老师来关心，引导我们开始学习生涯，专业的那些老师，现在想来都是鼎鼎大名的教授，像仅仅见过一次的魏建功先生、游国恩先生，后来常常能够见到的周祖谟先生、阴法鲁先生，当然最熟悉的还是中年一代的老师，后来成为著名教授的金开诚、裘锡圭、安平秋、严绍璗等先生，那时都还是中青年教师。那个时候，老师稀罕学生，大学十年没招生了，老师对这些大大小小年龄悬殊的大学生既觉得陌生，又觉得好奇，更有些超出一般师生关系的重视，都觉得这下子可以甩掉“文革”阴影，“而今迈步从头越”，所以，学生心里揣了很多希望，老师心里也带了很多温情。

这些老师对学生恨不得倾囊相授，好多老师居然课余会跑到学生宿舍来，盘腿坐在学生的床上和学生谈天说地。这种古人所谓“亲炙”，比起在教室里分坐上下、照本宣科要亲切得多，其中，金先生就是跑得最勤的一个，那个时候，金先生早已过世的夫人屈育德教授还没有从宁夏调到北京，一个人蜗居在筒子楼的小房间里，所以，常常到32楼三楼上我们的宿舍，一聊就是几小时。

三

金先生会讲课，这在北大是出了名的，当时中文系讲课有几大“铁口”，金先生就是其中之一，上课很吸引学生。原因很简单，一是他字写得好，板书忒漂亮，二是他节奏感好，常常在学生听得疲倦时来一两个笑料或故事，让你能精神一振，三是极其清楚，所谓条分缕析，头头是道。但是，和他在一起的时间长了，我就知道老师这种讲课，看上去举重若轻，其实处处艰辛。看他的讲义，不仅字迹清晰秀丽，而且往往是天头地脚补满了种种“插曲”、“噱头”和“典故”，所谓口才好、会讲课，其实是用心用力备课，绝不像现在很多教师，凭着三寸不烂之舌信口雌黄，用无聊而无用的段子哗众取宠。

我至今还保存着他在硕士课程中讲《楚辞》时的记录。这大概是一学期的课，金先生从“屈原的生平”、“屈原的辞作”一直讲到“楚辞的流传及注本”，真是原原本本、清清楚楚，即使在我略为简单的课堂笔记中，也可以看出，他讲课实在不仅是很清晰，而且相当深入，比如第一部分有关屈原的生平，一开始就讨论《离骚》开头“惟庚寅吾以降”一句，他不仅要讨论邹汉勋、刘师培、郭沫若、浦江清、胡念贻对屈原生年的种种考证，还要讨论古历法知识，包括十七年九闰，超辰、太岁纪年的传统；在有关屈原流放的一节中，他又要从《史记》、

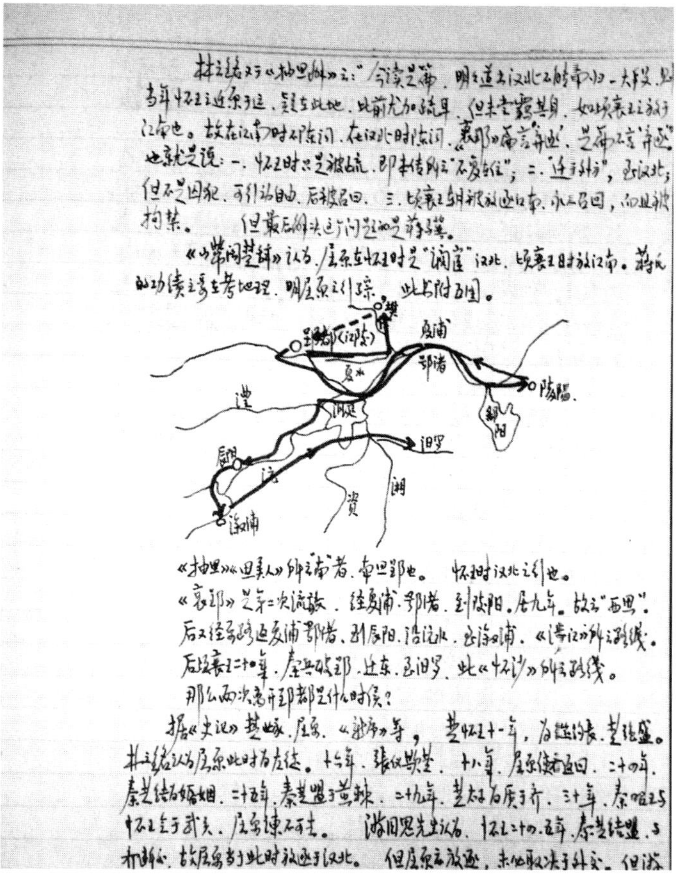

作者在金开诚课堂上的笔记

《楚辞》王逸注、黄文焕、林云铭一直到游国恩等人的讨论中，结合历史地理知识，一一讲清屈原晚年从郢都到汨罗的流放路程（见图）。到了讲解《楚辞》的各种注本时，他更是从现存的王逸、洪兴祖、朱熹、汪瑗、王夫之、戴震、蒋骥诸家注释，讲到亡佚或残缺的贾逵、马融、郭璞、释道骞、陆善经的注释等。我就是在这一课上写下了《汪瑗考》作为作业，后来这篇小文和金先生对《楚辞集解》的论说合成一文，还以《汪瑗和他的〈楚辞集解〉》为名发表在1984年中华书局出版的《文史》第十九辑上。

就是在这样的课程中，我们渐渐地体会到了一种学风。那个时候的北大也许是中国一个最特殊的大学，在它的传统中，除了有对中国前途怀抱的那份责任和抱负，让人生出激扬文字指点江山的情怀之外，还有一种绝不等同流俗的学术风气，人们多注意到这种学术风气的自由和开放，但也应当留意这里也有严谨和规范。虽然后来我并没有跟随金先生从事他所擅长的两个领域，即楚辞研究和文艺心理学研究，但是，从他和其他一些老师那里，却体会到了一种学术的严谨和规范，记得我曾经给《文史》投寄过一篇关于晋代学者干宝生平的考证文章，被他看到后，便指出好几处文献引证却缺少注释的地方，让我修改补充后重新投寄，这让我从此记住了文献注释清晰和准确的重要性。

三十年后，我常常重新回顾自己所学的古典文献专业，就很有感触，这些感触虽然不是“先见之明”，但总算是“后知之清”。因此我曾经在一篇文章中说，“古典文献专业现在好像已经面临危机，也许现在的学生会觉得古典文献专业很枯燥乏味，但是，当年的古典文献专业却很有魅力。特别是，它的训练很像武侠小说里面写的那种打通任督二脉的练‘内功’，虽然没有花拳绣腿可以炫耀，也不能现炒现卖、包管实用，但是，这些知识训练却让学生长久消受不尽”。

四

做到规范和严谨，也许不那么容易，按照金先生的说法，我们这些年龄不一的学生，有的很“嫩”，有的很“野”，还有的人会写一些随笔、散文、诗歌，甚至还有人写过戏剧小说，特别是在那个激荡年代，谁耐烦青灯枯坐点读校雠、一板一眼守着故纸如蠹鱼？谁耐烦读了几大卷书却来写形式一律的提要或说明？可是，记得金先生为七七级上写作课，却用命题作文、互相批改、当堂点评的方法，让学生从天马行空回到准确整饬。大学毕竟是一个“研究学问”的场所，古文献毕竟是一个“整理国故”的专业，在那几年中，为了要养成既规范又严谨的学院研究之路，我们经历了重新给知识“洗牌”，用时尚的话说就是重新“整合”的过程。

不过，也许是因为我年纪较大，读书也多一些的缘故，从一年级开始，金先生就没有让我跟着他做楚辞研究和文艺心理学，也没有让我按部就班地按照古文献专业那种从文字、音韵、训诂、目录、版本、校勘的程序亦步亦趋，却总任凭我按照兴趣从古文献中自己寻找问题，那个时候，我一面读《四库全书总目》和《四库提要辩证》，翻遍了北大图书馆几乎所有的提要式书目，一面读《史记》、读《太史公行年考》、读《司马迁年谱》，并往下读《汉书》、《后汉书》等等，渐渐开始在中国史学方面培养了兴趣。

记得那几年时间里，他常常和我一道，在课余走到中关村大街那个朝鲜冷面馆去大吃冷面，我一直很奇怪，出生江南的他，为什么那么喜欢这种酸不酸甜不甜的冷面？不过，在陪他一起吃冷面的时候，我常常能够听到他天南地北地乱聊学术界各种往事，也聊到他在王瑶先生和游国恩先生门下的所见所闻。听了这些见闻，知道了学界深浅，读了一些专业的文献和论著，才觉得渐渐进入学术之门。有人常说，要看第一流的论著、做第一流的题目，可这还不够，只有知识并不能成为一流学者，第一流的学者需要有视野、境界和气度。当年读书北大的好处是，因为这里聚集了这些好学者，而这些好的学者，不仅在课堂上讲授知识，而且课余常常与学生闲谈，而闲谈中不经意传授的那些见闻、经验和体会，常常让人在不知不觉中提升了学问的格局和境界。

五

在北大七年，也和金先生相处七年。有时偶尔听他讲他自己的故事，现在想来也很有感触。他是1951年考进北大中文系的，第二年就是全国院系大调整，清华、燕京和北大的中文系合并于新的北大，他那一班的同学分别来自三个大学，后来我熟悉的，有先于金先生去世的沈玉成先生和裴斐先生，还有健在的白化文、程毅中、傅璇琮、刘世德等先生，在古典文学这一领域，说起这些人来真是大名鼎鼎，让人感慨有时候天才一个也不来，可是有时候天才往往成群地来，不知道是风云际会，还是时运钟于一代。可是，他们中的大多数却在“反右”时被一网打尽，好在他们都熬过了那折磨人的岁月，在“文革”之后都成了那一代名学者。他们彼此并不相同，有的思路敏捷如沈玉成先生，有的知识渊博如白化文先生，有的激扬如裴斐先生，有的沉稳如程毅中先生，正是因为老师辈中有这些出色的学者，能让我们七七级学生受益不浅。记得金先生不仅常常请白、沈二先生来讲课，也让我们到中华书局去听程、傅二先生讲“唐代文史研究史料”及“唐代小说史料”。

在学问上我不算是守规矩的学生，正因为跟着金先生认识了这些不同的老师，便恰好有了“转益多师”的机缘，因此反而离金先生的领域越来越远，而在人生上，我是一个亲历“文革”、年纪稍大的人，常常走在学术边缘去关怀社会，因此选择的课题也和金先生从事的文学专业不同。好在金先生的政策，用他自己的话说，他是“无为而治”，我可以“信马由缰”，可就是这种“无为而治”，反让我有更大的学术空间，也正是这种“信马由缰”，让我不再受学科和专业的约束。所以，可能现在的研究生会很奇怪，除了我和他合作撰写《古代诗文要籍详解》（北京出版社，1988；后改名为《古诗文要籍叙录》，由中华书局出版）那一段，也许讨论专业略多之外，在我和金先生那么些年的交谈中，内容涉及专业知识的少之又少，可是，在学问精神和风气上，却在这种不言中，得到了很多很多。

和金先生相处，前后差不多七年，七年中我也看到了他的多面人生。一个爱猫的长者，一个天真的文人，一个极其认真的教师，一个容易受伤的好人。现在，他虽然离我们而去，可是却给我留下了很多有关过去的温馨记忆。“遥知水远天长外，更有《离骚》极目秋”（朱熹诗），不知道为什么，现在想起他来，最清晰地浮现在我脑海的图景，却是他坐在蔚秀园宿舍那间狭小书房的椅子上

师友三十年*

——怀念章培恒先生

虽然我不是章先生的学生，但是，前些天我在章先生的悼念册上写了一句话，叫“师友三十年”。我认识章先生已经快三十年了，近三十年里，章先生对我非常好，我也始终把他当做自己的老师，也当做自己的朋友。今天写下这篇文字，一方面是纪念章先生，一方面要讨论他的学问。

所以，我想把话分两头来说。

一

和章先生交往近三十年。我深知，章先生跟我大不一样，也许，我和章先生只有一点共同兴趣，这就是我和章先生都爱看武侠小说，而且都看得很多。章先生跟我曾经比赛，说最烂的武侠小说某某某，你看过没有？我们经常这样开玩笑似地比赛。但很多地方我们确实不

* 这是在纪念章培恒先生会上的讲话记录稿。

一样，比如他爱喝酒，可我滴酒不沾，记得他曾多次嘲笑我，说“你连一口酒都不能喝，连助教水平都不够”。

说起来，在我们学界，章培恒先生是个很特别的前辈学者，我觉得也许可以用三个词来形容他。第一个词是“特立独行”，这一点很多人都做不到；第二个词是“任侠使气”，章先生是很个性化的、内心很崇尚自由的人；第三个词是“心细如发”，章先生其实对人是非常非常细心的，相处长了，你就会感觉到他的无微不至。

这段时间，我试着翻拣多年积累下来的信，想把章先生给我的信找出来再看看，在找的时候，不知为什么我常常会想起三件事。第一件事是 1985 年，高校古籍整理与研究委员会在上海复旦大学办一个高级讲习班，那个时候来讲课的人，都是一些重量级的学者，比如裘锡圭先生、周祖谟先生和黄永年先生，可是，那时居然也叫我这样一个刚刚毕业的研究生来讲目录学，心里不免有些惴惴不安。记得当时章先生非常鼓励我，我想，这说明章先生是不拘一格的，刚才听陈思和先生讲，章先生主持中文系时，非常提拔年轻人，大概当时我也是属于这样一个年轻人。后来，20 世纪 80 年代中他好几次专门请我到复旦来给他的学生讲课，这说明章先生是一个不按常规、不循俗套做事的人。第二件事是他在主持写《中国文学史》的时候，那时我也参与，负责写从中唐到南宋的诗、词、文。其实，章先生明明知道，我和他关于文学史的理念是很不一样的，当时我很重视语言，而章先生强调人性，但章先生并不约束我，让我很自由地写下去。所以，从这一点上可以看出，章先生在学术上既有很固执的立场，也有富于包容性的胸怀。第三个事情是大概在 2003 年，他要重编《大学语文》，那时候他已经身体不很好了，曾经半躺在席子上，和我商量整体章节的设计，那时候参加编写的是五个人，有在座的廖可斌先生，还有严家炎先生、吴福辉先生，但很遗憾，一直没有编出来，我后来慢慢地回忆这个过程，我觉得，也许是章先生自我要求太苛，标准太高，因为他对自己的要求很严格，你看他的文学史新著，他改过来改过去、改过去改过来，用了多少心血。

所以，我觉得章先生是这样一个有特点的人，我们很多朋友都尊敬章先生，就是因为章先生有人格魅力，人格魅力是一个领袖型学者所必须具备的，这种人格魅力在很大程度上就来源于他特立独行地做人、任侠使气地表现个性，以及心细如发地照顾别人，这使得大家对他有一种感恩，或者说敬佩。

二

这是说他的为人。如果从学术上来讲，我觉得章先生一生的学术生涯中，有几点给我印象非常深，实际上，这也是他常常教学生的东西。第一点，大家都知道他最早一部著名的著作是《洪昇年谱》，编年谱是要做基础工作的，要大量的史料，做大量非常细致的、绣花针式的考证，这种训练是我们这一行必须有的，如果没有这种训练，没有这种基础，基本上就是在沙上建房子，看起来很漂亮，最后是会垮台的。所以我想，章先生后来带学生，要求很多学生仔细地做一个年谱，也许这样的训练是非常实用的，能使学生一开始就进入一个非常扎实和细致的习惯，章先生本身就有这样的本事。我记得，有一段我和他聊天，他经常特得意地跟我讲，“我有好多本事，你们年轻人可能都不知道”，正像刚才王先生说的，《德意志意识形态》他是读得很熟的，所以他也有理论训练。章先生还精读过《说文解字》，精读过《史记》，既有小学基础又有历史知识，我想，这使章先生后来既有绣花针式的基础功夫，也有宏大的理论关怀，这是现在很多人所缺乏的。第二点，大家都知道，他有一本书叫《献疑集》，章先生有时候想问题，会和别人不太一样，基本上像胡适讲的“在不疑处有疑”，在别人没有看到疑问的地方他有疑问，所以，他总是要说一些和别人不一样的话，不管这些话对不对，在我看来，学术的意义并不只是说拿出对和错，而是你拿出一个观念，让大家跟着你去思考，这种提出疑问的能力才最重要。章先生就是经常这样献疑、献疑、献疑，尽管他的疑问也许最后不能确凿落实，但他给后人开了一个新口子和新道路。第三点，我觉得章先生在近二十年来一直有一个想法，他希望在一个比较长时段的脉络里面，了解整个中国文学的变化，这一想法就是后来他跟陈思和先生合作开“古今文学演变”这个栏目的初衷，也是他申请“古今文学演变”博士点的目的。我很理解章先生这个想法，章先生是一个有浓重的“五四情结”的人，“五四”对他来说，是一个指引他后来对古代文学和现代文学进行判断的重要基础。虽然我一直想，章先生之所以这样去做，可能不仅仅是一个单纯的学术问题，可能更是一个复杂的观念问题。

我们都知道，章先生一生其实是坎坷不断，可是难能可贵的是，他一生都没有变过。

三

我和章先生交往差不多三十年，曾经和他一起工作，也经常和他一起交谈，虽然后来在他病重期间见面少了一点，但我一直觉得他帮助我很多。特别是，2006 年我从北京清华大学到复旦大学来的时候，我记得很清楚，他在正大中心的咖啡厅里面，跟我谈了近三个小时。他一再地告诉我，你要做事，需要注意什么。他给我打过很多预防针，要我看到前面将会有的问题和困难，但是他始终在鼓励我往前走。所以我想，我们悼念章先生，最好的方法，可能是把章先生一些学术的想法总结出来，让后学能够按照他的想法去做，也把他的做人做事精神和立场学过来，传给更多的年轻学者。

这就是我的感想。

那一道不曾消失的风景*

——在往日书信中怀想朱维铮先生

临赴美国的前一天下午，到龙华殡仪馆参加朱维铮先生追悼会，看着灵堂前一遍遍播放的录像，脑海中不断闪回二十六七年来与朱先生交往的片段，音容笑貌犹在，难以相信斯人已逝。虽然在朱先生刚刚离去的那几天里，接受过《文汇报》的访问，也说过一些有关朱先生思想与学术的感想，但还有很多话没来得及说。从龙华回来后，再次翻检当年朱先生往来信札，仍然在想那过去的二十六七年。

我把这些信札从复旦带到了普林斯顿。

一

我和朱先生是1985年认识的。那一年，高校古委会邀请我到复旦大学给古籍整理培训班讲版本目录学课，先后见到了章培恒先生与朱维铮先生。那时，他们不过五十岁上下，章先生正如我去年说的，既

---

* 原载《东方早报·上海书评》2012年4月22日。

是“心细如发”,又是“任情使气”,而朱先生则如同李逵下江州劫法场，月旦世事的时候，“抡双斧排头砍去”。两人都眼界甚高，是性情中人，一样爱喝酒，便成了复旦引人瞩目的两道风景。我很快和他们熟悉起来，其后几年，我多次在复旦挂单开课，都是缘于章先生或者朱先生的邀请。1992 年我调到清华大学，不太能够常到复旦，便多依赖书信往返。不知道为什么，现在留下来的章先生信很少，但朱先生却有好多封。朱先生写信很有特点，一是按照古代的方式竖行书写，抬头落款都很规矩合传统，二是方方正正又略有圆角的“朱体”，与朱先生锋芒锐利和肆意纵横的风格并不吻合。

这也许透露了他的真性格，外表犀利而严苛，内心却柔软而善感。有些小事可以说明，虽然朱先生对同辈往往不留情面，但对晚辈却很热心扶持。现存最早写于 1991 年的三封信中记载了这样两件事情。一件与我有关，那时，他曾极力动员我去北京的历史研究所，当时我正在办理从扬州师院调往清华大学的手续，他一面向当时负责中国文化史研究室的步近智先生、张安奇先生极力举荐，一面在给我的信中劝说，“非因历史所是理想去处，而因某某某同意此室可从京外高校或社科院调人，我想你去清华，在事成之前未必可算已成，何妨增一种可能性？故未征得你同意之前，即复函步、张推荐了你”（1991 年 8 月 28 日）。但我当时已经答应清华，所以在见过步、张二先生后仍婉拒了邀请，得知消息，朱先生又写信劝我说，虽然历史所并不理想，但是“大环境不好，小环境未必不好”，调往清华大学的事情，不到最后落实，仍然要留一个后路，“中国的事，凡事都必须退一步着想，所谓‘到手才是真的’是也”，甚至说到“况且户口入了北京，‘跳槽’也不在乎”（1991 年 9 月 6 日）。

另一件事与一位年轻学者有关。朱先生对年轻人更是尽力帮助。当时，这个年轻学者正在被打压而“失业”中，我和他熟识，便向朱先生推荐，并不认识他的朱先生爱才心切，也对他被无端打压相当愤怒，所以反复疏通复旦大学接收，不知为什么，当时那位年轻学者却没有痛快地从北京到复旦，也没有及时寄来材料，这让朱先生很失落，但在给我的信中，只是淡淡地说了一句“我理解当今年轻人的心态”，并说“今后要我帮助，仍愿效劳”（1991 年 8 月 6 日）。稍后，朱先生又委托学生李天纲为他活动上海社科院世界史研究所，并且亲自出面找了唐振常先生关说，可惜简历寄来太迟，不能通过。但朱先生仍然托我转达，希望他尽快拿到他老师的推荐信，“只要评论他的学问人品即可，用不着写收信封条，望他尽快寄给我”（1991 年 9 月 27 日）。这件事情直到五年后才算办成，打心底里欣慰的朱先生又给我写信说，“某某某已到敝系报到，此事凡历五年，内中曲折极怪，可谓中国特色”（1996 年 9 月 16 日），至此他才放下心来，出了一口长气。

有时候，了解一个人很难，严苛的外表下未尝没有柔软的内心。

二

当然，朱先生始终标尺很高，说话也始终很坦率。或许是因为彼此熟悉，也因为他是长者，所以，有时信中的话说得很直白。1993 年我在《东方》杂志上写了一篇《容忍比自由更重要》的杂文讨论胡适，或许意思写得不清晰，他便写信告诫说：“恕我直言，似属草率……直抒胸臆非常可贵，然而行文之际，似当考虑不为媚俗者留下把柄。”（1993 年 5 月 15 日）1997 年我在清华大学为他人操办“20 世纪国际汉学及其对中国的影响”国际会议，代主持者写信邀请朱先生，因为正式的邀请信中有一个讨论题是“国际汉学影响下 21 世纪中国人文学术之趋势”，所以他皮里阳秋地讽刺说：“那是跨世纪人才的专利，我连本世纪已过去的‘人文学术’也不甚了了，何敢谈‘趋势’？”（1996

年9月16日）更写下了一篇《聋子的对话》，“题虽不雅，且有伤众之嫌”，但他的实话实说，却给会议留下了一致认为“可以引向深入的讨论话题”（1996年9月16日）。还有一次，当他看到《文汇报》上我关于学术规范失落的文章，他便不客气地说，文史学界的弊端，不能仅仅归结为我所说的“市场的影响”、“媒体的推波助澜”、“行政官员当学术之政”，应当直接指出弊端来自一切以“政治挂帅”，他责备我“格于势禁，未能畅发宏旨”，只能“婉而讽，怨寓怒”（2003年3月9日）。

更多往来信札因为涉及思想学术界，朱先生便不假辞色了。在这些私人信札中说的话，他也大多在公开场合说过，所以我不妨引用，可见他表里如一地“疾恶如仇”。例如，对某京中著名学者，他很鄙夷地讽刺他“大事招摇，发言亦大吹自己，隐然以京中学界班头自居，甚觉可笑”（1992年10月20日）；对参加国外某会议的中国学者，评论说“没有论出什么名堂，大陆去的几名‘青年理论家’尤其令人失望”；对于当时的上海学界，他说“还是那样，用六十年前鲁迅的话，天气与文气均不像样，天气变幻无常，乃此季节之常规，文气之低落，文人之瞎碰，文坛之混乱，学界之凋零，均为多年罕觏”（1993年1月1日）；而对一些曲学阿世之人之事，他直言不讳地怒斥，“一批‘鸟人’热衷献策，纠集起来搞所谓国情报告，大吹大擂，取媚当局，旨在渔利，令人作呕”（1993年5月13日）。

这就是他的风格，因了这风格，他成了复旦甚至上海的一道风景。

三

《文汇报》记者访问我的时候，我曾经说到朱先生“一直在做的一个工作是我们现在人很少去做的，就是他作为学术的组织者和资料的

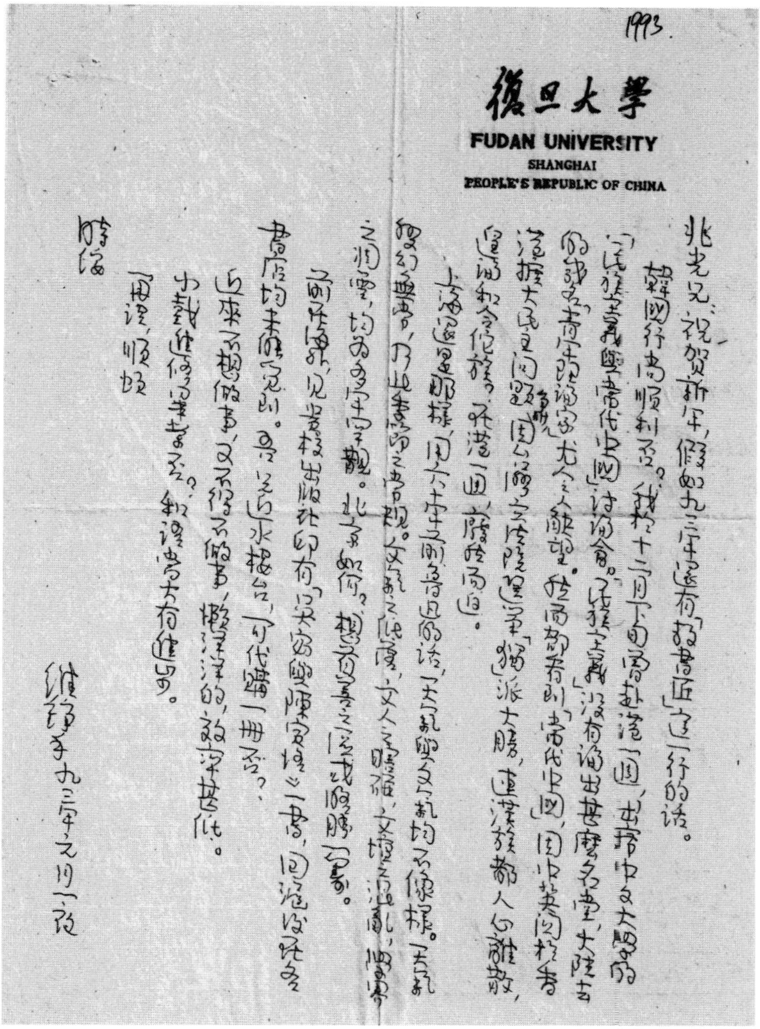

1993.

復旦大學
FUDAN UNIVERSITY
SHANGHAI
PEOPLE'S REPUBLIC OF CHINA

兆光兄：祝贺新年，假如九三年还有「教书匠」这一行的话。

韩国行尚顺利否？我于十二月下旬曾赴港一周，出席中文大学的「民族主义与当代中国」讨论会。「民族主义」没有论出甚么名堂，大陆去的几名青年理论家尤令人失望。结果都看到「当代中国」，因此英国和香港据大民主问题，因台湾实际是「独」派大胜，连汉族都人心离散，遑论和今后族。在港一周，颇觉而回。

上海还是那样，用六十年代前的话，「天气」与「文气」均不像样。「天气」变幻无常，乃此季节之常规。文气之低落，文人之瞎碰，文坛之混乱，似为之润变，均为多年罕睹。北京如何？想有异常之战或腾宕。

前信说，兄要校出版社印有「吴宓与陈寅恪」一书，回沪后走各书店均未见到。吾兄近水楼台，可代购一册否？

近来不想做事，又不得不做事，懒洋洋的，效率甚低。

小截进行写作否？我估计当大有进步。

再说，顺颂

时绥

维铮手 九三年元月一日

1993 年 1 月 1 日朱维铮致作者信

整理者的工作”。

人人都知道，编（纂）校（勘）注（释）这些资料整理工作是琐细的苦活儿，既要焚膏继晷地排比对勘，还得上天入地地查找，更需一点一点地爬梳。朱先生何尝不知道自己为此耽搁了太多精力？1996年的信中他说，“被《传世藏书》稿纠缠不已，至今尚有八种校样待定，当初却不过钱伯城的情面，答应担任经学史类及先秦至五代诸子类两部分主编，岂知没学会当‘甩手掌柜’，结果九十种千八百万字校点稿，得通读两过，有多种等于重搞，而湖南的编辑部迭相催命，致使别的事都不能做，总之大倒其运”（1996年9月16日）。朱先生去世后，我看到他的弟子记载，他在病榻上还鼓励学生要抓紧时间写书，对自己没有拿出更多的著作，似乎也有一些懊悔。1998年，旧金山大学的马爱德教授在香港去世，老朋友弃世的消息让他很伤感，也联想到自己的今后，他给我写信叹息道，“我大概命中注定碌碌无为，总在穷忙，总拿不出‘专著’……我也年逾花甲了，得想想后事，在学问上留下点什么，因而以后不想再打杂，真的潜居，理理旧稿”（1998年2月9日）。可是，他的事情太多，事情太多是因为表面孤傲严苛的他，其实往往心软抹不开面子，抹不开面子就被一个又一个“友情出演”的“活儿”所累，以至于他的《经学史》、《史学史》都没有完成。不过我想，正如前贤所说，那些看上去结构宏大的著作也许时过境迁就烟消云散，而朱先生留下的基础资料却天长地久始终有人会用。就像他编校的那十册《近代中国学术名著》，曾给很多步入近代学术史和思想史的学人提供了方便，虽然他也在信中向我大发了一通“得不偿失”的牢骚。

可是，至今我仍然认为这些编校注，也许是他在当代中国学术史上最重要的贡献之一。

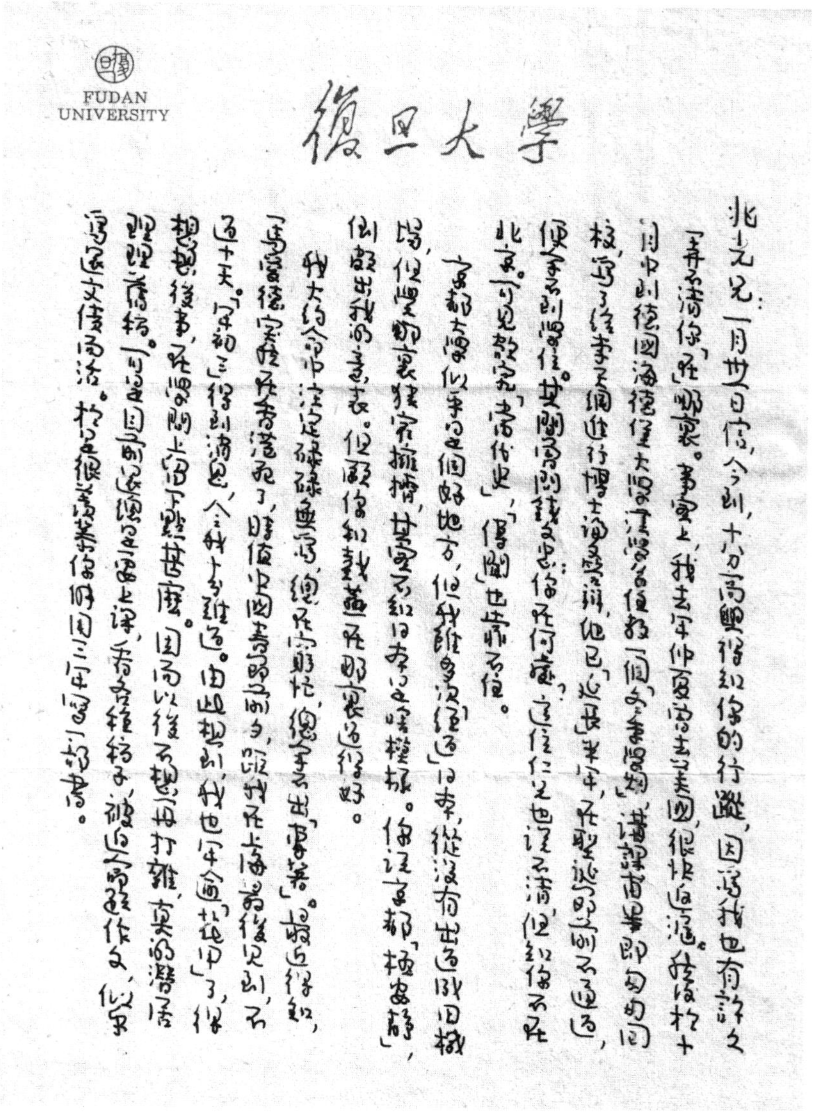
兆光兄：一月廿日信，今到，十分高興得知你的行蹤，因為我也有許久「弄不清你」在哪裏。事實上，我去年仲夏曾去美國，很快返滬。接著於十一月中到德國海德堡大學漢學系任教一個「冬季學期」，講課甫畢即匆匆回校，為了給李天綱進行博士論文答辯，他已「延長」半年，不能延期而不通過，便來不到哪裏住。其間曾問錢文忠你在何處？這位仁兄也說不清，但知你不在北京。可見教究「當代史」，「傳聞」也常常不實。

京都大學似乎是個好地方，但我雖多次「經過」日本，從沒有出過成田機場，但覺那裏狹窄擁擠，其實不知日本之嘈雜擁擠。你說京都「極安靜」，倒激出我的羨慕。但願你和戴燕在那裏過得好。

我大約命中注定碌碌無為，總在窮忙，總寫不出「專著」。最近得知，「馬[illegible]宗師」在香港死了，時值中國春節前夕，說我在上海前後見到，不過十天。「年初三」得到消息，令我十分難過。由此想到，我也年逾「花甲」了，很想想後事，在學問上留下點甚麼。因為以後不想再打雜，真的潛居理理舊稿。可是因所還需要上課，看各種稿子，被迫為人作文，似乎寫短文便為活。所以很羨慕你能用三年寫一部書。

1998 年 2 月 9 日朱维铮致作者信

四

很多人都说，朱先生好骂人，好议论时局，而且一说起来会情绪激动。朱先生有时会过于偏激，会遣词过度，这我理解。不过，这是那一代知识人压抑的情结，他们虽身在学界，却未能忘情社会。

1999 年 1 月，情势让人感到困惑和压抑，那个时候，我们虽然已经改用电话联络，写信已经不多，但我仍给朱先生写了一封信说：“北京越来越不让人愉快，各种主义和学派浮出水面，但水下却并无冰山之硕大底座，唯旗帜与口号而已，颇如孔明于新野所布疑兵，‘远见旗旌招展，尘土大起’，却不曾有真兵真卒。说话者面对听众，心里却预设了另一些有权有势之‘知音’，希冀‘听者有心’时的喝彩，于是‘学术’多掩着‘政治’，‘思想’多直取‘利禄’。能谈谈的人越来越少，只好闭门读书——却也不曾真闭得了门。”那时，恰逢朱先生在香港访学，他辗转看到来信，便回信说，在上海也同样寂寞，“你在京尚感寂寞，以为（无）可谈学之人，不知在沪江感觉如何，此间氛围更令人气闷”（1999 年 2 月 1 日），我能理解他的寂寞。

因为寂寞，有时会愤激。他曾经自嘲，他无权无势，只有“秃笔”和“臭嘴”。所谓“秃笔”就是写横扫千军的文章，所谓“臭嘴”便是口无遮拦地快意评说。也许，很多人会把它归结到“性格”，我却宁可把它看成是“立场”。和光同尘便不至于情绪激动，黑白分明却容易疾恶如仇，我理解，朱先生所骂所斥，并不全是个人的恩怨情仇，多半是来自政治判断和思想立场。近乎固执的立场，带来不假辞色的表述。这也表现在他的学术论文和演讲谈论中，无论他对孔子的评说，还是对经学的看法，无论是对时下潮流的讥讽，还是对学界人物的月旦，我想都与他习惯的启蒙立场有关。他的老师周予同先生继承五四新传统，用走出神学时代的态度对经学史进行研究，也许很影响了朱先生那些“走出中世纪”的想法。他多年来始终不断地编校周予同有关经学史的论著，也始终用他的老师的态度，对待同样的经学史领域，裁量各种思想与学术的风气。1998年，我曾经给他编的《近代中国学术名著》写书评，他写信中一面客气地称道书评“认真而精彩”，一面坚持陈说他对近代学术和思想的不同看法。正是在这一封信中，他提到了后来被广泛引用的，有关传统中国“学”与“术”的著名观点，表示要与某种思潮针锋相对，也开一系列讲座，“仍然旧调重弹，以为中世纪中国‘学’和‘术’实二致。倘说有一以贯之的传统，只能说指‘学随术变’”（1998年12月11日）。

如果“学”不肯随着“术”变，就只好站稳脚跟，在各种扑面而来的潮流中挺直脊梁，趋势让人趋时，趋时便得安稳，安稳便可雍容，可是，不趋时、不安稳、不雍容，只好针锋相对，“抡大斧排头砍去”。他的一个口头禅就是：“如果不这样，那怎么办呢？”

五

在美国普林斯顿小镇，星月当空，夜阑人静，想起二十六七年的往事，却不知道该说什么是好。我当然知道，“亲戚或余悲”，不久就会“他人亦已歌”。我不太愿意说后两句“死去何所道，托体同山阿”这样的话，总觉得那多少有些自我安慰。不过，有的人离开了，几度夕阳红，风景却已不在，有的人先走了，却留下了深刻的记忆，也留下了异样的风景。朱先生呢？也许那些一掌一掴血、一鞭一道痕的快言快语，会让我们始终记得这个肆无忌惮、口无遮拦、快意情仇的学者。

附录一

运化细推知有味*

——关于20世纪30年代佛教研究史的随想

1929年，胡适写成了《菏泽大师神会传》，蒋维乔出版了《中国佛教史》，之后，整个20世纪30年代成了中国佛教研究的黄金时代，吕澂出版了《印度佛教史略》(1933)、李翊灼出版了《西藏佛教史》(1933)、黄忏华出版了《佛教各宗大意》(1934)、周叔迦出版了《唯识研究》(1935)、虞愚出版了《因明学》(1936)。1936年，已经去世的梁启超的《佛学研究十八篇》在中华书局结集，1938年，四十五岁的汤用彤的名著《汉魏两晋南北朝佛教史》在长沙由商务印书馆印行。现代佛教研究史上，好几种至今人们仍置于案头的重要著作，和好几个至今人们仍难以逾越的学者，都出在20世纪上半叶这十年里，这使你不能不承认命运的分配并没有公平原则。“江山代有才人出”的说法只是一种自信或者自慰，命运有时候太眷顾一个地域，有时候又太偏爱一个时代。记得当年有人不无自豪地写文章说，造化钟情于湘，那是说百年间湖南人中，论名臣有曾国藩，论诗人有王闿运，论烈士

* 原载《读书》1994年第7期。

有谭嗣同，论画师有齐白石，当然，论领袖还有毛泽东。现在我们只好不无沮丧地说，佛教研究史太钟情于那十年，那十年里有过胡适，有过陈寅恪，有过陈垣，有过吕澂，当然还有汤用彤。

一代有一代的风气，一代有一代的命运，本来没有必要在某个具体领域与前人争胜较先，“若余生于楚汉之际，与刘、项中原逐鹿，不知孰胜孰负”，这种傲气当然令人肃然起敬，但却当不得真。我们尽可以用种种理由来嘲讽这种堂吉诃德般的比试，不过，在几乎同样的人文学术上，前辈与后辈几十年中有如此大的差异却让人深思，“于乱军中驰骋取上将之首可也，与乱世中持三尺法平定天下可也，然生当太平盛世，则百无一用为一书生耳”，这种自我解脱的或自我解嘲的话却不足为训。既然在不太遥远的时代，已经有过那一段辉煌，既然在同一领域中，操戈的后辈不如前辈，总得想一想其中的缘由，“运化细推知有味”，也许，就这“想一想”中还能悟出一些什么来。

一

是得认真想一想了，两年前，我在写《十年海潮音》一文时曾注意到，20世纪20年代的佛教新运动越俎代庖地把自己当作意识形态，于是总是力不从心地左支右绌，虽然奋力抗争，却终究归于消沉。我因此想到了恪守宗教定位之难，也感慨他们命运之多蹇。最近，我看20世纪中国佛教研究史的资料，又注意到30年代前后的佛教研究，在阅读资料时，也注意到那个时代佛学研究的进境，和前十年佛教新运动形成对照的是，他们严格地恪守了学术定位，于是写出了至今仍不过时的佛教研究论著，使中国佛教的学术研究有了一个坚实的基础和辉煌的开端。

“难以智昙共谈义，夕阳犹照宋残碑”，读这些论著，常让我感慨他们的知识渊博、视野开阔和论断的周密严谨，也感慨他们命运之有幸，这感慨使我又一次想一想，想着想着心里渐渐出了一个问题，为什么那个十年会造就这么多大师，而这十年的辉煌又在我心里渐渐成了一个疑问，这疑问用一句话来说就是："现在还能再现那种学术的辉煌吗？"

很难很难，虽然并不是没有希望。但造就那一个辉煌时代的很多"缘"现在都不复存在，学术史上的一代大师并不完全是他们自身努力的结果，而常常是机缘凑合的产物，"缘"这一字有些宿命色彩，不过有时候，你却不能不相信这宿命的"缘"，那个时代佛教研究中能出这么一些著作与学者，文献的大发现、新旧学的交融和学院式研究的独立恐怕就是极重要的三个因缘。

二

1925年，王国维在《最近二三十年中国新发现之学问》中曾说到过一种并非绝对但颇普遍的现象，即"古来新学问起大都由于新发现"。不过，新发现并不像种瓜得瓜、种豆得豆那样，春种就会秋收，埋在土里、藏在洞里的文物和文献并不会自己出来按时献宝。"发现"两字常常就是意味着偶然，盗墓而见汲郡竹书，贩药而得安阳甲骨，那个不知是该杀还是该夸的王道士鬼使神差地叩了叩墙，就打开了足够学者钻研好几代的敦煌藏经洞，这种并没有成算的"发现"，落在哪一代学者身上都是一种幸运，而佛教文献足以自豪的几大发现，偏偏都机缘凑合在那一个时代。失传千年的唯识学著作在本世纪初被杨文会从日本请回，引发了唯识学在中国的复兴，唯识学在中国的复兴造就了一批思维缜密、注重逻辑、长于分析的佛教研究者，论经义分析则有欧阳竟无的《内外学》，论概念精解则有朱芾煌的《法相辞典》，论借题发挥、自成新说则有熊十力的《新唯识论》，论融唯识于社会改造思想则有太虚《法相唯识学》。一改过去佛教研究以直觉感悟为手段的陈旧方式，养成了文献考证与逻辑分析并重的风气，无意中为学院式的研究取代信仰式的宣传开了一条生路，因为在这些复杂细琐的经典面前，一切灵机一动的聪明与直觉感悟的机智都无所用。敦煌佛教文献在二三十年代被逐渐整理与公布，更引起了佛教研究的大变化，过去“层层积累”的佛教史定说，在这些并不说话的文献中又“层层剥落”了千年尘封的外壳：《大云经》是武则天伪造符谶的说法，在敦煌出土的文献印证和陈寅恪的细心考证下终于被推翻；千年以来一花五叶、六代传承、五家正宗的南宗禅史，在敦煌文献的面前被胡适一笔扫出了老大的破绽；原先已经被佛教史堙没无痕的三阶教，凭了敦煌资料又恢复了它在隋唐间那一段兴盛的历史。就好像一幅假画掩盖了下面的真迹，敦煌藏经洞的打开，仿佛不经意的一阵雨，冲洗了上面的油彩，让人看到了底下的真相。在日本、朝鲜、中国陆续发现的逸书遗册和印度、锡兰、缅甸传入西洋的佛教旧典，偏偏也在这个时代呈现在学界眼前，我们看吕澂《佛教研究法》里开出的书目，可以知道那一个时代学者的幸运，比起他们的前辈来，他们不必再守着那“经过和尚篡改过的史料”来写他们的著作了。地下出土的和西洋传来的文献已经给予他们一个“重写”的机缘，因为文献并不仅仅是资料，它挟裹了观念与定论，使人们不得不依从它所给予的框架来构造过去的历史。仿佛一匣子现成的积木，当你只有这些木块时，你只能按照它原来的设计，搭出预定的房舍宫殿，无论你如何变化都只是局部修正，就好像巧妇难为无米之炊。可是，一旦有了这种文献的大发现，那么，就可以撇开设计者给你留下的图纸，重新构想整个历史的原貌。中国20世纪30年代的佛教研究尤其是佛教史研究的新进境，在很大程度上就得益于新文献对旧史料的证伪与瓦解。

文献的大发现当然并不仅仅是使它重见天日。“发现”一词中应当包含对它的意义的阐释，于是，“发现者”并不等于“先睹者”，就像甲骨文的发现者并不是卖龙骨的安阳农民或买龙骨的药材贩子，敦煌卷子的发现者不是打开藏经洞的王道士一样，新文献的发现如果没有高明的阐释者也不能成为“新学问”。王国维那篇著名讲演中，也承认汲冢竹书的出土是一个例外，没有高明的阐释者，没有热心的学问家，汲冢竹书除了一部《穆天子传》外几乎灰飞烟灭，另一部本应引起一次历史学大变革的《竹书纪年》，也在冷遇中几乎荡然无存，害得好辑佚的清代人还得仔仔细细地从古书所引的只字片言中搜罗它的痕迹。本世纪文献的大发现，很幸运的是遇上了中国历史上罕见的一代学者，中国这一代学者很幸运的是他们正处在新旧东西文化与学术接触的锋面云带上。注重考据的乾嘉传统与注重方法的西洋学术，正好在他们这里融汇为一种严谨而清晰的思路，使他们对文献的搜集与前人一样兴趣盎然，而对文献的分析则比前人多了一些理论背景。

说实在的，东西文化与旧新学术的十字路口，会令人不知所措地彷徨，也会使人左右逢源地明睿，这全在于人们用执其一端的固执来面对它，还是用兼收并蓄的豁达来应用它。也许，那个时代的学者并没有自觉选择的意识，不过那个时代的学者却实实在在地受惠于这十字路口的四通八达。幼年时所受的训练和成年时所受的熏陶，私塾的教育、洋式学堂的教育，以及家庭的潜移默化、外国的无形影响，在他们这一代身上既造成心灵的痛苦，也达成了学养的丰富。胡适之似“新”，但他在禅宗史考证中用的，却实际上是乾嘉式的文献学方法，陈寅恪似“旧”，但他在《大乘稻芋经随听疏跋》等论文中用的却是西洋式的语言学知识。陈垣并不以西学修养著称而以国学功底闻名，但他参看的东西洋宗教史资料之多，却可以让后世的研究者惭愧。汤用彤倒是有哈佛大学科班出身的洋底子，但看他作《汉魏两晋南北朝佛教史》时对佛史文献的考证，却足以让自命乾嘉正宗的考据家汗颜。更重要的是，他们在面对佛教史时，不仅有前代传来的考据传统，还有一种过去从未有过的思路与眼光。我总觉得，今天的人们在回顾当年学术历史的时候，有些高估了那个时代人们的“知识”而低估了那个时代人们的“见识”，今人啧啧称道的似乎总是他们读了多少多少书，他们能背多少多少诗，他们会说多少多少门外语，但是，当我重新看20世纪佛教研究史的时候，察觉到他们早在一百年前就在自觉地使用的一些方法，如今我们不少人却不太会用了。你读《等不等观杂录》中杨文会和南条文雄的来往信札就可以知道，杨文会对语言学与佛教研究的关系尤其是梵文与佛典的关系有多么明确的认识，无怪乎宋恕、章太炎都要想方设法地了解或学习梵文，更不必说后来的吕澂、陈寅恪了；而重新看20世纪佛教研究史的时候也发现，他们早在一百年之前就在深思熟虑的一些问题，至今我们不少人还在当作新鲜话题在兴致勃勃地讨论。你读《文廷式集》里的“独逸哲学与佛学之比较”，就可以知道，现在似乎很时髦的所谓比较哲学，几乎在一百年前的士大夫那里就有了，他们已经在思考不拉度（柏拉图）、堪度（康德）、士批诺查（斯宾诺沙）、来普尼仔（莱布尼兹）与佛陀、马鸣、龙树、世亲之间的异同。更不必说30年代那些已经成为现代学者的人了，就说汤用彤吧，你读《印度佛教史略》和《汤用彤学术论文集》中关于叔本华、亚里士多德及希腊宗教的论文就可以知道，他们的内囊里绝不只是乾嘉前辈的考据手段和出洋学生的外语功夫，他们在面对佛教史的时候，其实已经有了现代学术意味的一整套方法与观念。

还应该提到的是佛教研究的学院化。学院化除了指研究中的学风严谨外，还指在研究中的价值中立与情感淡化。20世纪30年代这批拥有了新文献与新方法的学者，如果依然像本世纪初的章太炎、康有为、谭嗣同或梁启超，把佛教当作一种促进群治的思想资源，或一种发起信心的宗教信仰，试图越俎代庖地用学术充当意识形态，那么，这种研究就不免离开了学术而趋向了政治，很难把持自己的价值判断与情感介入。我并不否认这种愿望的真诚与伟大，也不否认这些思想在思想史上的意义，不过，我并不认为这样能造就一代学者。在历史研究已成为学术的职业，而社会关怀早已成为政治的畛域的时代，学问与思想并不可能完全重叠。相当多寒窗苦读的学人总希望将学术挪移到思想上来，收拾一片人心，“书中自有黄金屋”的“屋”在他们的意识中，是“大庇天下寒士俱欢颜”的“广厦”，但实际上，这常是一种天真而善良的幻想，真正能做到的，其实只是以学术研究本身为自己安身立命的归宿，以学术研究求真为自己实现价值的目标。“书中自有颜如玉”的“玉”说到底只是“守身如玉”的“玉”，要使学术不致承负太重的政治责任，要使研究不致遭受太多的情感困扰，那“一片冰心”只能“在玉壶”，也就是说只能在学院的书斋与讲堂。

陈寅恪曾经说过，他对晚清的史事很熟悉，但他不愿意把它作为自己研究的课题，因为这种题目很难防止自己感情的介入，吕澂也在《佛教研究法》里说，佛教研究“应以历史为贯穿，而务去宗教信仰之夸张，期得道理之实际”，要得到“道理之实际”，大概就需要研究者一面小心对研究对象有过多的情感依恋和心理偏向，一面小心与社会实际有过多的实用联系和暗示意义。也许有人会说，梁任公一身兼思想家与学问家，也许有人会说，胡适曾游移于论政与问学之间，但是，这种脚踩两只船的现象所付出的代价，常常要在学术成就上表现出来。我以为，真正使得20世纪30年代佛教研究有一大进境的原因中，不能不说到相对稳定的、职业化的、摆脱了实用意味的学院化研究群体的形成，从1911年蔡元培聘请并不很学院化的梁漱溟到北京大学来之后，20年代起，梁启超、陈寅恪、王国维在清华，胡适、汤用彤、周叔迦在北大，陈垣在辅仁，到30年代，佛教研究的重心就从思想界宗教界逐渐转移到了教育界，而那种较少染有意识形态色彩和宗教信仰色彩的学术研究才能在逐渐成熟与独立的学院中兴起。

三

其实，稍微回顾一下历史就可以知道，30 年代佛教研究者接续的并不是一个令人轻松的时代，19 世纪佛教已经衰微破败得不成样子，清中后期在佛教上名声显赫的几个居士像彭绍升、龚自珍、魏源之流，其实根底并不深，连守成尚不足，更谈不上创业，最多不过是站在信仰主义立场上为佛教唱唱颂歌，算不上佛教研究，而佛教中人呢，就更不须多说，1879 年，寄禅就叹过气："迩来秋末，宗风寥落，有不忍言者。"也难怪有人要跌足痛恨"讲教者唯知有《法华》《楞严》而已，修持者唯知弥陀一句话头一个而已，解陋行浅，于其为极"。晚清以后倒是佛学大兴，出了杨文会、康有为、章太炎、宋恕等一批人，不过，他们中大多数人是借佛理讲新学，一半是为着开掘思想资源，一半是为着倡言社会革命，据梁启超说康有为、谭嗣同的热情来自对大乘佛教的信仰，据章太炎说人有了佛教思想"才能勇猛无畏，众志成城，方可干得事"，无非是夏曾佑那句话的意思："非宗教之理大明，必不足以图治也。"所以，衰也罢，兴也罢，都还不是现代学术史意义上的佛教研究，随着清帝国的崩溃和革命党的胜利，鼓吹革命的佛教思想随着革命的成功已英雄无用武之地，于是又是一个短暂的沉默时期，1911 年辛亥革命的前夕，影响了晚清一代佛学思潮的杨文会逝世，象征着一个时代从此结束。

可是，回顾一下历史又可以知道，20 世纪 30 年代的佛教研究者所处的又是一个幸运的环境，文献之发现与资料之共享的便利、西学之理论与国学之传统的交融、学院化研究之兴起及大学的相对独立，各种机缘正巧凑合于这个时候，是偶然也是必然，造就一代学术大进的机缘既然正好在这时聚合，中国佛教研究史上就出现了那么一批学者一批经典。当然，很遗憾的是，内忧外患及内忧外患所带来的心理波动常常使这些学者有时候难以沉潜与深思，传统的观念与习惯常常使他们有时候背离客观与中立的学术立场，“习气多生磨不尽，心头恩怨未模糊”，文献专家也罢，学院教授也罢，人难以忘情于自己的民族、自己的社会，书斋生涯中总有意气顿生的时候，粉笔春秋里总有拍遍阑干的时候，于是那些严谨的著作中有时会突然偏离正题议论横生，有时会悄悄埋伏暗示褒贬时政，充当思想家的热情与扮演改革者的愿望虽然显示了他们的人格与精神，但也使他们本应达到的学术水准不免要打些折扣、减些分量，无论是胡适、陈寅恪、陈垣还是汤用彤，但是，毕竟机缘凑合使那个时代有过一段辉煌，这辉煌使得后人在相当长的时间内要在他们的余光下行走，迈出这一段辉煌要花相当艰苦的努力。

需要追问的是，现在我们还会拥有这种辉煌吗？前面我说过，“很难很难”。还是用上面三项机缘来看吧，新文献的发现并非没有，但其意义绝对不能与世纪初敦煌文书之出土相比，那时的发现仿佛陡然在眼前出现一片新大陆，而现在的发现常常仿佛只是寻到了一两块过去未曾注意到的绿洲，欣喜固然欣喜，但毕竟只是给旧裤子上打补丁而不是另裁新布料，大小尺寸式样都不可能另起炉灶；西学的新理论新方法并非没有，但迅猛涌来的各种新思想仿佛与研究并不沾边，中断了几十年的接触使思想的消化成了难题，而断档的引进又仿佛没有学到内功只学了招式，国学的功夫没有坚实，西学的理论也似乎是半路出家，匆匆上场，让人觉得这只是花拳绣腿，看上去眼花缭乱却上不得战阵；学院化的研究群体固然比过去在数量上膨胀了几十倍，但质量的劣势却有时能把数量的优势抵消得干干净净，仿佛一个大数后边跟上了一个远远小于一的乘数，数量吓人的出版物在那屈指可数的几部旧著面前怎么看也是轻飘飘的，无论在功力上还是在见识上都让人怀疑“后来居上”这句老话的通用性。特别是我们生在这一代学者之后，他们给我们留下了不少可资参考的著作和可以模拟的范式，使我们少消耗了一些摸索的精力就能够进入佛教研究的领域，但也使我们得多翻越几座难以逾越的山峰才可以另占一座山头安自己的营寨。

更让人忧虑的恐怕是一种学者应有的“素质”或“修养”的消失，这种学者的“素质”与“修养”绝不是在大学的讲堂里或先生的讲义里能学到的，记得在参加吴组湘先生遗体告别仪式后，我与钱理群兄同车回校，路上钱理群兄就深为那一代人特有的气质的无人传承而叹息，我想，这种素质与修养不止是学者的敬业精神，是学术的气度格局，是人格的自尊自重，更是一种学人传统血脉的延续，是一种学术独立精神的传承，在学术研究中不是急功近利而是从容大度，不是急进时髦而是审慎严谨，不是偏狭固执而是从善如流，而最重要的是，一个真正的学者常常是把这种对职业的态度提升为一种对生命的精神来看待的。我们常说薪火相传，但是这“传”常常不是知识的传授而是智慧的传续，老师可以教学生很多很多，唯独这种洞察幽微的智慧、超脱俗尘的精神、雍容平正的风度和高尚其事的气节，他无法可教。

研究社会史的学者常常记住了那句古话，“君子之泽，五世而斩”，但研究学术史的学者似乎也应该记住另一句古话，“三代承风，方称世家”，那种彬彬学者的气局与素养是在整个社会充满翰墨书香的氛围里几代“薰染”下逐渐形成的，破坏一种传统也许在几年十几年里可以一下子成功，但是造就一种传统却也许一代几代里也不能见效，可环境变了几十年了，风气转了好几代了，特别是当立竿见影的交易代替了沉潜寒窗的求知，喧哗嚣闹的广告充满了平静安详的书斋，人文学术建设的只是成为商品贸易的戏台的时候，那种埋首伏案的心境能依旧静如止水，那种人文学者的传统能继续传承发扬吗？近百年前，一个叫汪大燮的文人写信给他的堂弟汪康年，叹息自己这一代人不能像钱大昕、戴震那样“早岁蜚声”“名实兼得”，他说，“吾辈若能扫清心地，伏案用功，何尝不可荣名得实”，但是生当晚清，为生计而忙，为社会而忧，“频年奔走，心中尝有百事交投，又不能淡于名利，以致掩卷茫然，终无所得耳”，是的，我们这一代人也许要关心或操心的太多，但这并不是要害，要害是，如果当职业已经沦为一种谋生手段而不是安身归宿，学术已经变成一种生活负担而不是生命需要，那么，就算是文献的发现、中西学的交融、学院式研究的风气都在我们这个时代再现，我们恐怕也不能指望这个时代里再现那种学术的辉煌。

附录二

世家考 *

清华大学王国维纪念碑周围松柏蔽日，走到这里就感到一种宁静。因为在清华园教书的缘故，每每路过，总在这里转上一圈。碑文，是陈寅恪先生所撰，那上面的一些话，像人常常征引，几乎成了名言的“士之读书治学，盖将以脱心志于俗谛之桎梏，真理因得以发扬”，像末尾那并不十分工整却有多少感慨的诔词“与天壤而同久，共三光而永光”，已经读得很熟了。近来，读到有关陈寅恪家世的一些资料，总觉得这些话似乎有来历，因为郭嵩焘在给陈寅恪的曾祖父陈伟琳作《陈府君墓碑铭》时就曾说，陈伟琳的为学之道，是“刮去一切功名利达之见，抗心古贤”，而末尾恰恰也有两句，很像陈寅恪写王国维的诔词，叫“其名与行之不磨，照三光而奠九渊”，意思和词语实在有些相似。

说相似，或许只是我的联想，我总觉得，在两者之间有一种关系，不是说两篇碑文中词语的因袭，而是说一个家族里精神的遗传。郭嵩焘在给陈伟琳写墓志铭的时候，陈寅恪还没有出世，他绝对不可能预

---

* 原载《东方》1995 年第 6 期。

见陈家后来竟不是在中国政治史上出名，而是在中国学术史上光大，但他却写了一段几乎是预言的话："学术之被其身，足以有传，閟其光以禮之其子，施世而长延。"记得罗香林在《回忆陈寅恪师》里曾说陈家是客家人，所以"保持中原文化特别浓厚"，这究竟是否，我不知道，但我总觉得可以看清楚的是，那种文化世家的传统，在陈寅恪这一家几代人身上倒是真的是特别浓厚，后来的事实应验了郭嵩焘的预言。

一

表面来看，陈家祖孙几代不止在学问上代代相续，而且多少遗传了些思想和性格的偏执，仿佛说话众口一词就丢了面子，行动亦步亦趋就没有骨气似的。像陈宝箴对变法维新、对谭嗣同等四章京的评骘，对康有为的态度，就与常人不一样，正如他的儿子陈三立所说的，"不复较孰为新旧，尤无所谓新党旧党之见"，既不以现实的变革需要而论定贤愚，也不以流俗的时尚好恶来评定是非。陈三立对清朝亡民国兴的态度，也不是一句"遗民情怀"可以概括得了的，吴宗慈《陈三立传略》里之所以说他"高不绝俗，和不同流"，而且称赞他"胸襟落落，自有独往独来之精神"，也就是因为他在清亡后"虽不少灵均香草之忧思，然洞察一姓难再兴之理，且以民主共和之政体，为中国数千年历史之创局，与历代君主易姓有殊，故与当世英杰有为之士，亦常相往还"，并不是头脑冬烘的遗老遗少。同样，陈寅恪在前清、民国和新中国易代之时的表现和对待政治、对待周围人物的态度，也绝不是以一家一姓一朝一代的兴盛衰亡为念，而是总要超越王朝观念，站在文化的立场上进行批评，所以看上去总是"不合时宜"得紧，好像总有无限牢骚。其实，这是因为他们的心里总是有一个很独特的价值尺度，用这一尺度量己衡人，不免就与众不同。陈寅恪晚年写《寒柳堂记梦未定稿》，多少流露出一些他的想法，他对于自己的家世，自己的先祖先君实在是自豪得很的，从他的祖父、父亲那里一脉传承的这种特立独行的态度仿佛是陈家的传统，有一次，陈宝箴在孙子陈隆恪的扇面上题字时就写道："读书当先正志……如此立法，久暂不移，胸中便有一定趋向，如行路者之有指南针，不致误入旁径，虽未遽为圣贤，亦不失为坦荡之君子。"

我曾经对朋友聊起过读陈氏家世资料时的感慨，我把这些感慨归结为两句话,第一句是"陈家三代真是文化人在近代中国命运的缩影"，从封疆大吏到诗人，从诗人到学者，社会巨变把文化人从官场簸弄到文坛，从文坛挤压到学界。从陈宝箴、陈三立到陈寅恪，这是中国近代文化人从文人士大夫到知识分子的路径，知识分子越来越职业化、技术化，在某种意义上说，社会进步是以分工为特征的，不像古代文人要关心"致君尧舜上，再使风俗淳"，近代的知识分子你只该管你那一摊，不必越俎代庖地关心别的什么，仿佛只要有一张文凭、一门技术就可以。第二句是"陈家三代真是文化人在近代中国抵抗命运的典型"，虽然近代知识分子已经变得好像螺丝钉，每个螺丝钉都只要在它的那个螺丝孔里，当好机器的一个部分，每一种知识与技术都可以在职业中找到自己的位置，换回那一份属于自己的报酬，但是，唯有人文知识和文人精神没处可安，于是，总是要生出多余的关怀，来抵抗时代的限制和环境的嘲弄。主持实际变革又保持清流身份，与激进派保持距离的陈宝箴，以白民终其生、对民国一直不太满意，却为民族危亡而"忧愤不食而死"的陈三立，以教授为职业而总要超越现实的陈寅恪，表现出一种文化贵族式的传统精神：一种拥有自己的真理，不与流俗和光同尘，不事王侯、高尚其事的精神。他们觉得，他们从事的才是关系精神血脉的事业，他们才是文化精神的象征，时代可以变易，而永远不变的应该是中国这种文化的传统。《礼记 · 大传》说，“立权量度，考文章，改正朔，易服色，殊徽号，异器械，别衣服，此其所以与民变革者也，其不可得变革者则有矣，亲亲也，尊尊也，长长也，男女有别，此其不可得与民变革者也”。所谓不可变革的，就是文化传统所在，就是坚守价值的那一部分精神所在。在社会中象征着这一精神、维系着这一血脉的，有时就是那些几代相承的文化世家，他们不仅关心自己所从事的现实的职业，而且关注超越现实的精神的存亡，因为他们的命运与这种精神的命运同在，他们的地位与这种精神的地位一道沉浮，而他们从小就浸淫在这种精神之中。那种道德上的荣辱、学问上的进退与家族的荣誉、个人的面子是连在一道的。

二

“君子之泽，五世而斩”，这句话常常被人误解为贵族传统很容易断裂，人们常常拿春秋时的乱世局面、近代的八旗子弟的堕落，以及不知何处泊来的“王冠落地”这句名言为例，来证明这句话的真理性。其实，从训诂的角度也罢，从宗法的角度也罢，从历史的角度也罢，这句话都不是人们理解的那个意思。如果人们有兴趣的话，不妨看看潘光旦半个多世纪前的一部著作《明清两代嘉兴的望族》,在这本书里，他指出嘉兴的世家有长达二十一代的，而且平均是八点三代，以每代二十六年计算，通常一个家族的延续达二百多年之久。其实，岂止是嘉兴，在中国，绵延至数百年的世家大族有的是，就像《诗经·大雅·绵》说的“绵绵瓜瓞”，至少在两三千年中有着不绝如缕的传承。

关于世家望族的世代并不是我所关心的，我注意的是潘光旦所陈述的历史事实，潘光旦过分强调遗传背景也不是我能同意的，我更看重那些世家的教育传统。潘光旦在本书《余论》里提到，嘉兴的世家望族是人才渊薮，相当大的比例的人才是从这些家族里走向社会的，而世家望族的盛衰又取决于“遗传”与“教育”。所以，凡是大家族的婚姻与学校，都是家族领袖极为关注的，这大概是普遍的现象。同治十二年（1873）浙江衢州《厚街郑氏族谱》的族例里规定，“族中有余之家，须当捐助钱文祠内开设义学，以备本姓子孙勤续”；同省嘉庆十四年（1809）越州《山阴高氏家谱》就记载他们的先人怡园先生、竹林先生父子两代常置田捐米设立义学，以使其子孙不懈地读书向学；《新安毕氏族谱·凡例》也规定，举人、国子生无论仕与不仕、生员，只要曾经肄业，就一律可以入家谱的“文士志”，享受后人的仰慕，这样的例子在大家族的家谱族谱中比比皆是。稳定的大家族就比流离迁徙、变动不居的小家庭有更多的教育机会和读书习惯。

但是，话题还可以深入，并不是说教育机会和读书习惯，能够使世家望族的子弟有道德精神与文化传统，人人都可能有受教育的机会和读书的习惯，让人注意的是，世家望族的子弟们那种对家族的荣誉和名声的关心，常常和从小耳濡目染来的规范与训导连在一起，在许多大家族的《宗谱》《家训》里，总是要说家庭的孝顺，乡里的和睦，子孙的教育，道德的坚持，读书的勤勉，“凡人做那不好的事，便是胡作非为”，所以“凡人，只要存个天理良心，士农工商，都要安自家本分，这才是个好人”（《王氏宗谱敬录》）。在不好与好的分别中，形成了一种“爱面子”的习惯。不要轻视这个“面子”，曾经被批得体无完肤的这个中国国民性，有时候恰恰决定了一个人的“格调”。在历史和现实中常常能看见，没有个人的面子顾虑、没有家族的荣誉责任，一个人常常可以不必瞻前顾后，可以剥落脸皮直杀将去，当然，他们的成功率极高，与秩序反常的现实社会也总是那么合拍，但是他们的欲望和行为总那么赤裸裸的，把有利无利当作行动的原则，根本不需要关心与利益无关的精神，不免让人觉得格调低而品味俗。相反，那种面子观念总是使人做事有点掣手绊腿，所谓“死要面子活受罪”，有时不免让人觉得他们迂腐得只会空谈理想主义的高调。古代有一个叫尾生的人，为了在约定的桥下等待他的朋友，以至于潮水涨来也不愿离去，结果是抱着桥柱子死在水中，说起来，他不是死于溺水，而是死于信誉。什么是信誉，不就是面子上的事么？王国维遗嘱里的忧心忡忡和他最终平静的自沉，陈寅恪在王国维纪念碑中所写的“古今圣哲所同殉之精义”的“思想而不自由，毋宁死耳”，其实说到底，也就是一个“面子”问题，虽然古人曾经赞扬“常存抱柱信”的尾生，但是今人会相信这种面子的意义么？

有时，那些文化世家的孤傲与独立是一种不可言传的传统，中国虽然早在两千年以前就已经把知识分子“俳优畜之”了，不过“为王者师”的理想和“坐而论道”的习惯却总是改不了，不为王者所笼络，不为权贵所羁养，“安能摧眉折腰事权贵，使我不得开心颜”，在一些世家望族的文人士夫那里，由于不必关心衣食住行、不必为五斗米折腰，他们更把这种重叠了个人的名声、家族的荣誉与传统的伦理道德的“面子”当成了自己唯一区别于流俗的价值所在，不合时宜的狂狷和不事王侯的清高混在一起，近代又掺进一些西方的自由观念，这就是近代中国人所谓的“独立之精神、自由之思想”。在我看来，这里一半来自现代的自由概念和价值观念，而一半则来自古代世家子弟那种为了“面子”的清高和自信。“王大将军称太尉‘处众人中，似珠玉在瓦石间’”(《世说新语·容止》)，王、谢子弟，自有其过人处，一个人的品格高下、风度好坏，又岂止是在“面如凝脂，眼如点漆”之间。

三代承风，方称世家，两千多年前，司马迁写《史记》，曾专门为那些可以传家继世的家族设立了“世家”一目，他的纪传体一直是“正史”的标准体例，可是，偏偏就是这个“世家”却很快中绝了，中国的历史中，世家在不断地淡出，封建的诸侯在汉武之后就失去了真正的封建意味，魏晋以后士族也在不断的社会变动中逐渐地被庶族蚕食，唐宋科举制把大批底层的士子从深深的泥土中翻出来，又把表层的士人从泥土的上面翻下去，不断变动的文人从政和相对不变的皇族统治形成所谓“水流石不动”的局面，社会的巨大变动无意中常常打断世家望族的连续教育环境，代表新兴阶层的政治力量的“掺沙子”则有意地摧毁旧的文化世家建立新的权力望族。我并不认为现在还要维持知识的垄断和权力的独占，也不赞同“老子英雄儿好汉”的血统论，只是说，近代以来，文化下移的确使很多人受教育、长知识，但也着实使过去维系传统血脉的文化阶层出现了淹没和瓦解的局面。

闲读《殷海光林毓生书信录》，身在台湾的殷氏激奋之余给他的学生写信道：“不管我是否会成众矢之的，我依然认为读书造学问是少数知识贵族的事。我极不赞成第二次世界大战以来知识分子‘大量生产’的趋势，这是造乱！”主张自由主义的殷海光竟然有这种知识贵族的思想，实在可能是因为他理想中的知识分子精神与文化贵族传统在现代金钱磁场和当下实用思潮中，已经渐次崩溃和瓦解。

三

一个普遍混乱的社会，没有规范也没有秩序，世家的血脉很容易被打断，文化的传统也很容易被摧毁，相反，一个相对稳定的时代，却又可能产生很多绵绵不绝的望族，那种被不证自明的价值尺度所认可的行为规范和道德观念可能在教育中自行延续，而那种不必为五斗米而撕下面子的环境也给清高和狂狷留下一块角落，所以世家精神的存在与否要看社会环境如何。潘光旦就说，江浙大族之所以多，“实际上还是因为这一带在历史期内太平的日子比较多些”，在家谱族谱中就可以看出这一点，我读日本学者多贺秋五郎那两本厚厚的著作《中国宗谱的研究》，不由也生出如此的感想。

顺便可以说说家谱族谱的意味。精神必须有所附丽，传统并不能只凭遗传，历史的精神如果不记载在史册中它就会湮灭，道德的律令如果不成为文字上的一定之规就没有办法使大家都遵循。大多数的人们还是要有一些外在的督促和约束，而家谱族谱在某种意义上说，常常就是一种家族的文化精神的载体，并不是说它本身有什么文化的说教，而是说它仿佛是“立此存照”，成了一种“契约”，在家谱族谱里占了一个位置就不能不背负起家族的荣誉，承担着家族的历史，就好像现下的光荣榜，把一种“面子”贴上了一个人的脸庞。背上刺了“精忠报国”的人怎么也不能临阵投降，岳母在岳飞背上刺字，是鼓励也是约束，只要你还要这个国、这个家和你这个人的面子。

据说如今又兴起宗谱、族谱的撰写了，《东方》杂志 1995 年第二期和第三期连续刊载了梁洪生的《近观江西年鉴修谱活动》及《谁在修谱》，前一篇引了一段晚报的消息说，江西旧属临川的抚州有三十万人“卷入了修谱潮流”，“至少已把 250 万元资金投入修谱活动”，全国的其他地方也许也有类似的情况，到底这是一桩好事还是一桩坏事？在今天的经济秩序中它可能是一种资源上的浪费，在今天的时代环境下它可能是一种旧的血缘关系的回潮，但是，“衣食丰而知荣辱，仓廪足而知礼节”，丰衣足食之后想续一续家族的渊源，追溯一下自己的上世兴衰，总也是一种为自己的血脉寻根的行为。多贺秋五郎在《中国宗谱的研究》下册的最后结语中说到，“中国的宗谱本来是以宗族的系谱为主的，但是由于它收录了有关宗族的制度与教化、族产与赈恤、祭祀与坟茔等等资料，甚至收录了作为家族荣誉和历史的诗文，所以成为广泛收录宗族事情的资料集”。但是，他似乎不曾进一步论述，家谱、族谱不仅是资料集，也是一种传统与历史、荣誉与骄傲的载体，一个人的上一代被写入系谱，这个人就背负着上一代的光荣。家谱或宗谱的记载使他相信，自己有这样的责任，即他的一生使命就是给这部宗谱再增添一则华彩的记录。而一个人的家世如果没有写入宗谱，那么，他的行为常常没有多少意义，因为宗谱就是家族的史册。“人生自古谁无死，留取丹心照汗青”，死得其所的背面意思就是在史册上留一个名字，不能留在大的史册，当然不妨留在家族的历史中，让自己的后人看到也有一些慰藉和自信。中国人总有这样的习惯，不知道自己的出身、不知道自己的血缘，好像就成了“野种”似的，不知道自己的上代，不知道自己的荣光，就不知道该怎样安身立命似的，修谱或者参与修谱，当然常常是给自己和自己这个家找到一个安全的、彼此认同的“大家庭”，但常常也是给自己的思想、行为的价值在血脉上找到一个来自传统的依据，梁氏文章里附了一张萍乡刘氏祠堂新修堂匾的照片，上面豁然两个大字（虽然从左而右颇不合规矩）“本源”，这“本源”就是他们安身立命的价值的依据。

宗谱是后人不断记载前人的事迹，传统是前人不断影响后人的观念，有文字记载的依据，后人很容易追踪先辈的足迹，宗谱仿佛是一种传统教材，就和大人对孩子的影响一样，读宗谱时遥想前辈风采，看父兄时亦步亦趋，这样一个家庭、一个家族、一个宗族的风习就得到了延续，在我看来，这种心灵深处的文化积累比什么都深刻。我很理解梁氏在写完了《谁在修谱》后所产生的感想，他说“我交了一批朋友，‘地富’‘乡绅’子女的文化传承魅力，一直引起我的兴趣，但目前时有说不清道不白其中奥秘的感觉”。文化精神的传续和家族血脉的延续，那是几代几十代的耳濡目染，是几十年几百年的耳提面命，是几百年几千年文化的积淀，才积淀出一种精神的自觉和行为的自然，这又岂是三两篇文章能解释得清楚的。